财经类专业"十四五"规划新形态教材

Python企业财务应用

李靠队　刘青　李静／主编
侯杰　喻雁　项华录／副主编
厦门网中网软件有限公司／组编

图书在版编目(CIP)数据

Python 企业财务应用 / 李靠队，刘青，李静主编
. —上海：立信会计出版社，2024.7
ISBN 978-7-5429-7585-0

Ⅰ. ①P… Ⅱ. ①李… ②刘… ③李… Ⅲ. ①软件工具-程序设计-应用-企业管理-财务管理 Ⅳ. ①F275

中国国家版本馆 CIP 数据核字(2024)第 041128 号

策划编辑　王斯龙　王秀宇
责任编辑　王斯龙　王秀宇
美术编辑　吴博闻

Python 企业财务应用

Python QIYE CAIWU YINGYONG

出版发行	立信会计出版社		
地　　址	上海市中山西路 2230 号	邮政编码	200235
电　　话	(021)64411389	传　　真	(021)64411325
网　　址	www.lixinph.com	电子邮箱	lixinaph2019@126.com
网上书店	http://lixin.jd.com		http://lxkjcbs.tmall.com
经　　销	各地新华书店		
印　　刷	常熟市人民印刷有限公司		
开　　本	787 毫米×1092 毫米　　1/16		
印　　张	20		
字　　数	500 千字		
版　　次	2024 年 7 月第 1 版		
印　　次	2024 年 7 月第 1 次		
书　　号	ISBN 978-7-5429-7585-0/F		
定　　价	49.80 元		

如有印订差错，请与本社联系调换

Python 企业财务应用
编写委员会

顾问：
周克清教授（西南财经大学博士生导师）
焦建平教授（江苏财会职业学院副校长）

主任：
李靠队教授（江苏大学财经学院副院长、会计系主任）

成员：
刘青高级工程师（厦门网中网软件有限公司副总裁）
李静高级会计师（江苏有线镇江分公司财务资产部主任）
侯杰博士（江苏大学财经学院会计系教师）
喻雁讲师（江苏大学财经学院财务系副主任）
项华录副教授（宿迁学院双创中心副主任）
徐敏高级会计师（江苏汇鸿国际集团股份有限公司委派财务经理）
宿永铮讲师（江苏大学财经学院金融系教师）
吴宁副教授（江苏大学财经学院会计系副主任）
宋鹏博士（江苏大学财经学院会计系副主任）
于焰均副教授（江苏大学电气学院教师）
陶金讲师（扬州工业职业技术学院教研室主任）
车菲副教授（南京晓庄学院教研室主任）
钱瑜副教授（无锡工艺职业技术学院经济管理学院副院长）
张新颖副教授（徐州经贸高等职业学校经贸系主任）

前　言

在工业4.0智能化时代，信息化技术促进产业迅速变革，数据已成为重要的生产要素，数字经济成为经济发展的重要组成部分，各项数智技术正在迅速发展并应用于不同的行业。身处这一时代，为了学习、贯彻党的二十大精神，我们应当确定财务应用学习的新方向和新目标，让自己成长为合格的数智化人才。

本书将编程工具引进财务体系，以企业业财融合为链条、自动化项目实施为目标，通过不同实战案例培养学生以数字思维、技术手段解决财务问题的能力，使其成为精业务、会工具、懂数据、擅分析的优秀转译员。作为财务会计专业综合实训教材，本书在保持内容先进性的同时，尽可能采用现代化的教学手段和方法，将理论学习和实际操作融为一体，让学生通过大量实例和练习加深对理论内容的理解，提高实训效果。

本书的特色如下：

1. 构建全新的Python财务应用体系

本书基于传统的财务相关课程体系，并在此基础上融入了Python的应用，构建了一个全新的Python财务应用体系。

2. 涵盖多元的Python财务应用场景

本书内容涵盖了费用、往来、成本、预算、综合分析等多方面的实战应用，涉及财务岗位中能够运用Python高效解决的各类问题。

3. 提供丰富的Python财务教学资源

本书提供了案例、代码实验等多层次教学资源，这些资源相互配合，能够帮助学生更好地理解和掌握Python在财务领域的应用。

本书由李靠队、刘青、李静担任主编，侯杰、喻雁、项华录担任副主编，研究生周星彤、丁孜然、李阳、徐宇翔、施雨昕、陈晓茹参与了本书资料的收集与整理工作。本书的适用对象主要为本科阶段的财务管理类、会计类专业的学生，以及对编程、数据分析和财务智能化有浓厚兴趣或职业规划的读者。

我们很荣幸能和立信会计出版社合作出版本书，同时也得到了厦门网中网软件有限公司的大力支持，在此表示感谢！

由于编者能力有限，本书可能存在疏漏和不妥之处，敬请广大读者批评指正。

编者
2024年6月于镇江

目 录

第一章　Python 概述 ·· 1
　第一节　数字化时代的财务转型 ·· 1
　第二节　学习 Python 的目的 ·· 8
　第三节　Python 的介绍与配置 ·· 11
　本章小结 ·· 28
　实践环节 ·· 28
　复习思考题 ·· 28

第二章　运用 Python 存储和处理财务信息 ···························· 30
　第一节　建立财务代码的 Python 规范 ································· 30
　第二节　装载财务数据的 Python 变量 ································· 32
　第三节　处理财务文本的"字符串"类型 ································ 33
　第四节　处理财务数据的"数值"类型 ·································· 39
　第五节　处理多个财务信息的"列表"类型 ······························ 46
　第六节　处理有关键字财务信息的"字典"类型 ·························· 53
　本章小结 ·· 58
　实践环节 ·· 58
　复习思考题 ·· 59

第三章　运用 Python 处理财务表格 ·································· 60
　第一节　借用模板简化财务编程 ······································ 60
　第二节　运用 Pandas 存储数据结构 ··································· 64
　第三节　运用 Pandas 读写财务表格 ··································· 71
　第四节　Pandas 处理财务数据 ······································· 77
　第五节　合并连接业财数据 ·· 91
　第六节　销售数据的分类统计 ·· 97
　本章小结 ·· 102
　实践环节 ·· 103

复习思考题 103

第四章 运用 Python 创建财务算法小模型 104
- 第一节 货币时间价值计算模型 104
- 第二节 现金折扣计算模型 116
- 第三节 批量操作 Excel 报表模型 121
- 本章小结 131
- 实践环节 132
- 复习思考题 132

第五章 费用核算与管理的实战应用 134
- 第一节 期间费用汇总统计 134
- 第二节 期间费用可视化分析 153
- 本章小结 176
- 实践环节 177
- 复习思考题 177

第六章 往来核算与管理的实战应用 178
- 第一节 划分往来款项账龄期间 178
- 第二节 批量编制并发送往来对账单 187
- 本章小结 195
- 实践环节 196
- 复习思考题 196

第七章 成本核算与管理的实战应用 197
- 第一节 标准成本差异分析 197
- 第二节 本量利计算与分析 203
- 本章小结 213
- 实践环节 214
- 复习思考题 214

第八章 全面预算管理的实战应用 216
- 第一节 固定预算和弹性预算 216
- 第二节 定期预算和滚动预算 221
- 本章小结 229

实践环节 ·· 229
　　复习思考题 ·· 230

第九章　企业财务综合分析的实战应用 ·· 232
　　第一节　外部环境分析及企业概况 ·· 232
　　第二节　行业及主营业务分析 ·· 247
　　第三节　多维度综合财务分析 ·· 270
　　本章小结 ·· 271
　　实践环节 ·· 271
　　复习思考题 ·· 272

第十章　Python算法的财务专题应用 ·· 273
　　第一节　数据爬取——财经资讯爬取 ·· 273
　　第二节　文本检索——财经文本检索 ·· 279
　　第三节　文本分类——财经热点追踪 ·· 288
　　第四节　决策支持——财务决策可视化 ·· 296
　　本章小结 ·· 308
　　实践环节 ·· 308
　　复习思考题 ·· 309

第一章 Python 概述

第一节 数字化时代的财务转型

 学习目的

了解我国数字经济的发展背景、数字经济的含义和特征;了解数智财务转型的背景,调研和掌握数智财务转型的方向,调研和了解数智技术的含义和应用;了解和思考数智化人才的能力要求、学习目标和路径。

一、大数据催动数字经济发展

(一)政策背景

自2014年大数据首次被写入政府工作报告、2015年大数据正式上升至国家战略层面以来,我国有关数字化转型与发展数字经济的政策不断落地,推动了数字化经济发展。

2017年以来,数字经济已经连续五年被写入政府工作报告,2021年发布的《中华人民共和国国民经济和社会发展第十四个五年规划和2035年远景目标纲要》(简称"十四五"规划纲要)将"加快数字化发展 建设数字中国"单独成篇,并首次提出数字经济核心产业增加值占GDP比重这一重要经济指标。2022年1月,《"十四五"数字经济发展规划》提出到2025年,数字经济核心产业增加值占国内生产总值比重达到10%。

2022年3月,《政府工作报告》提出促进数字经济发展,加强数字中国建设整体布局,建设数字信息基础设施,逐步构建全国一体化大数据中心体系等目标。

而数字经济的发展离不开以云计算、人工智能、区块链、物联网、移动互联网等为代表的新一代数字技术,我国也出台了许多配套政策。我国关于数字经济的部分相关政策如表1-1所示。

表1-1 我国关于数字经济的部分相关政策

相关政策	发文机关和日期
《关于积极推进"互联网+"行动的指导意见》	国务院 2015年7月
《促进大数据发展行动纲要》	国务院 2015年9月
《云计算发展三年行动计划(2017—2019年)》	工信部 2017年3月

(续表)

相关政策	发文机关和日期
《新一代人工智能发展规划》	国务院 2017 年 7 月
《促进新一代人工智能产业发展三年行动计划(2018—2020 年)》	工信部 2017 年 12 月
《推动企业上云实施指南(2018—2020 年)》	工信部 2018 年 7 月
《关于推进"上云用数赋智"行动 培育新经济发展实施方案》	发改委等 2020 年 4 月
《加快推动区块链技术应用和产业发展的指导意见》	工信部等 2021 年 5 月
《物联网新型基础设施建设三年行动计划(2021—2023 年)》	工信部、科技部等 2021 年 9 月
《"十四五"数字经济发展规划》	国务院 2021 年 12 月

(二)数字经济概述

2021 年,我国数字经济延续蓬勃发展态势,规模达 45.5 万亿元,占 GDP 比重从 2011 年的 20% 提升至 2021 年的 40%,为我国经济的持续发展提供了有效支持。2015—2021 年我国数字经济规模以及数字经济占 GDP 比重分别如图 1-1 和图 1-2 所示。

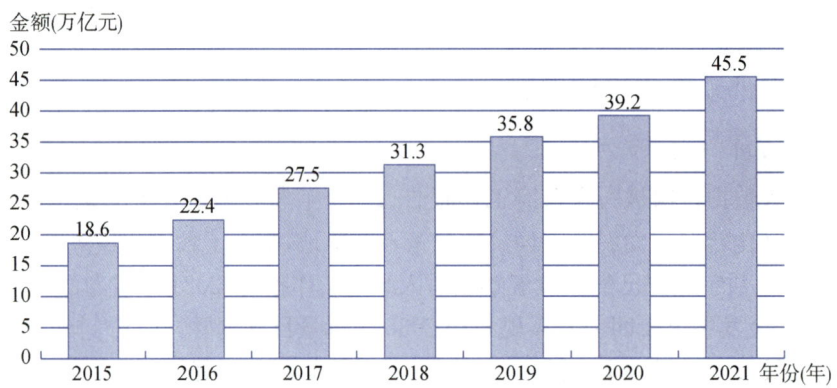

图 1-1　2015—2021 年中国数字经济规模

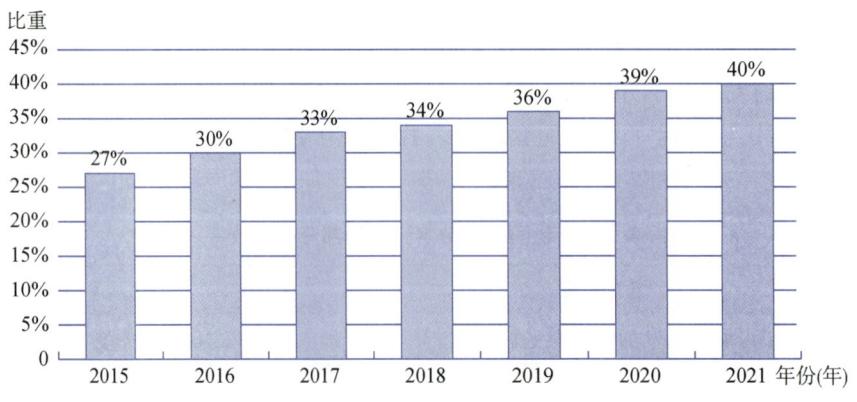

图 1-2　2015—2021 年中国数字经济占 GDP 比重

1. 数字经济的概念

数字经济是指以可编码、可解析的数据、知识和信息为关键生产要素,以数字技术变革为核心生产力,以现代互联网络为主要载体,将数字技术与实体经济相互融合,不断提高传统产业数字化和智能化水平的新型经济形态。

数字经济的概念具体体现在以下两个方面。

1)信息产业化

信息产业化涉及的行业具体包括电信行业、电子信息制造业、软件和信息技术服务业等。

2)产业数字化

产业数字化是指传统产业的数字化革新,通过将数字技术运用于各行各业从而实现生产质量和运行效率的提升。

2. 数字经济的特征

数字经济的特征体现在以下三个方面。

1)数据成为数字经济时代新的生产要素

类似于土地和劳动之于农业经济,资本和技术之于工业经济,在数字经济时代,经济发展依靠的关键生产要素变成了数据。

2)数字经济时代基础设施的形态发生改变

数字经济时代的发展背景要求对传统的基础设施进行数字化改造,并加大基础设施建设的资金投入,普及和推广云计算、5G、移动互联网等基础设施建设,同时需要加强对群众信息素养的教育和培养。

3)供给侧与需求侧走向融合

随着数字经济时代来临,数字技术的发展将推动供给侧与需求侧逐渐走向融合,供给与需求的动态匹配开始成为可能。

二、数字经济促进数智财务转型

(一) 转型背景

数字经济能够驱动企业数字化转型,具体内容体现为以下五点,如图1-3所示。

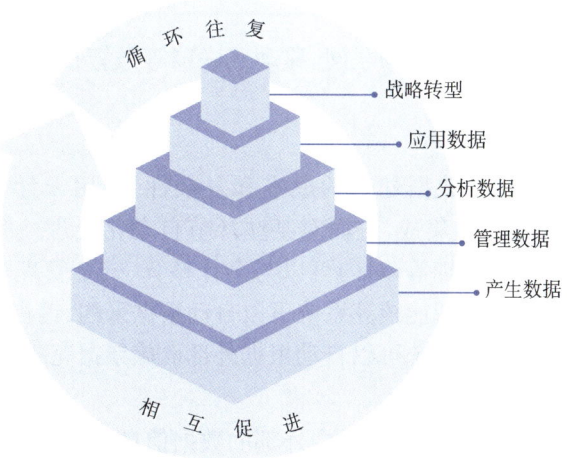

图1-3 数字经济驱动企业数字化转型

（1）战略转型——组织文化更替、创新。

（2）应用数据——场景化的数据应用工具。

（3）分析数据——运营数据引擎、商品智能（BI）报表等灵活分析数据。

（4）管理数据——以数据仓库、数据湖、数据中台等形式进行数据的统一管理。

（5）产生数据——管理数字化或业务数字化。

数字经济发挥着以下重要作用：

（1）数据是数字经济的重要资源。随着数字技术的发展，数据采集、储存、输送、分析等能力在大大提升，数据正变得越来越有价值。

（2）财务数据对于企业至关重要。在众多的数据类型中，财务数据不仅体量庞大，而且已经形成了成熟的规则和逻辑体系。财务数据对于企业至关重要。财务部门是目前企业最大的数据部门，随着所掌握的数据愈加丰富，财务部门会对企业决策起到更强的支持作用。财务工作者也将继续利用财务数据的优势，为企业管理和发展寻求最佳的解决方案。

（3）财务数据将体现出更高的价值。一方面，在数字经济时代，财务数据不再仅局限于报表中的一个个冰冷的数字，而能够囊括诸如宏观经济、组织行为、供应商生产、消费者偏好等企业运营的全部数据。另一方面，产生财务数据的财务工作也在发生技术上的变革，财务工作的自动化、智能化、数字化将赋予财务数据更旺盛的生命力。

（二）数智财务的发展

在不断迭代下，财务的工作重点不再是会计核算和管控，而是为企业业务提供咨询支持，成为企业价值架构师、分析智囊团队、数字财务核心。财务人员将深入业务运营、支持规划，就投资和如何提高投资回报率提供建议。财务不再是支持或管控的角色，而是赋能的角色。数智财务的角色功能如表1-2所示。

表1-2 数智财务的角色功能

转型角色	角色功能
价值架构师	借助数据分析和人工智能，为业务提供咨询支持，成为企业价值架构师
分析智囊团队	凭借数字核心平台，通过发现问题、解决问题，获取新的战略洞察
数字财务核心	通过核心财务平台，提高财报生成速度与可靠性，实现非接触式财务

随着云计算、人工智能、区块链、物联网、移动互联网等数智技术的发展，数智财务也体现在不同方面。

1. 财务流程再造

智能财务信息系统降低了数据处理的成本和复杂性，利用云计算、应用程序编程接口（API）等技术实现开放系统间的集成，进而对某些环节自动化处理。例如，银企互联系统，对外可以自动获取对账单、交易明细等，对内可以与会计核算、资金管理等系统对接，实现收款、付款等流程的自动处理。又如，智能核算系统可以自动根据采购、销售等电子发票生成会计凭证和税务报表。再如，智能审核系统可以自动根据外部商旅票据完成费用审核、预算统计等。

2. 财务范围扩展

数字技术使得财务部门能够搜集企业内外部的数据信息，充当企业的"导航仪"，使企业能够评估市场的未来趋势，制定合理的战略决策等。财务能够为企业提供深入价值链的业务支持,这也是数字化财务转型的重要方向。

(三) 数智技术

数智财务的发展,离不开数智技术的支持。在这个过程中,云计算、大数据、人工智能、区块链、物联网等发挥了关键性的作用。

1. 云计算

云计算是指通过互联网把所有的计算应用和信息资源连接起来,供多用户随时访问、分享、管理和使用的一种 IT 资源的交付形式。云计算对财务具有以下影响。

1) 拓宽信息来源,实现信息共享

运用云计算可以向合作方、供应商、客户实时共享并索取数据,通过更多维度的数据,更好地对交易进行记录,提高会计处理的效率。

2) 消除物理限制,节约财务管理成本

通过云计算,财务软件也得以"云"化,降低企业前期构建系统以及后期维护管理的成本。

3) 重设财务流程,提高数据质量

通过云计算,对数据和信息的实时归集和整理,降低沟通成本的同时能有效提高财务数据的质量。

4) 助力协同工作,让远程办公成为可能

通过云计算,无论是在 PC 端,还是在移动端,用户都可以通过账号、密码,登录企业的财务系统,从而很大程度上消除了财务工作的时间和空间限制。

2. 大数据

大数据是指随着数字技术的不断进步所产生的可储存、可分析、可应用的一种数据,是无法通过常规工具在短时间内进行获取、存储、管理和处理的数据集合。它具有海量性、多样性、时效性、准确性、价值密度低等特征。

大数据带给我们三个颠覆性观念转变:①包括的是全部数据,而不是随机采样。②追求的是大体方向,而不是精确制导。③关注的是相关关系,而不是因果关系。

大数据对财务具有以下积极作用:①提升财务数据质量。②提高财务管理效率。③提升财务管理维度。④降低财务风险。

目前大数据在财务中的运用也面临以下挑战:①对财务人员能力提出更高要求。②增加信息保密难度。③为财务管理安全带来考验。

3. 人工智能

人工智能(AI)旨在通过研究人类思维方式,归纳人类思考规律,使计算机通过深度学习,能够模仿人类的思考方式,实现人脑的部分功能,替代人脑解决特定问题。AI 系统具有一定的自适应特性和自我学习的能力,从而根据外部环境、任务和输入数据的变化自主调节参数并更新优化模型。

人工智能对财务具有以下影响:①降低财务工作强度,替代大量基础性工作。②提高财务工作准确性,自动审核,减少失误。③提高财务智能化水平,帮助财务人员智能决策。

4. 区块链

区块链是指一种基于密码学技术生成的去中心化的分布式账本数据库。它不只是将账本数据存储在每个节点,而是每个节点都会同步复制整个账本的数据,信息透明,难以篡改。它具有去中心化、高度透明、防篡改、高安全性、可匿名等特征。

区块链对财务具有以下影响:①推动投资决策更加理性。②提高融资额度、降低融资成本。③优化资金配置。

5．物联网

物联网的含义有两层意思:第一,物联网的核心和基础仍然是互联网,是在互联网基础上延伸和扩展的网络。第二,其用户端延伸和扩展到了任何物品与物品之间,进行信息交换和通信。

物联网对财务具有以下影响:①整合企业供应链业务到信息平台。②实现各环节信息共享、真实准确。③信息的收集、处理和传递同步完成,能缩短现代财务的工作时间。

三、数智财务需要数智化人才

(一) 企业实现数字化需要的五类角色

1．数字化战略主管

数字化战略主管需要具有以下能力:①规划战略愿景。②推动组织转型、文化建设。③应对变化、拥抱变化、创造变化。

2．技术实现专家

技术实现专家需要具有以下能力:①数字化技术改造。②自适应的数据生命周期管理网络。③适配供应链管理、生产管理、营销管理、组织管理。

3．转译员

转译员需要具有以下能力:①具备跨领域技能。②管理技术试点、推广、规模应用。③场景需求与技术能力匹配。

4．数据化专业人才

数据化专业人才需要具有以下能力:①数字化思维。②数字化技能。③数据到价值的实现。

5．组织保障人员

组织保障人员需要具有以下能力:①组织建设、技能重建、文化塑造相互嵌套。②打造敏捷、开放、持续更迭订单学习型组织。

(二) 数智化对财务人才提出的新要求

随着时代的发展,数智化对未来的财务人才提出了新要求。未来财务人员应具备的核心能力、未来财务人员应具备的思维分别如表1-3和图1-4所示。

表1-3 未来财务人员应具备的核心能力

形势洞察	战略思维		生态协同
人才构建		组织领导	
数据运营		科技赋能	
业财融合	财资整合	善用金融	风控合规

1．数智化财务人员的能力框架

数智化财务人员应具备的能力框架如表1-4所示。

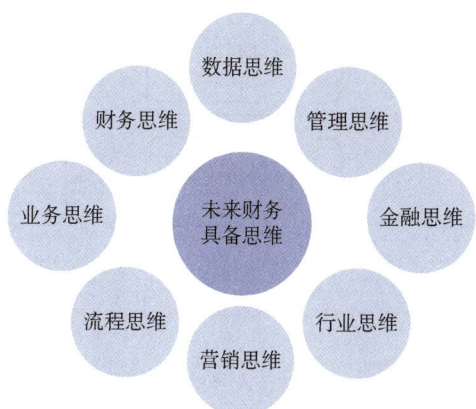

图 1-4 未来财务人员应具备的思维

表 1-4 数智化财务人员能力框架

数智技能	专业技能	商务技能	人文素养
数据思维	财务会计与呈报	战略	团队建设
信息与数字素养	成本会计和管理	商业模式	沟通能力
数字内容创造	管理会计能力	商业洞察	协作和伙伴关系
数据获取	风控与目标控制	市场与监管环境	谈判和决策
数据分析	税务战略与合规	流程管理	变革管理
数据建模	会计信息系统	商业关系	激励
数据可视化	公司金融与司库	项目管理	表达能力
数据策略与规划	绩效管理	宏观经济分析	抗压能力
问题解决	……	商业生态系统管理	……
职业道德＋社会主义核心价值观			

2. 财务人员的成长目标及路径

财务人员的成长目标和财务人员的成长路径分别如图 1-5 和图 1-6 所示。

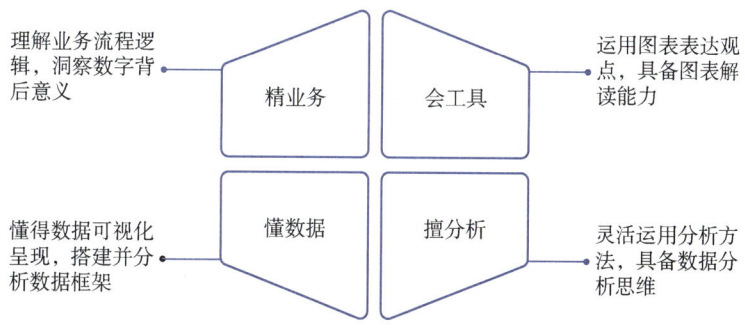

图 1-5 财务人员的成长目标

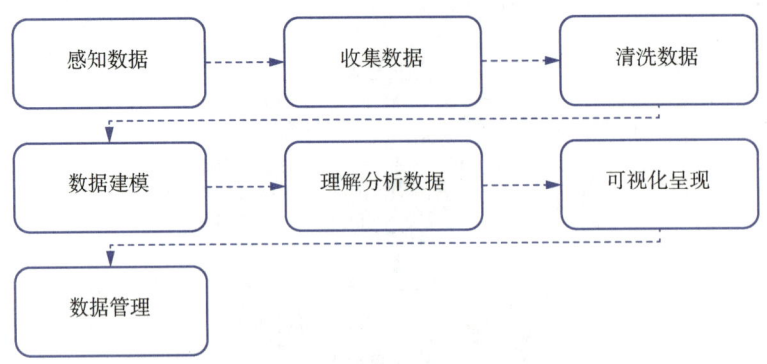

图 1-6 财务人员的成长路径

第二节　学习 Python 的目的

 学习目的

了解学习 Python 的目的;了解 Python 的发展历史和特点;了解安装 Python 解释器和编辑器的方法。

一、Python 释义

Python 是一种面向对象的解释型计算机程序设计语言,由荷兰人吉多·范罗苏姆(Guido van Rossum)于 1989 年发明。Python 的第一个公开发行版发布于 1991 年。2000 年,Python 发布了 2.0 版本;2008 年,Python 发布了 3.0 版本。

Python 是纯粹的自由软件,源代码和解释器 CPython 遵循 GNU 通用公共许可证(GNU General Public License,GNU GPL)协议。Python 语法简洁清晰,其特色之一是强制用空白符作为语句缩进。根据 IEEE 发布的 2017 年编程语言排行榜,Python 高居首位。

Python 具有丰富和强大的库。它常被称为胶水语言,能够把用其他语言制成的各种模块(尤其是 C 或 C++)很轻松地连接在一起。常见的一种应用情形是,使用 Python 快速生成程序的原型(有时甚至是程序的最终界面),然后对其中有特别要求的部分,用更合适的语言改写,如 3D 游戏中的图形渲染模块,如果性能要求特别高,就可以用 C 或 C++重写,而后封装为 Python 可以调用的扩展类库。需要注意的是,在使用扩展类库时,可能需要考虑平台问题,某些扩展类库可能不提供跨平台的实现。

二、Python 的优点与缺点

Python 作为一门高级编程语言,虽然诞生的时间并没有很久,但是却得到了众多程序员的喜爱。Python 程序简单易懂,对于初学者而言,Python 很容易入门,而且随着学习的深入,学习者可以使用 Python 编写非常复杂的程序。但是,编程语言不可能是完美的,总有自己的优势与劣势，Python 也一样，也有自己的优缺点，下面就来梳理一下 Python 的优缺点。

（一）Python 的优点

1. 可使用多种执行方式

（1）Python 可以直接在命令行执行相关命令。

【例 1-1】 直接在命令行执行 print 打印命令。

```
>>> print ('Hello,Python!')
Hello,Python!
>>> sum = 99999*99999
>>> print (sum)
9999800001
```

（2）Python 可以用函数的方式执行相关命令。

【例 1-2】 自定义加法函数，并应用。

```
>>> def add (num1,num2):
    return num1 + num2
>>> add (3,5)
8
```

（3）Python 可以用面向对象的方式执行相关命令。

【例 1-3】 使用 turtle 对象画出公切线相同、大小不同的圆。

```
>>> import turtle
>>> turtle. pensize (2)
>>> turtle. circle (10)
>>> turtle. circle (40)
>>> turtle. circle (80)
>>> turtle. circle (120)
```

2. 语法简洁，且强制缩进

【例 1-4】 编程求 2000—2500 年的闰年。

```
1.  i=2000
2.  j=0
3.  while i <=2500:
4.      if i% 4 == 0 and i% 100!= 0 or i% 400==0:
5.          print (i)
6.      j +=1
7.  if j% 10 == 0:
8.      print
9.  i +=1
```

从［例 1-4］可以看出，该程序具有可读性及强制缩进的功能。

3. 跨平台

Python 支持多种开发平台，如 Windows，Linux，Mac OS X，Solaris……

4. 开源开放

截至 2022 年,全球已有超过 14 万个登记的开源库,覆盖各类计算问题,且开源库的数量以每年 1 万个左右的规模逐年增加。

5. 既能面向过程,又能面向对象

Python 既支持面向过程,又支持面向对象,这使得其编程更加灵活。在面向过程的语言中,程序是由过程或仅仅是可重用代码的函数构建起来的。在面向对象的语言中,程序是由数据和功能组合而成的对象构建起来的。与其他主要的语言如 C++ 和 Java 相比,Python 以一种非常强大又简单的方式实现面向对象编程。

6. 丰富的第三方库

Python 有丰富而且强大的库,而且由于 Python 的开源特性,第三方库非常多,如 Web 开发、爬虫、科学计算等。

(二) Python 的缺点

Python 虽然有很多优点,但也不是完美的,它也有自身的缺点。

1. 速度慢

Python 是解释型语言,所以它的响应速度会比 C,C++ 慢一些。不过由于现在的硬件配置都非常高,其响应速度基本上不影响使用,除非是一些实时性比较强的程序可能会受到一些影响,但是也有解决办法,如可以嵌入 C 程序。

2. 强制缩进

如果读者有其他语言的编程经验,如 C 语言或 Java 语言,那么 Python 的强制缩进一开始会让你很不习惯。但是如果读者习惯了 Python 的缩进语法,就会觉得它非常优雅。

3. 单行语句

Python 在行尾可以不写分号,所以一行只能有一条语句。

三、选择 Python 的原因

(一) 院校程序类课程的需要

计算机程序设计基础课是各院校类非计算机专业的必修课程。近年来,各大院校也都尝试使用各种程序设计语言来授课,其中不乏一些经典的程序设计语言,如 C,C++,VB,Java 等,但是从教学效果来说,却乏善可陈。Python 是一种解释型、面向对象的计算机程序设计语言,能广泛用于计算机程序设计教学语言、系统管理编程脚本语言、科学计算等,特别适用于快速的应用程序开发。目前,各大院校已经越来越重视 Python 教学,Python 已经成为最受欢迎的程序设计语言之一。

与计算机专业教学不同,面向非计算机专业的计算机基础类程序设计课程的定位应该是通过某一编程语言的教学,传授利用计算思维解决一般计算问题的基本方法,并能够通过程序设计更好地利用计算机强大的计算性能。在这个技术时代更应关注问题的求解,这比对程序执行性能、代码高复用性或某一个特殊系统中视窗设计的关注更重要,让学生真正掌握利用计算机解决计算问题的通用方法。

(二) 高级语言发展的必然选择

从程序设计语言发展角度来看,高级编程语言的设计一直追求接近人类的自然语言。这

样的高级语言也在不断进化,Python 则更进一步,提供了十分接近人类理解的语法形式。应该说,Python 发展了高级语言的表达形式,简化了程序设计过程,提升了程序设计效率。从计算思维培养角度来说,传统编程语言过分强调语法,并不适合非计算机专业的学生。从传统应用技能教育向计算思维培养转变过程中,教学内容变革是重中之重。对于程序设计课程,选择适合技术时代发展的编程语言,是显著提高培养效果的前提和基础。从解决计算问题角度来说,传统的 C、Java 和 VB 过分强调语法并不适合非计算机专业学生解决一般计算问题,而 Python 作为适应新技术时代的"轻语法"程序设计语言,已经得到大学计算机教育领域的重视。因此,Python 相比其他语言具有更高的教学价值。这一技术趋势也得到了国内外众多大学的直接响应。

随着大数据、云计算、网络空间安全等概念的兴起,当代信息社会要求大学生在具备操作计算机的基本技能外,还要具备一定的编程能力,用于解决工作和学习中遇到的各类非通用计算问题,理解并实践计算思维。这种信息时代深入发展的趋势为程序设计课程的内容改革提供了依据。程序设计课程教学内容的变化是一个正常的技术更迭过程。从 20 世纪 90 年代开始,程序设计课程的教学内容经过了几次较大变化,曾经广泛用于教学的 Pascal 和 Fortran,被 C、Java 和 VB 等语言取代。然而,随着大数据、云计算、物联网、信息安全等各种计算形态的高速发展,程序设计语言教学内容却还基本没有变化,针对非计算机专业学生主要开设 C、Java 和 VB 教学课程。教学内容近十几年的稳定,并非因为上述教学内容达到了教学预期,而是受制于特定技术时代的历史局限性。

Python 的易学易用和丰富的开源库,将会给学生带来一个全新的程序设计认识,改变主观渴望学好编程语言但客观上学不会、学不精的状况,有助于帮助学生学会一种终身受用的编程语言,进而帮助他们更好地利用计算机解决所面临的各类计算问题。Python 的高编写效率,会进一步加快程序实现和修改节奏,降低程序错误率,缩短计算服务和产品的上市时间,提高国民综合生产效率。在我国全面提高高等教育质量、广泛开展本科教学背景下,Python 教学改革将会开启一个全新的程序设计语言教学时代,进一步释放师生活力和创新热情,全面提升教学质量。以 Python 教学为手段,将更容易开展计算思维教育教学活动,使学生在思维和技能两方面终身受益。

第三节　Python 的介绍与配置

学习目的

学习 Python 的基本语言表达;了解 Python 的安装。

一、基础语法知识

在了解 Python 的基础语法知识时,我们至少需要学习数字和表达式、变量、语句、获取用户输入、函数、模块、程序的运行、字符串这些基本知识。

(一) 数字和表达式

Python 提供了几种数字类型,如整数、浮点数、复数等。

在 Python 中,整数类型被指定为 int 类型,整数类型对应于数学中的整数概念;可以执行的运算有+(加)、-(减)、*(乘)、/(除)以及其他操作。在 Python 中,整数可以根据需要足够大,而且是精确值。

交互式 Python 解释器可以当作非常强大的计算器使用,具体应用如[例 1-5]所示。

【例 1-5】 利用交互式 Python 解释器完成计算。

(1) 2+2。

```
>>> 2 + 2
4
```

(2) 53672+235253。

```
>>> 53672 + 235253
288925
```

(3) 1÷2。

```
>>> 1/2
0.5
```

在 Python 3.0 以前的版本中,整数除以整数,结果一定是整数。也就是说 1/2(1 除以 2)的结果应该是 0。但是,在 Python 3.0 以上的版本中,软件系统会智能地把整数转化成浮点数来进行运算。这样,即使在编写程序的时候没设定好数据类型,也不用太担心,因为 Python 已经帮我们考虑到了。

实数在 Python 中被称为浮点数(float-point number),为 float 类型。浮点数是指非整数、带小数点的数字。浮点数可以通过输入值来创建,如 25.678。如果参与除法的两个数中有一个数为浮点数,结果亦为浮点数。

【例 1-6】 1÷2 的不同计算显示。

```
>>> 1.0/2.0
0.5
>>> 1/2.0
0.5
>>> 1.0/2
0.5
>>> 1/2.
0.5
```

有些时候需要整除,Python 则提供了另外一个用于实现整除的操作符——双斜线(//),就算是浮点数,双斜线也会执行整除。

【例 1-7】 利用 Python 完成整除操作。

(1) 1 整除 2。

```
>>> 1//2
0
```

(2) 1.0 整除 2.0。

```
>>> 1.0//2.0
0.0
```

现在,已经了解了基本的算术运算符(加、减、乘、除)。此外,还有一个非常有用的运算符——取余(模除)运算符。例如,"x%y"的结果为 x 除以 y 的余数。

【例 1-8】 利用 Python 完成取余操作。

(1) 10 取余 3。

```
>>>> 10/3
3
```

(2) 9%取余 3。

```
>>>> 9%3
0
```

(3) 2.75 取余 0.5。

```
>>> 2.75%0.5
0.25
```

在[例 1-8]中,10/3 得 3 是因为结果的小数部分被截除了,而三三得九,所以相应的余数就是 1。在计算 9/3 时,结果就是 3,没有小数部分可供截除,因此,余数就是 0。如果要进行一些类似"每 10 分钟"检查一次的操作,那么,取余运算就非常有用,直接检查"时间%10"的结果是否为 0 即可。从[例 1-8]最后一个例子可以看到,取余运算符对浮点数也同样适用。

最后一个运算符就是幂(乘方)运算符。

【例 1-9】 利用 Python 完成幂(乘方)运算。

(1) 计算 2 的 3 次幂(乘方)。

```
>>> 2**3
8
```

(2) 计算负的 3 的 2 次幂(乘方)。

```
>>> - 3**2
-9
```

(3) 计算 −3 的 2 次幂(乘方)。

```
>>> (-3)**2
9
```

> **注意:** 幂运算符比取反(一元减运算符)的优先级要高,所以−3 ∗∗ 2 等同于−(3 ∗∗ 2)。如果想计算(−3) ∗∗ 2,就需要显式说明。

在 Python 3.0 以上的版本中,整型不再分一般整型与长整型,而是将所有的类型都作为长整型,所有的运算都是不限制数字的长度的。这种新的整型是不依赖运行环境的、无精度限制的(只要内存装得下)。

有的时候为了记忆方便,或者是为了更好地了解机器码,Python 还设定了一些十六进制与八进制的输出方式。当以十六进制或者八进制的方式在命令行上进行输入,软件会以十进制的方式输出。十六进制数以 0X 开头,也可以是 0x;而八进制数则是以 0O 开头,或者是 0o。

此外,Python 支持相对复杂的复数类型。复数由两部分组成:实部和虚部。复数的形式为:实部+虚部 j,如 2+3j。数末尾的 j(大写或小写)表明它是一个复数。

(二) 变量

变量(variable)是另外一个需要熟知的概念。如果数学中的变量让你望而生畏,别担心,Python 中的变量很好理解。变量基本上就是代表(或者引用)某值的名字,用来表示程序中的某些"物体"。"物体"可以是多种实体,如一个值、运行的另一个程序、一组数据或一个文件。

【例 1-10】 用 x 代表 3。

```
>>> x=3
```

[例 1-10]这样的操作被称为赋值(assignment),即将值 3 赋给了变量 x,这也有另外一个说法是:将变量 x 绑定到了值(或对象)3 上面。Python 中的赋值符号是等号(=)。在变量被赋值之后,就可以在表达式中使用变量。

续[例 1-10],计算 x×2 的值。

```
>>> x*2
6
```

请注意,在使用变量之前,需要对其赋值,毕竟使用没有值的变量也没意义。

> **注意:** 变量名可以包括字母、数字和下划线(_)。变量不能以数字开头,如 Plan9 是合法变量名,而 9Plan 不合法。

(三) 语句

到现在为止,我们一直都在讲述表达式,那么,语句是如何描述的呢?

其实,前面已经介绍了两类语句:print 语句和赋值语句。语句能执行各种各样的任务,有些语句可能会设定程序控制语句,而有些语句可能会要求获得一些资源。那么语句和表达式之间有什么区别呢?表达式有值,但语句没有值;表达式是某事,而语句是做某事(换句话说就是告诉计算机做什么)。例如,2×2 等于 4,而 print(2*2)将打印(输出)4。那么这两者的区别在哪里呢?

【例 1-11】 运行 2×2 和 print(2*2)语句。

```
>>> 2*2
4
>>> print (2*2)
4
```

如果在交互式解释器中执行[例1-11]中的两行代码,结果都是一样的。但这只是因为解释器总是把所有表达式的值打印出来而已(都使用了相同的 repr 函数对结果进行呈现)。一般情况下,Python 并不会那样做。在程序中编写类似 2*2 这样的表达式,编写 print(2*2) 则会打印出 4。

语句和表达式之间的区别在赋值时会表现得更加明显一些。因为语句不是表达式,所以没有值可供交互式解释器打印出来。

【例1-12】 运行 x=3。

```
>>> x=3
>>>
```

从[例1-12]中可以看到,x=3 下面立刻出现了新的提示符。但是,有些东西已经变化了,x 现在绑定给了值 3。

这也是语句特性的一般定义:每一个语句都会发生作用,并对事物作出改变。例如,赋值语句改变了变量,print 语句改变了屏幕显示的内容。

赋值语句可能是任何计算机程序设计语言中最重要的语句类型。变量就像临时的"存储器",它的强大之处就在于,在操作变量的时候并不需要知道它们存储了什么值。例如,即使不知道 x 和 y 的值到底是多少,也会知道 x 和 y 的乘积。所以,可以在程序中通过多种方法来使用变量,而不需要知道在程序运行的时候,最终存储(或引用)的值到底是什么。

(四)获取用户输入

我们在编写程序的时候,并不需要知道变量的值是多少。但是,在程序运行的过程中,解释器最终需要知道变量的值。那么,可以通过什么方法来获得变量的值呢？系统提供了一个 input 内建函数,使用者可以在程序运行的过程中对变量赋值,就像系统提供了一个录入窗口一样,等待用户对变量的输入。

【例1-13】 利用 input() 函数进行 x 变量的赋值。

```
>>> x = input("enter x:")
enter x:123
>>> x
'123'
```

从[例1-13]可以看出,input() 函数从标准输入中拿到的值是一个字符串,也就是说,无论我们的初衷是得到一个整数、小数或者其他的值,input() 函数都会在我们的输入的值的左右两边加上一对引号(' '),也就是说对于变量获得的数据,都是字符串类型。

【例1-14】 获得数值类型变量 x、变量 y 的数值类型。

```
>>> x=int(input ("x:"))
x: 34
>>> y=int (input('y:'))
y: 42
>>> print(x*y)
1428
```

在赋值的过程中,int()函数将输入的数据强制改变为整型,那么,变量 x 与 y 得到的数值就不再是字符串类型了,而是整型数据。当 x 与 y 获得输入的值之后,便可以实现整数的乘法运算了。

(五) 函数

Python 中函数的概念与数学中使用的函数概念类似。编程语言中的函数具有许多数学函数的特点,特别是 Python 中的函数具有以下特点:①代表执行单独的操作。②采用 0 个或多个参数作为输入。③返回值(可能是复合对象)作为输出。

函数很重要,因为它代表一种封装。通过封装可以隐藏操作细节,函数可以表示操作的性能,而使用者很多时候不需要了解操作的具体运行细节。

在前面曾经介绍过使用幂运算符(**)来计算乘方。事实上,可以用函数来代替运算符,这个函数就是 pow()函数。

【例 1-15】 利用 pow()函数计算 2 的 3 次幂。

```
>>> 2** 3
8
>>> pow(2,3)
8
```

函数就像可以用来实现特定功能的小程序一样。Python 的很多函数都能做很奇妙的事情。事实上,也可以运用函数自己定义函数。因此,我们通常会把 pow()等标准函数称为内建函数。

[例 1-15]中使用函数的方式又称调用函数,可以给它提供参数(如例中的数字 2 和 3),它会返回值给用户。因为它返回了值,函数调用也可以简单看作另外一类表达式,就像在本章前面讨论的算数表达式一样。用户可以结合使用函数调用和运算符来创建更复杂的表达式。

还有很多类似的内建函数可以用于数值表达式。例如,使用 abs()函数可以得到数的绝对值,round()函数则会把小数四舍五入为最接近的整数值,也可以通过参数实现小数位数的截取。

【例 1-16】 利用 abs()函数、round()函数进行运算。

(1) 计算-10 的绝对值。

```
>>> abs(-10)
10
```

(2) 计算 2÷3 的值,并保留 5 位小数。

```
>>> round(2/3,5)
0.66667
```

从 round(2/3,5)可以看到,round()函数中有两个参数,第一个参数表示要截取的数,第二个参数表示要截取小数后面多少位。第一个参数可以是浮点数,也可以是一个表达式。这里有一个奇怪的现象。

【例 1-17】 利用 round()函数进行四舍五入运算。

(1) 对 1÷2 的结果进行四舍五入运算。

```
>>> round(1/2)
0
```

(2) 对 1.5 进行四舍五入运算。

```
>>> round(1.5)
2
```

我们可以对[例 1-17]的结果进行分析,round(1/2)进行四舍五入,应该是 1,而 round(1.5)经过四舍五入的结果是 2,这怎么解释呢?

在 Python 3.0 中对 round()函数有这样的解释,如果距离两边一样远,会保留到偶数的一边。例如,round(0.5)和 round(-0.5)都会保留到 0,而 round(1.5)会保留到 2。

出现这种情况的原因,是因为计算机是以二进制进行存储的,会产生一些误差,从而造成了这种特殊的缺陷。

(六) 模块

模块是一个包含所有定义的函数和变量的文件,其扩展名是.py。模块可以被别的程序引入,以使用该模块中的函数等功能,这也是使用 Python 标准库的方法。

模块的用法如下:

```
import module # load the module
```

标准 Python 包带有 200 多个模块,除了 math 模块,还能导入更多模块。用户可以把模块想象成导入 Python 以增强其功能的扩展。用户需要使用特殊的命令 import 来导入模块。例如,floor()函数就在名为 math 的模块中。

【例 1-18】 将 32 转换成为小于它的最大整数。

```
>>> import math
>>> math.floor(32.9)
32
```

> **思考:** 请判断 import 命令是怎么起作用的?请尝试用 import 导入模块,然后按照"模块.函数"的格式使用这个模块的函数。

还有类似的函数可以将输入数转换为其他类型[如 long()函数和 float()函数]。事实上,它们并不完全是普通的函数,而是类型对象(type object)。后续将会对类型进行详述。与[例 1-18]中的 floor()函数相对的函数是 ceil()函数(ceiling 的简写),它可以将给定的数值转换成为大于或等于它的最小整数。

(七) 程序的运行

Python 程序的运行方式有很多种,主要包括命令窗口键入命令方式和可视化文件运行方式。在运行程序时还可以添加注释,帮助提高代码的可读性。

1. 命令窗口键入命令方式：通过命令提示符运行 Python 脚本

事实上，运行程序的方法有很多。先假设打开了 DOS 窗口或者输入了 UNIX 中的 Shell 提示符，并且进入了某个包含 Python 可执行文件（在 Windows 中是 Python.exe，而 UNIX 中则是 Python）的目录，或者包含了这个可执行文件的目录已经放置在环境变量 PATH 中了（仅适用于 Windows）。同时假设，上一节的脚本文件（hello.py）也在当前的目录中。那么，可以在 Windows 中使用以下命令执行脚本：

```
C:\> Python hello.py
```

或者在 UNIX 下使用以下命令执行脚本：

```
$ Python hello.py
```

可以看到，命令是一样的，仅仅是系统提示符不同。

> **注意**：如果不想跟环境变量打交道，可以直接指定 Python 解释器的完整路径。在 Windows 中，可以通过以下命令完成操作：
> C:\>C:\Python25\Python hello.py

2. 可视化文件运行方式：让脚本像普通程序一样运行

有些时候希望像运行其他程序（如 Web 浏览器、文本编辑器）一样运行 Python 程序（也称为脚本），而不需要显式使用 Python 解释器。这在 UNIX 中有个标准的实现方法：在脚本首行前面加上"♯!"（称为 pound bang 或 shebang），在其后加上用于解释脚本程序的绝对路径（在这里，用于解释代码的程序是 Python）。即使操作者不太明白其中的原理，但又希望自己的代码能够在 UNIX 下顺利执行，那么，只需要把下面的内容放在脚本的首行即可：

```
#! /usr/bin/envPython
```

不管 Python 二进制文件在哪里，程序都会自动执行。

> **注意**：在某些操作系统中，如果安装了最新版本的 Python（如 Python 3.0），同时旧版本的 Python（如 Python 1.5.2）仍然存在（因为某些系统程序需要它，所以不能把它卸载），那么在这种情况下，/usr/bin/env 技巧就不好用了，因为旧版本的 Python 可能会运行程序。因此需要找到新版本 Python 可执行文件（可能是 Python 或者 Python2）的具体位置，然后在 pound bang 行中使用完整的路径，如：♯! /usr/bin/Python2。具体的路径会因系统而异。

在实际运行脚本之前，必须让脚本文件具有可执行的属性，试着输入以下代码：

```
$ chmod a+x hello.py
```

现在就能这样运行代码了（假设路径就是当前目录），试着输入以下代码：

```
$ hello.py
```

> **注意**：如果上述操作不起作用，试试./hello.py。即使当前的目录(.)并不是执行路径的一部分，这样的操作也能够成功。

用户可以将文件重新命名，去掉.py 扩展名，让它看起来更像个普通的程序；还可以通过双击 Python 图标运行程序。

在 Windows 系统中，让代码像普通程序一样运行的关键在于扩展名.py。试着双击上一节保存好的 hello.py 文件。如果 Python 安装正确，一个 DOS 窗口就会出现，里面有"What is your name"提示。

然而，像这样运行程序可能会碰到一个问题：程序运行完毕，窗口也跟着关闭了。也就是说，输入名字以后，还没来得及看结果，程序窗口就已经关闭。试着修改代码，在最后加上以下代码：

```
Input("Press <enter>")
```

这样，在运行程序并且输入名字之后，将会出现一个包含以下内容的 DOS 窗口：

```
What is your name? Gumby
Hello,Gumby!
Press <enter>
```

3. 注释

井号(#)在 Python 中有些特殊。在代码中输入它的时候，它右边的一切都会被忽略(这也是之前 Python 解释器不会被/usr/bin/env 行"卡住"的原因)。

【例 1-19】 打印圆的周长。

```
# 打印圆的周长：
print(2*pi*radius)
```

这里的第一行代码被称为注释。注释是提高可读性的重要途径，为了让别人能够更容易理解程序，使用注释是非常有效的——即使是自己回头再看旧代码也一样。但注释不利于程序的运行，因此程序员应该确保注释说的都是重要的事情，而不要重复代码中显而易见的内容。无用的、多余的注释还不如没有。例如，[例 1-20]中的注释就是无用的。

【例 1-20】 获得用户名。

```
# 获得用户名：
use_name= input("What is your name?")
```

即使没有注释，也应该让代码本身易于理解。幸好，Python 是一门出色的语言，它能帮助程序员编写易于理解的程序。本书在第二章建立财务代码的 Python 规范的介绍中还会进一步演示注释的用法。

(八) 字符串

计算机很多时候都在处理字符串，如写电子邮件和文章、发送短信或即时消息、发布博客、创建 Facebook 页面、利用 Google 查找信息、浏览网页等。程序设计语言认为可以打印的字符序列就是字符串。事实上,字符串不一定都有意义,如'xyz'也算作字符串。字符序列只是一个序列,不需要有隐含意义。对我们来说,这就是字符串的意义所在。

那么,input()函数和"Hello,"＋name＋"!"这些内容到底是什么意思?先来了解"Hello"这个部分。本章的第一个程序很简单:

```
print("Hello, world!")
```

在编程类图书中,习惯上都会以这样一个程序作为开篇。问题是仍然没有真正解释此程序是如何实现的。前面已经介绍了 print()语句的基本知识,但是"Hello, world!"是什么呢?是字符串(即"一串字符")。字符串在几乎所有真实可用的 Python 程序中都会存在,并且有多种用法,其中最主要的用法就是表示一些文本,类似这个感叹句"Hello, world!"。

1. 单引号字符串和转义引号

【例 1-21】 在 Python 中录入"Hello, world!"。字符串是值,就像数字一样。

```
>>>  "Hello, world!"
'Hello, world!'
```

但是,[例 1-21]中有一个地方可能会让读者疑惑:当 Python 打印出字符串的时候,是用单引号括起来的,但我们在程序中用的是双引号。这有什么区别吗?事实上,两者没有区别。

【例 1-22】 用单引号录入 Hello,world!

```
>>>  'Hello,world!'
'Hello,world!'
```

[例 1-22]中用了单引号,结果是一样的。那么,为什么两个都可以用呢?因为在某些情况下,两者的通用性会派上用场。

【例 1-23】 当单引号与双引号同时出现在 Python 代码中时。

```
>>>  "Let's go!"
"Let's go!"
>>>  "Hello, world!"she said'
"Hello, world!" she said'
```

在[例 1-23]的代码中,第一段字符串包含了单引号(或者又称撇号。根据这里的上下文,此处称为撇号更恰当),这时候就不能用单引号将整个字符串括起来了。如果这么做,解释器会出现错误提示。

【例 1-24】 出现错误提示。

```
>>>  'Let's go!'
SyntaxError: invalid syntax
```

在这里字符串为'Let',Python 并不知道如何处理后面的 s(也就是该行余下的内容)。

在[例 1-23]中的第二段字符串中,句子包含了双引号。所以,出于之前所述的原因,就需要用单引号把字符串括起来了。或者,并不一定要这样做,尽管这样做很直观。另外一个选择就是:使用反斜线(\)对字符串中的引号进行转义。

【例 1-25】 使用反斜线(\)对字符中的引号进行转义。

```
>>> 'Let\'s go!'
"Let's go!"
```

如此,Python 会明白中间的单引号是字符串中的一个字符,而不是字符串的结束标记(即便如此,Python 也会在打印字符串的时候使用双引号)。有读者可能已经猜到了,对双引号也可以使用相同的方式转义。

【例 1-26】 双引号情形下用反斜线(\)进行转义。

```
>>> "\"Hello, world!\" she said"
"Hello. world!"she said
```

像[例 1-25][例 1-26]这样的转义引号十分有用,有些时候甚至还是必需的。例如,如果用户希望打印一个包含单双引号的字符串,不用反斜线的话能怎么办呢?例如,字符串' Let\'s say "Hello, world!"'。Python 中可用的转义字符如表 1-5 所示。

表 1-5 Python 中可用的转义字符

转义字符	意义
\	(在行尾时)续行符
\\	反斜杠符号
\'	单引号
\"	双引号
\a	响铃
\b	退格(backspace)
\e	转义
\000	空
\n	换行
\v	纵向制表符
\t	横向制表符
\r	回车
\f	换页
\oyy	八进制数,yy 代表的字符,如:\o12 代表换行
\xyy	十六进制数,yy 代表的字符,如:\x0a 代表换行
\other	其他的字符以普通格式输出

> **注意**:(1) 本章后面的内容中,将会介绍通过使用长字符串和原始字符串(两者可以联合使用)来减少绝大多数反斜线的使用。
> (2) 编程技巧:最好先决定如何分隔字符串,然后一直坚持这种方式。如果喜欢双引号,就坚持用双引号。一般情况下,双引号麻烦更少,因为双引号面对缩写和所有格的情况更容易编码,如""bill's"或者"can't"。如果用单引号来表示,需要在单引号前使用转义字符("\"),如 'bill\'s'。

2. 拼接字符串

继续探究"Hello, world!"程序的输出,我们可以通过另外一种方式输出同样的字符串。

【例1-27】 使用另一种方式输出同样的字符串。

```
>>> "Let's say" " 'Hello. world!" '
'Let\'s say "Hello, world!" '
```

这里只是用一个接着另一个的方式写了两个字符串,Python 就会自动拼接它们(将它们合为一个字符串)。这种机制用得不多,有时却非常有用。不过,它只是在同时写下两个字符串时才有效,而且要一个紧接着另一个,否则就会出错。

【例1-28】 拼接字符串中出错的情形。

```
>>> x="Hello."
>>> y="world!"
>>> xy
SyntaxError: invalid syntax
```

换句话说,这仅仅是书写字符串的一种特殊方法,并不是拼接字符串的一般方法。那么,该怎样拼接字符串呢?拼接字符串就和加法运算一样,参照以下代码:

【例1-29】 拼接字符串的正确代码。

```
>>> "Hello," + "world!"
'Hello, world!'
>>> x='Hello,"
>>> y="world!"
>>> x+ y
'Hello,world!'
```

3. 转换为字符串的方法:str()函数和repr()函数

所有通过 Python 打印的字符串都是被引号引示的,这是因为 Python 打印值的时候会保持该值在 Python 代码中的状态,而不是你希望用户所看到的状态。如果使用 print()语句,结果就不一样了,参照以下代码:

【例1-30】 用print()语句输出字符串。

```
>>> "Hello, world!"
'Hello, world!'
```

```
>>> print("Hello,world!")
Hello,world!
```

我们在这里讨论的实际上是值被转换为字符串的两种机制。可以通过以下两个函数来使用这两种机制：①通过 str() 函数，它会把值转换为合理形式的字符串，以便用户可以理解。②而 repr() 函数会创建一个字符串，它以合法的 Python 表达式的形式来表示值。

【例 1-31】 利用 str() 函数和 repr() 函数将值'Hello, kitty!'转换为字符串。

```
>>> a='Hello, kitty!'
>>> str(a)
'Hello,kitty!'        #字符串 str 会返回本身
>>> repr(a)
"Hello,kitty!"
>>> a='Hello, kitty!\n'
>>> b= repr(a)
>>> print(b)
'Hello,kitty!\n'
>>> c= str(a)
>>> print(c)
Hello,kitty!
```

str() 函数和 repr() 函数是将 Python 值转换为字符串的两种方法。str() 函数能让字符串更易于阅读，而 repr() 函数则可以把结果字符串转换为合法的 Python 表达式。

4. input() 函数

input() 函数主要用来实现输入的函数，在 Python 3.0 中，input() 函数默认接收到的是 str 类型，所以不管输入的内容是什么，它都以字符串类型出现。

【例 1-32】 input() 函数的运算。

```
>>> name=input("What is your name?")
What is your name? Gumby
>>> print("Hello."+ name +"!")
Hello, Gumby!
```

通过 input() 函数给 name 变量赋值，这时 name 是一个字符串类型。而如果输入的是 123 和 456，那么它们相加的结果是什么呢？

【例 1-33】 用 input() 函数输入字符串"123"和"456"。

In:
1. num1=input("Please input num1:")
2. num2=input("Please input num2:")
3. print(num1 + num2)

Out:
Please input num1:123
Please input num2:456
123456

显然字符串相加,即字符串相连,结果为"123456"。然而想要实现数值型相加,就应该加上一个数值转换函数。

【例1-34】 承[例1-33],用int()函数实现数值型相加。

In:
1. num1=int(input ("Please input num1:"))
2. num2=int(input ("Please input num2:"))
3. print(num1 + num2)

Out:
Please input num1:123
Please input num2:456
579

通过int()函数转换,把字符类型转换成整型,再相加,结果为579。

5. 长字符串、原始字符串和Unicode字符串

在结束本章之前,还会介绍另外两种书写字符串的方法。在需要长达多行的字符串或者包含多种特殊字符的字符串的时候,这两种书写字符串的方法就会非常有用。

1) 长字符串

如果需要写一个非常长的字符串,它需要跨多行,那么,用户可以使用三个引号代替普通引号。

【例1-35】 长字符串的运用。

1. print('''This is a very long string.
2. It continues here.
3. And it's not over yet.
4. "Hello,world!"
5. Still here.''')

此处也可以使用三个双引号,如"""Like This"""。注意,因为引用方式的特殊性,用户可以在字符串之中同时使用单引号和双引号,而不需要使用反斜线进行转义。

> **注意:** 普通字符串也可以跨行。如果一行之中最后一个字符是反斜线,那么,换行符本身就"转义"了,也就是被忽略了,例如:
>
> print ("Hello.\
> world!")
>
> 这句会打印"Hello,world!"。这个用法也适用于表达式和语句:
>
> \>>> 1+2 +\
>   4+5
> 12
> \>>> print(\
> 'Hello, world')
> Hello, world

2）原始字符串

原始字符串对于反斜线的使用并不会过分挑剔。在某些情况下，这个特性就能派上用场了。在普通字符串中，反斜线有特殊的作用：它会转义，可以在字符串中加入通常情况下不能直接加入的内容。例如，换行符可以写为\n，并可放于字符串中。

【例1-36】 利用原始字符串换行"Hello,world!"。

```
>>> print('Hello,\nworld!')
Hello,
world!
```

这看起来不错，但是有时候，这并非想要的结果。如果希望在字符串中包含反斜线，应该怎么办呢？

【例1-37】 换行DOS路径"C:\nowhere"。

```
>>> path ='C:\nowhere'
>>> path
'C:\nowhere'
```

这看起来是正确的，但是，在打印该字符串的时候就会发现问题。

【例1-38】 承[例1-37]，打印字符串时未得到预期结果。

```
>>> print(path)
C:
owhere
```

这并不是期望的结果。此时，可以使用反斜线对其本身进行转义。

【例1-39】 使用反斜线进行转义。

```
>>> print('C:\\nowhere')
C:\nowhere
```

这看起来不错，但是对于长路径，可能需要很多反斜线。

【例1-40】 长路径中出现大量反斜线的情形。

```
path ='C:\\Program Files\\fnord\\foo\\bar\\baz\\frozz\\bozz'
```

在这样的情况下，原始字符串就派上用场了。原始字符串不会把反斜线当作特殊字符。在原始字符串中输入的每个字符都会与书写的方式保持一致。

【例1-41】 原始字符串输入示例。

```
>>> print(r'C:\nowhere')
C:\nowhere
>>> print(r'C:\Program Files\fnord\foo\bar\baz\frozz\bozz')
C:\Program Files\fnord\foo\bar\baz\frozz\bozz
```

可以看到，[例1-41]中，原始字符串以 r 开头。一般情况下，可以在原始字符串中放入任何字符的说法基本是成立的。当然,我们也要像平常一样对引号进行转义,但最后输出的字符串包含了转义所用的反斜线。

【例 1-42】 输出的字符串包含了反斜线的情形。

```
>>> print (r 'Let\'s go!')
Let\'s go!
```

不能在原始字符串结尾输入反斜线。换句话说,原始字符串最后的一个字符不能是反斜线,除非对反斜线进行转义(用于转义的反斜线也会成为字符串的一部分)。参照上一个范例,这是一个显而易见的结论。如果最后一个字符(位于结束引号前的那个)是反斜线,Python 就不清楚是否应该结束字符串。

【例 1-43】 原始字符串最后一个字符为反斜线出错情形。

```
>>> print(r "This is illegal\")
SyntaxError: EOL while scanning string literal
```

这样才是合理的,但是如果希望原始字符只以一个反斜线作为结尾,那该怎么办呢?(例如,DOS 路径的最后一个字符有可能是反斜线)本节已经提供很多解决此类问题的技巧,但本质上就是把反斜线单独作为一个字符串来处理。[例 1-44]就是一种简单的做法。

【例 1-44】 让原始字符串以反斜线结尾的技巧示例。

```
>>> print(r 'C:\Program Files\foo\bar''\\')
C:\Program Files\foo\bar\
```

> **注意**:用户可以在原始字符串中同时使用单双引号,即使三引号字符串也可以充当原始字符串。

3) Unicode 字符串

字符串常量的最后一种类型就是 Unicode 字符串(又称 Unicode 对象——与字符串并不是同一个类型)。如果希望了解更多的信息,可以访问 Unicode 的网站。

Python 中的普通字符串在内部是以 8 位的 ASCII 码形式存储的,而 Unicode 字符串则存储为 16 位 Unicode 字符,这样就能够表示更多的字符集了,包括了世界上大多数语言的特殊字符。

> **注意**:在 Python 3.0 中,所有字符串都是 Unicode 字符串。

二、Python 的安装

用户如果希望在自己计算机上安装 Python 开发环境,可以安装 Anaconda。作为最流行的 Python 开发环境之一,Anaconda 安装使用简单,对 Python 初学者极其友好。相比只安装 Python 主程序而言,他预装了许多常用的 Python 库,如 Pandas 等;同时还安装了交互式代码编辑器 Jupyter Notebook(交互性强,可以查看每段代码的运行结果)。

Anaconda 的官方下载页面(https://www.anaconda.com)如图 1-7 所示。

图 1-7　Anaconda 下载页面

此外,还可以单独安装 Python 主程序和 Python 代码编辑器。Python 主程序可以在 Python 官网(https://www.Python.org)下载适用的安装文件。常见的 Python 代码编辑器有 Sublime Text3、PyCharm、Visual Studio Code 等,用户可以在网上自行下载安装。Python 主程序和 Python 代码编辑器下载页面分别如图 1-8 和图 1-9 所示。

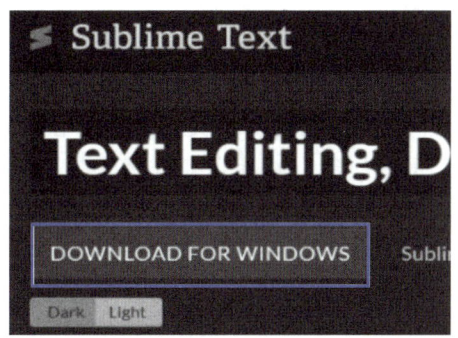 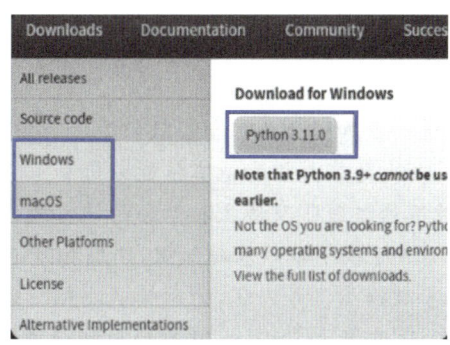

图 1-8　Python 主程序　　　　　　图 1-9　Python 代码编辑器下载页面

目前,很多第三方平台提供了 Python 的云编译环境,用户无须下载安装 Python 程序和代码编辑器,也无须安装第三方模块,直接登录平台即可操作。本书以云教学平台为例,其界面如图 1-10 所示。

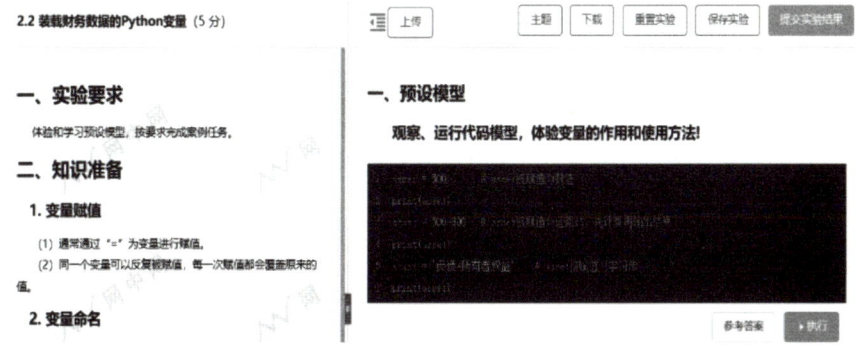

图 1 10　云教学平台

本章小结

本章一开始阐述了数字化时代背景下 Python 对于财务发展的重要意义以及 Python 的基本概念。

在数字化时代背景下,企业大量进行数字化转型,财务也逐渐向智能财务转型,对财务人员提出了新的能力要求,因此将 Python 技术方法运用到企业财务中,有助于财务人员系统性分析企业经营发展中的各项隐性指标,更有利于统一财务分析标准,健全财务分析机制,提高财务分析的精准性,为企业的经营管理与决策提供依据。与此同时,企业通过运用 Python 技术方法,可以通过搭建系统化的智能财务分析平台、明确企业财务分析指标及推动机器学习技术普及等方法,提升企业财务管理质量,更好地促进企业稳定经营与发展。

关于 Python 的基本内容,本章先介绍了 Python 程序的基本结构,以及 Python 的基本输入和输出操作,并从数据和表达式、变量、语句、获取用户输入、函数、模块、程序的运行、字符串等方面详细介绍了各种常用的数据类型。一般而言,作为跨平台的一种高级计算机应用程序设计语言,Python 拥有丰富、强大的文件库支持,可以满足多种编程设计语言的模块化文件信息提取和连接。对于财务应用而言,Python 不但可以满足在线数据分析以及互动开源数据管理分析,同时也配备了专门的下载帮助模块功能,便于财务人员更加便捷的下载、使用。

实践环节

为进一步加强专业综合实践教学环节中的社会实践部分,培养和提高学生综合运用所学的基本理论、基本知识和基本技能分析和解决实际问题的能力,培养学生的应用能力和创造能力,学生可通过线下及线上相结合的学习模式完成以下实践任务:

(1)通过线下学习基础知识,熟悉和掌握 Python 基础结构、基本输入或输出、变量与表达式及基本数据类型等内容,为后续解决相应财务问题打下数据算法基础。

(2)通过线上 Python 财务应用平台进行相应实践,体验预设模型的运行结果,并根据所学内容修改代码进行练习,达到熟练掌握的目的。

多方面的实践可以增强学生的感性认知,激发学生的学习兴趣,从而实现课堂教育与财务工作的零距离对接。

复习思考题

一、选择题

1. Python 中使用(　　)函数进行输出。
   A. sum()　　　　B. prant()　　　　C. print()　　　　D. avg()

2. Python 的输出函数中,若接收多文本,用英文状态下的(　　)符号隔开。
   A. 双引号　　　B. 单引号　　　　C. 句号　　　　　D. 逗号

3. 若 money=100,money=55+44,此时 money 的值为(　　)。
   A. 100　　　　　B. 55　　　　　　C. 99　　　　　　D. 40

4. 若要输入一个固定资产原值,并在输入时提示"固定资产原值是",具体操作为(　　)。
   A. print("规定资产原值是")　　　　B. input("规定资产原值是")

C. piant("规定资产原值是")   D. inpot("规定资产原值是")

二、简答题

1. 简述 Python 语言的优缺点。
2. 简述数字化时代背景下财务转型的主要内容。
3. 简述 Python 在财务基础应用中主要包括哪些方面。

三、实战作业

完成 Windows 环境下 Python 程序的安装。

第二章 运用 Python 存储和处理财务信息

第一节 建立财务代码的 Python 规范

学习目的

认识 Python 代码的基本结构;通过实验练习,理解和掌握编写代码过程中注释与缩进的作用和使用方法;熟悉空行、换行等其他规则的使用。

一、认识 Python 代码

我们以一家企业实务为例。亚飞电子商务有限公司(以下简称亚飞公司)是一家集市场开发、采购、销售、仓储、物流、客服于一体,经营消费性产品的电子商务零售企业。亚飞公司依托采购、销售、人力、财务等多个信息化平台,致力于网络品牌运营。

随着业务规模的扩大,亚飞公司产生大量的业务、财务和税务等数据,但这些数据来源于不同的平台,数据标准不一,难以充分发挥数据价值。因此,亚飞公司希望通过 Python 工具构建简单的数据分析和应用模型,充分发挥数据价值,为企业的经营决策提供科学精准的支撑。

为了更好地看到亚飞公司近 5 年的销售额数据变化,财务人员利用 Python 绘制可视化图表,展示销售额的变化趋势,[例 2-1]的代码示例展示了 Python 编写程序的一般规则。

【例 2-1】 Python 编写程序的一般规则。

```
In:
1 #(1)导入 matplotlib.pyplot 模块,绘制销售额变化趋势图
2 from matplotlib import pyplot as plt
3 #(2)设置中文字体为黑体、中文状态下负号正常显示
4 plt. rcParams ['font. Family']=' Simhei'
5 pit. rcParams['axes, uni code minus'] = False
6 #(3)根据已知条件设置 x 轴、y 轴数据
7 x=['2017 年','2018 年','2019 年','2020 年','2021 年']
8 y = [875,1380,1620,1480,1930]
9 #(4)绘制柱开图
10 plt. bar (x,y)
11 #(5)显示柱形图
12 plt. savefig(r"2.1 历年销售额,png")
```

Out:

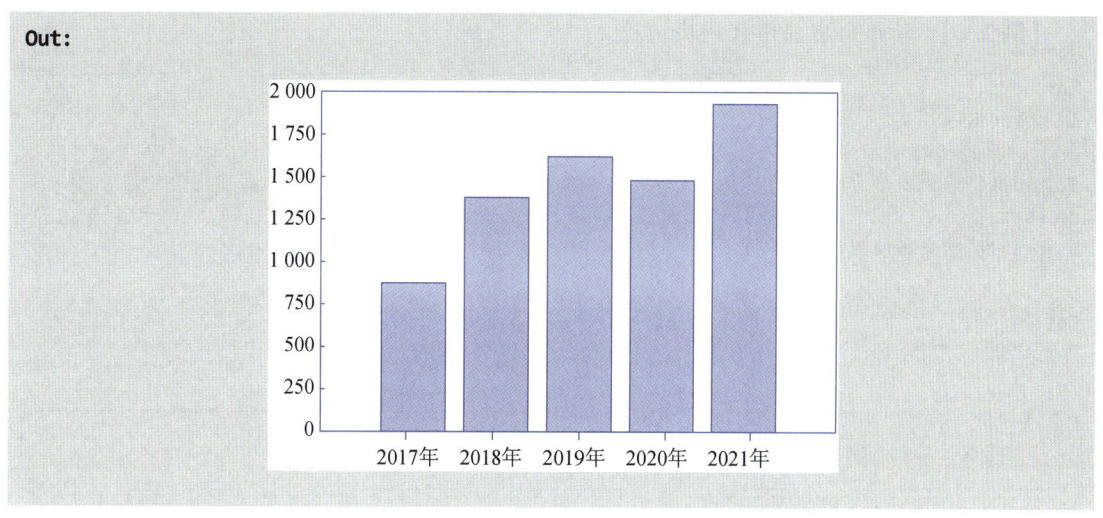

二、注释

为了增加代码的可读性,方便其他用户理解和复用,Python 需要对代码进行注释。

根据第一章的内容,已知注释是代码中的辅助性文字,一般是程序员对代码的说明,如[例 2-1]的代码中,使用"#"对单行代码进行解释。代码中,"#"后面的注释内容,会被编译器或解释器略去,计算机不会执行。

当注释内容过多,使用单行注释无法显示时,可用多行注释。Python 中使用一对的三个单引号或一对的三个双引号标识多行注释[例 2-2]。

【例 2-2】 用引号进行多行注释。(这里的财务数据均为虚拟)

```
In:
1 '''
2 这是第 1 行的注释:先输出公司资产
3 这是第 2 行的注释:再输出公司负债
4 这是第 3 行的注释:最后计算出公司所有者权益
5 '''
6 print('亚飞公司资产为:',20000)
7 print('亚飞公司负债为:',8888)
8 print('亚飞公司所有者权益为:',20000- 8888)
```

```
Out:
亚飞公司资产为:20000
亚飞公司负债为:8888
亚飞公司所有者权益为:11112
```

三、代码块缩进

Python 采用相同的缩进表示代码块,在 if 语句、循环语句、自定义函数语句当中会应用到代码块缩进。下一级缩进的代码语句从属于上一级的代码语句。

【例 2-3】 if 语句中应用代码块缩进。

```
In:
1 score= 85
2 if score>=60:
3     print("学生成绩为:及格")
4 else:
5     print("学生成绩为:不及格")
```

```
Out:
学生成绩为:及格
```

> **注意**：一般，同一个代码块中的代码，默认缩进是 4 个半角空格。

四、英文字符、换行、空行

除了上述规则,在编写 Python 代码时也可能会涉及其他规则,如：

(1) 英文字符:在编写代码时,所有字母、符号(括号、引号、冒号等),必须在英文状态下输入。

(2) 换行:通常情况下,为了查看代码方便,代码编辑器一般会设置代码行页面宽度为 80 个字符,如果代码行过长,可以使用"\"进行代码换行。

当然,当代码行中有"()[]"时,可以在括号中间直接换行,而无需使用"\"。

(3) 空行:和注释的作用类似,空行并不影响代码的运行,但可以让代码更有层次。

第二节　装载财务数据的 Python 变量

学习目的

理解变量的含义;通过实验练习,理解和掌握变量赋值的作用和方法;熟悉变量命名的规则,并在之后的学习中不断巩固。

一、变量的含义及赋值

变量可以理解为会变化的量,其值是可以通过赋值方式修改的。当变量被定义后,我们可以通过变量的名字找到变量中的数据。变量的赋值修改如图 2-1 所示。

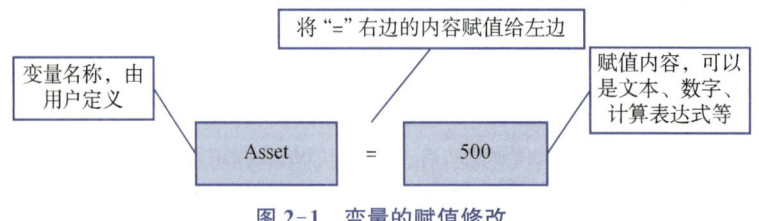

图 2-1　变量的赋值修改

我们可以用 Python 代码为财务指标赋值。

【例 2-4】 为资产指标赋值。

```
In:
1 asset=500            #asset 被赋值为数值
2 print(asset)
3 asset=500+ 300       #asset 被赋值为运算式,先计算再输出结果
4 print(asset)
5 asset='负债+ 所有者权益'      #asset 被赋值为字符串
6 print(asset)

Out:
500
800
负债+所有者权益
```

在 Python 中,可以把任意数据类型的数据赋值给变量,同一个变量可以反复被赋值,并且可以转换为不同数据类型的变量。

对同一变量进行多次赋值时,每一次赋值都会覆盖原来的值。如[例 2-4],第一次对 asset 进行赋值时,输出的结果是"500";第二次对 asset 进行赋值时,输出的结果是"800";第三次对 asset 进行赋值时,输出的结果是"负债＋所有者权益"。

二、变量的命名规则

Python 变量命名时一般要遵循以下规则:

(1) 区分大小写,如 Python≠PYTHON。

(2) 可以采用字母、下划线、数字、汉字等字符及其组合进行命名,且变量名首字符不能是数字。

(3) 不能包括空格和特殊符号,如"x m""x∗m""x♯"等。

(4) 不能使用以下 Python 关键字:False, None, True, and, as, assert, async, await, break, class, continue, def, del, elif, else, except, finally, for, global, if, import, in, is, lambda, nonlocal, not, or, pass, raise, return, try, while, with, yield。(关于关键字的更多详细信息,可登录 Python 官网查阅)

> **注意:** 只要符合命名规则,就可以任意命名,但建议命名要有具体意义且易于理解,如将"金额"命名为"amount"。

第三节　处理财务文本的"字符串"类型

学习目的

了解存储财务数据的各种数据类型;掌握如何利用字符串存储财务文本信息;掌握字符串

的索引结构,熟悉字符串的常见操作方法;理解格式化字符串的作用,熟悉3种格式化字符串的方法,并掌握至少其中1种方法。

一、基本数据类型

变量用于存储数据,不同数据的特点也不同,可能是文本、数字等。因此,数据类型也通常被称为变量类型、变量数据类型等。Python中的基本数据类型如图 2-2 所示。

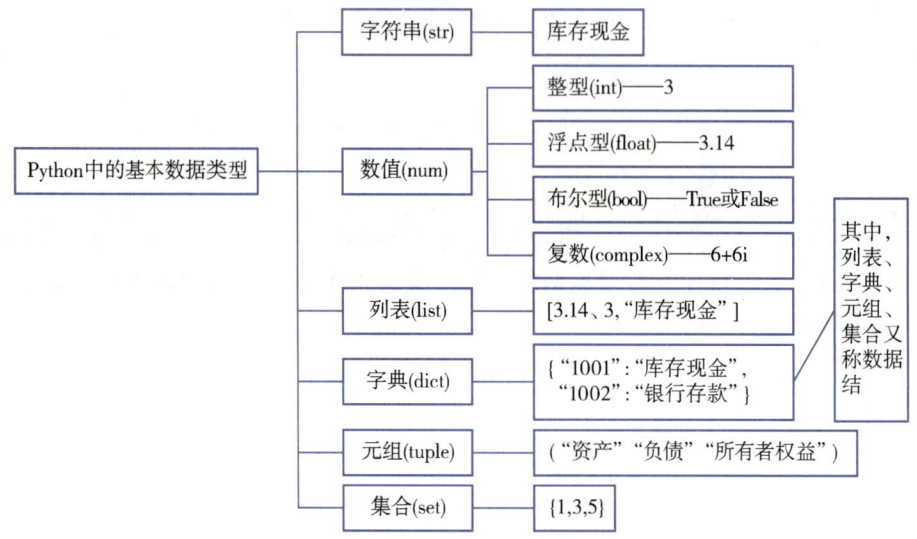

图 2-2 Python 中的基本数据类型

二、存储财务文本信息

上市公司发布的财务报告存在大量的文本信息,尤其是对财务人员必不可少的会计科目、报表项目等,就是典型的文本。

Python通常采用字符串这一数据类型进行存储。字符串可以由字母、中文、数字、符号等一系列字符组成,如会计科目名称、财务报表附注等,就是典型的字符串类型数据。

字符串可以用单引号或者双引号创建,两者作用相同,但前后必须保持一致,即以单引号开始的字符串,需以单引号结束。

【例 2-5】 以单引号创建字符串。

```
In:
1 #以单引号创建字符串
2 print('利润表')
3 #以双引号创建字符串
4 print("利润表")
```

```
Out:
利润表
利润表
```

> **注意**：无论单引号或双引号，创建字符串时均需要使用英文状态下的符号。

在输入多行文本时，该如何处理？

此时可以用三单引号（'''）或者三双引号（"""""")创建多行字符串，同样需前后保持一致。

【例 2-6】 以三单引号或三双引号创建多行字符串。

```
In:
1 #以三单引号或者三双引号创建多行字符串
2 print('''三大财务报表分别为：
3 资产负债表
4 利润表
5 现金流量表''')
```

```
Out:
三大财务报表分别为：
资产负债表
利润表
现金流量表
```

在输入文本时，文本中可能有双引号或单引号，该如何处理？

按照正常的方法创建字符串即可，文本中的单引号或双引号在中英文状态下均可录入。

但是，当文本中使用英文双引号时，创建字符串必须使用单引号；同理，在文本中使用英文单引号时，创建字符串必须使用双引号。

【例 2-7】 文本中已有引号时创建字符串。

```
In:
1 #文本中是英文双引号，创建时使用单引号
2 print('"货币资金"为 100 万元')        #中文不影响
3 #文本中是英文单引号，创建时使用双引号
4 print("'货币资金'为 100 万元")        #中文不影响
```

```
Out:
"货币资金"为 100 万元
'货币资金'为 100 万元
```

三、操作财务文本信息

在工作中，除了要创建字符串，还要对字符串进行一些其他操作，如将开户行和账号信息连接，提取会计科目等。要实现这些目的，就必须先了解字符串的基本结构。

字符串中每个元素都有一个位置标识，称为索引，通过索引就可以迅速找到对应元素。以字符串"Python"为例，观察每个元素对应的索引。Python 中常用元素对应索引如表 2-1 所示。

表 2-1 Python 中常用元素对应索引

字符串元素	P	y	t	h	o	n
正索引	0	1	2	3	4	5
负索引	−6	−5	−4	−3	−2	−1

观察表 2-1 可以发现:正索引从左往右编号,默认以 0 开始,最右侧元素的索引号为字符串长度减 1;负索引从右往左编号,默认以 −1 开始,最左侧元素的索引号为字符串长度的相反数。

想要把多个字符串连接在一起,该如何处理？用"+"可以把多个字符串拼接,既可以拼接字符串,又可以拼接字符串变量。

> **注意**:只能将字符串与字符串拼接,而不能拼接其他数据类型。

【例 2-8】 用"+"拼接字符串。

```
In:
1 #拼接字符串
2 print("亚飞电子商务有限公司的开户行名称:"+"中行北京路支行")
3 #拼接字符串变量
4 company="亚飞电子商务有限公司"
5 bank_name="中行北京路支行"
6 print(company +"的开户行名称:"+ bank_name)
```

```
Out:
亚飞电子商务有限公司的开户行名称:中行北京路支行
亚飞电子商务有限公司的开户行名称:中行北京路支行
```

想要截取字符串中的某一个元素(字符),该如何处理？用"x[索引]"可以从字符串变量 x 中获取索引位置的字符,如"x[1]""x[−3]"。

> **注意**:使用字符串索引获取元素时,正索引的最大范围不能超出"字符串长度−1"。例如,x='亚飞电子商务有限公司',索引最大为 9(字符串长度 10 减去 1),若获取 x[10],会溢出报错。

【例 2-9】 用"x[索引]"截取字符串中的某一个元素。

```
In:
1 #通过正索引提取"飞"字
2 company="亚飞电子商务有限公司"
3 print(company[1])
4 #通过负索引提取"飞"字
5 company="亚飞电子商务有限公司"
6 print(company[-9])
```

Out:
飞
飞

> **注意**:正索引从 0 开始,负索引从-1 开始。

想要截取字符串中的多个连续元素(一部分),该如何处理? 截取字符串中多个连续元素,通常又称切片。用"x[起始索引:终止索引]"可以从字符串变量 x 中获取"起始索引"到"终止索引-1"的一段字符,即截取区间为左闭右开区间。以 x[0:2]为例,截取的元素包括索引为 0、1 的元素,但不包括索引为 2 的元素。

【例 2-10】 用"x[起始索引:终止索引]"截取多个连续元素。

In:
```
1 #通过索引切片提取"电子商务"字段
2 company="亚飞电子商务有限公司"
3 print(company[2:6])
4 #通过索引切片提取前 4 个字符
5 company="亚飞电子商务有限公司"
6 print(company[:4])
7 #通过索引切片提取后 4 个字符
8 company="亚飞电子商务有限公司"
9 print(company[-4:])
```

Out:
电子商务
亚飞电子
有限公司

> **注意**:当从头开始截取时,可以省略起始索引。当截取到末尾时,可以省略终止索引。

四、格式化字符串

在财报分析模板、询证函模板、对账单模板,或者是格式化的文档报告中,我们常常要"填充文字"或者"填充指定格式的数字",这时候就可以通过格式化字符串,灵活使用字符串。格式化字符串是指使用一个字符串作为模板,用占位符标记指定位置,再对占位符进行赋值。用户可以根据赋值内容的不同,重复输出格式固定但内容不同的文本。Python 格式化字符串的使用历史如表 2-2 所示。

表 2-2 Python 格式化字符串的使用历史

格式化方法	对应版本
使用%占位符	在 Python 2.5 之前,主要使用%占位符

(续表)

格式化方法	对应版本
使用 format()函数	从 Python 3.0 开始,使用 format()函数
使用 f-string	Python 3.6 以后版本提供了 f-string 方法

（1）使用%占位符,可以为输出结果设置多种格式。"%s"代表字符串中的任意字符;"%d"代表整数占位符;"%.f"代表浮点数占位符。

【例 2-11】 使用%占位符格式化字符串。

In:
```
1 print('%s第%d季度利润总额为%.2f万元'
2     % ('2022年',2,7777.938))
```

Out:
2022年第 2 季度利润总额为 7777.94 万元

> **注意**:此处的代码行较长,使用了换行。

（2）使用 str.format()函数,作用与使用%占位符类似,只是使用"{}"和":"替换了%占位符。与使用%占位符相比,format()函数支持更多功能,在格式化时可以指定参数名、索引、数字等。

【例 2-12】 使用 str.format()函数格式化字符串。

In:
```
1 #(1)输出 3 个变量
2 year='2022年'
3 season=2
4 profit=7777.938
5 #(2)不设置指定位置,按默认顺序传递参数
6 print('{}第{}季度利润总额为{}万元'.format(year,season,profit))
7 #(3)设置指定位置,按索引传递参数
8 print('{2}第{1}季度利润总额为{0}万元'.format(profit,season,year))
9 #(4)数字格式化
```

Out:
2022年第 2 季度利润总额为 7777.938 万元
2022年第 2 季度利润总额为 7777.938 万元
2022年第 2 季度利润总额为 7777.94 万元

（3）使用 f-strings 格式化字符串,也要运用到"{}"和":"占位符,该方式更加直观灵活。

【例 2-13】 使用 f-strings 格式化字符串。

In:
```
1 #(1)输出 3 个变量
2 year='2022年'
3 season=2
4 profit=7777.938
```

```
5 April=2777.938
6 May=2500
7 June=2500
8 print(f'{year}第{season}季度利润总额为{profit}万元。')
9 #(2)输出表达式
10 print(f'{year}第{season}季度利润总额为{April+ May+ June:.2f}万元。')
```

Out:
2022年第2季度利润总额为7777.938万元。
2022年第2季度利润总额为7777.94万元。

以上3种格式化字符串方法的对比如表2-3所示。

表2-3 格式化字符串方法的对比

格式化方法	示例
%占位符	"%s第%d季度利润总额为%.2f万元"%(year,season,profit)
str.format()函数	"{}第{}季度利润总额为{:.24}万元".format(year,season,profit)
f-strings	f"{year}第{season}季度利润总额为{profit:.2f}万元"

五、字符串的其他操作

除了上述对字符串的常见操作方法,还有其他的操作方法。这里介绍部分方法如下:

(1) str(x):将变量x转换为一个字符串类型的数据。

(2) len(str):返回字符串的长度,结果是整数。

(3) 是否包含某字符:str1 in str2,str1 not in str2,返回True或False。

(4) 大小写转换:str.upper(),将所有字母转换为大写;str.lower(),将所有字母转换为小写;str.title(),将字符串中所有单词的首个字母转化为大写,其他字母均转化为小写。

(5) 字符串替换:str.replace(old,new,替换个数),将旧字符old替换为新字符new,替换个数可以忽略(默认替换所有)。

第四节 处理财务数据的"数值"类型

学习目的

了解数值类型的细分种类;掌握查看数据类型的内置函数type()的使用方法;掌握数值类型的算术运算、赋值运算、比较运算的运算符号和运算方法;熟悉数值类型的逻辑运算、成员运算、身份运算的运算方法,运算符号的优先级。

一、数值类型的内容、数据类型的查询

(一) 数值类型的内容

常见的数值类型(num)包括整型(int)、浮点型(float)、布尔型(bool)和复数型(coplex),

具体数值类型的介绍如图 2-3 所示。

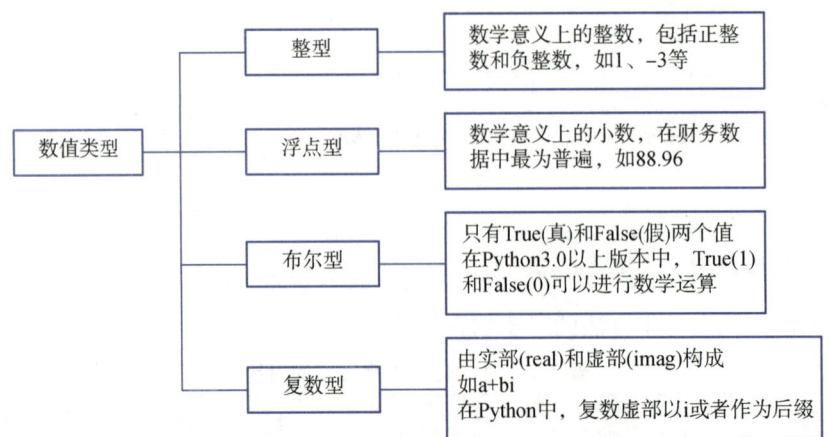

图 2-3　数值类型的介绍

在财务工作中存在大量的数值，如科目的发生额、余额等就是典型的数值。数值类型可以直接被创建，用"="赋值给变量即可。

【例 2-14】　直接创建数值。

```
In:
1#创建整型数据
2num1=3
3num2=2 + 3
4print(num1)
5print(num2)
6
7#创建浮点型数据
8num3=3.1415
9print(num3)
10
11#创建布尔型数据
12num4=True
13num5=num4 + 1
14print(num4)
15print(num5)
```

```
Out:
3
5
3.1415
True
2
```

（二）数据类型的查询

不同的数据类型，使用的方法也不同。当定义了多个变量后，忘记了变量的数据类型，该如何查询？可以用 Python 的内置函数 type()查看变量的数据类型。

【例 2-15】 运用 type()函数查看变量的数据类型。

In：
```
1 #(1)输出 5 个不同类型的变量
2 str1="88"
3 int1=88
4 float1=88.88
5 coplex1=88-2j
6 bool1=True
7 #(2)查看 5 个变量类型
8 print(type(str1))
9 print(type(int1))
10 print(type(float1))
11 print(type(coplex1))
12 print(type(bool1))
```

Out：
```
<class'str'>
<class'int'>
<class'float'>
<class'complex'>
<class'bool'>
```

二、运算符的种类

在 Python 中，数值同样可以进行加减乘除等运算，系统提供了一系列的运算符，主要包括算术运算符、赋值运算符、比较运算符、逻辑运算符、成员运算符和身份运算符。

（一）算术运算符

常见的算术运算符有 7 种，运算结果为一个数值，如表 2-4 所示。

表 2-4　算术运算符

算数运算符	描述	示例(x=88,y=12)
+	加	x+y,输出结果 100
-	减	x-y,输出结果 76
*	乘	x*y,输出结果 1056
**	乘方	x**y,输出结果 2156711558216810034626256
/	除	x/y,输出结果 7.333333333333333
//	整除	x//y,输出结果 7
%	取余	x%y,输出结果 4

【例 2-16】 算术运算符的应用。

In：
```
1 #(1)定义数值变量
```

```
2 x=88
3 y=12
4 #(2)输出 7 个运算结果
5 print(x + y)      #加法
6 print(x-y)        #减法
7 print(x*y)        #乘法
8 print(x**y)       #幂次方
9 print(x/y)        #除法
10 print(x//y)      #整除(向下取整)
11 print(x% y)      #取余数
```

```
Out:
100
76
1056
21567115582168100346265
7.333333333333333
7
4
```

(二) 赋值运算符

赋值运算符用于对象的赋值,除了之前学习的"=",还有一些复合赋值运算符,如表 2-5 所示。

表 2-5 赋值运算符

赋值运算符	描述	示例
=	赋值运算符	x=88
+=	加法 赋值运算符	x+=y,等效于 x=x+y
-=	减法 赋值运算符	x-=y,等效于 x=x-y
*=	乘法 赋值运算符	x*=y,等效于 x=x*y
/=	除法 赋值运算符	x/=y,等效于 x=x/y
//=	整除 赋值运算符	x//=y,等效于 x=x//y
%=	取余 赋值运算符	x%=y,等效于 x=x%y
**=	求幂 赋值运算符	x**=y,等效于 x=x**y

【例 2-17】 赋值运算符的应用。

```
In:
1 x=88;y=12
2 x +=y    #等效于 x=x + y
3 print(x)
4
5 x=88;y=12
6 x -=y    #等效于 x=x-y
7 print(x)
```

```
8
9 x=88;y=12
10 x*=y     #等效于x=x*y
11 print(x)
```

```
Out:
100
76
1056
```

(三) 比较运算符

比较运算符用于两个对象之间的比较运算,返回结果为 True 或 False,如表 2-6 所示。

表 2-6　比较运算符

比较运算符	描述	示例(x=88,y=12)
>	大于	x>y,返回 True
>=	大于等于	x>=y,返回 True
<	小于	x<y,返回 False
<=	小于等于	x<=y,返回 False
==	等于	x==y,返回 False
!=	不等于	x!=y,返回 True

【例 2-18】 比较运算符的应用。

```
In:
1 #(1)定义数值变量
2 x=88
3 y=12
4 #(2)输出 6 种比较运算结果
5 print(x>y)      #大于
6 print(x>=y)     #大于等于
7 print(x<y)      #小于
8 print(x<=y)     #小于等于
9 print(x==y)     #等于
10 print(x!=y)    #不等于
```

```
Out:
True
True
False
False
False
True
```

比较运算符用于两个对象之间的比较运算,可以比较两个字符串。通常可以使用"=="
"!="比较两个字符串是否相同,返回布尔型的结果 True 或 False。

【例 2-19】 对字符串对象使用比较运算符。

```
In:
1 #对字符串对象使用比较运算符
2 str1="《python 企业财务应用》"
3 str2="《Python 企业财务应用》"
4 print(str1==str2)
5 print(str1! =str2)
```

```
Out:
False
True
```

（四）逻辑运算符

逻辑运算符用于两个对象之间的逻辑运算，返回布尔型结果 True 或 False，如表 2-7 所示。

表 2-7 逻辑运算符

逻辑运算符	逻辑表达式	描述
and	x and y	逻辑"与"，只有 x 和 y 都为 True，才返回 True，否则返回 False
or	x or y	逻辑"或"，只要 x 和 y 任意一个为 True，就返回 True，否则返回 False
not	not x	布尔"非"，如果 x 为 True，返回 False，否则返回 True

【例 2-20】 逻辑运算符的应用。

```
In:
1 #(1)定义数值变量
2 x=88
3 y=12
4 #(2)输出 3 种逻辑运算结果
5 print((x>y)and(x<y))
6 print((x>y)or(x<y))
7 print(not(x>y))
```

```
Out:
False
True
False
```

（五）成员运算符

成员运算符用于判断某个值是否为某个序列的成员，返回布尔型结果 True 或 False，如表 2-8 所示。

表 2-8 成员运算符

成员运算符	逻辑表达式	示例（x="py"；y="Python"）
in	x in y	x in y，"py"是否包含在"Python"中，返回 True
not in	x not in y	x not in y，"py"是否不包含在"Python"中，返回 False

【例2-21】 成员运算符的应用。

```
In:
1 #成员运算,判断某个值是否为序列的成员
2 title='Python企业财务应用'
3 isin='财务'in title
4 print(isin)
5 isin='财务'not in title
6 print(isin)
```

```
Out:
True
False
```

（六）身份运算符

身份运算符用于判断两个变量是否引自同一个对象,返回布尔型结果 True 或 False,如表 2-9 所示。

表 2-9　身份运算符

身份运算符	逻辑表达式	示例（x="py"；y="Python"）
in	x in y	x in y,"py"是否包含在"Python"中,返回 True
not in	x not in y	x not in y,"py"是否不包含在"Python"中,返回 False

【例2-22】 身份运算符的应用。

```
In:
1 #身份运算符,判断两个变量是否引自同一个对象
2 name1='《Python企业财务应用》'
3 name2='《Python企业财务应用》'
4 isnot=name1 is name2
5 print(isnot)      #两个名称不同,输出结果为 False
6 isnot=name1 is not name2
7 print(isnot)      #两个名称不同,输出结果为 True
```

```
Out:
False
True
```

（七）各类运算符的优先级顺序

Python 中各种运算符,同数学运算符一样,也有一定的优先级。一般按照以下优先级顺序："从左往右看,括号优先算,先乘除后加减,再比较,再逻辑"。运算符的优先级顺序如表 2-10 所示。

> **注意**：在 Python 中,可通过小括号()提升运算符的优先级。

表 2-10　运算符的优先级顺序

运算符	描述	优先级（由高到低）
()	小括号	0

(续表)

运算符	描述	优先级（由高到低）
**	求幂（乘方）	1
*、/、//、%	乘、除、整除、取余	2
+、-	加、减	3
<、<=、>、>=、!=、==	比较运算符	4
is、is not	身份运算符	5
in、not in	成员运算符	6
not x	逻辑运算符"非"	7
and	逻辑运算符"与"	8
or	逻辑运算符"或"	9

对于数值类型，除了上述基本运算，还有其他函数方法。这里介绍部分方法如下：

（1）int(x)：数据类型的转换，将变量 x 转换为一个整型数据；float(x)，将变量 x 转换为一个浮点型数据。

（2）abs(x)：返回变量 x 的绝对值，如 abs(-10)返回 10。

（3）max(x1,x2,...)/min(x1,x2,...)：最大值或最小值，返回给定参数的最大值或返回给定参数的最小值。

（4）round(x,n)：返回浮点数 x 的四舍五入值，n 代表小数点后的位数。

第五节　处理多个财务信息的"列表"类型

学习目的

了解列表类型的含义和特征；掌握列表的创建方法；掌握列表的数据结构，访问和修改列表中元素的方法；掌握增加、删除列表元素的方法；熟悉对列表的其他操作方法；了解元组、集合类型的数据。

一、列表的含义及创建

（一）列表的含义

列表(list)由一系列元素组成。它可以被看作为一个存储数据的容器，里面可以存放数值、字符串等不同数据类型，是 Python 普遍使用的复合型数据。列表具有以下特征：

（1）列表是有序的，每个元素的位置是确定的，可以通过索引访问。

（2）列表可以存储任意数据类型的数据，且列表中的元素可以重复。

（3）列表是可变的，可以对元素进行增加、修改、删除等操作。

列表中的元素由"[]"括起来，每个元素通过","进行分割，具体语法格式如图 2-4 所示。

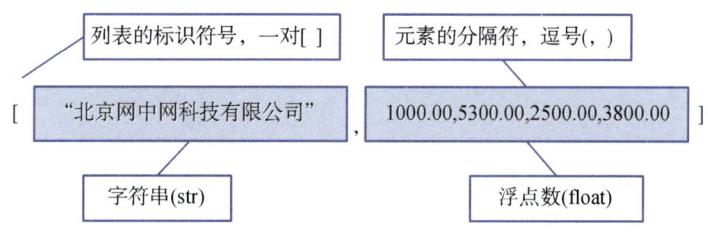

图 2-4　列表的语法格式

（二）列表的创建

创建列表主要有以下两种方式。

1. 创建列表的方法 1：通过"[ ]"直接创建列表

【例 2-23】　通过"[ ]"直接创建列表。

```
In:
1 #使用"[ ]"创建列表
2 #新建一个空列表
3 list1=[ ]
4 print(list1)
5 #将 5 个字符串元素添加到列表中
6 list2=["客户名称","期初余额","借方金额"
7     "贷方金额","期末余额"]
8 print (list2)
9 #将不同类型的数据添加到列表中
10 list3=["库存现金",180000]
11 print (list3)
```

```
Out:
[]
['客户名称','期初余额','借方金额','贷方金额','期末余额']
['库存现金',180000]
```

2. 创建列表的方法 2：使用函数 list() 将其他数据类型转换为列表

【例 2-24】　使用函数 list() 将其他数据类型转换为列表。

```
In:
1 #使用函数 list()将其他对象转换为列表
2 #(1)将字符串对象转换为列表
3 str1="库存现金"
4 list1=list (str1)
5 print (list1)
6
7 #(2)将 range 对象转换为列表
8 r1=range (1,10)
9 list2=list (r1)
10 print (list2)
```

Out:
['库','存','现','金']
[1,2,3,4,5,6,7,8,9]

在[例2-24]中,通过函数range()产生了一个range对象。一个range对象可以被转换为列表、集合等,也可以被循环访问。

range()函数的作用是产生给定范围(包括起始数,不包括截止数)内的整数序列;也可以设置第3个参数,即设置数据的步长;当忽略起始数时,默认从0开始。

【例2-25】 使用range()函数产生range对象。

```
In:
1 #使用函数range()产生range对象
2 r1= range (10)     #忽略起始数,默认从0开始
3 print(type (r1))    #查看变量r1的类型
4 print (list (r1))
5 r2=range (5,10)   #设置起始数,从5开始
6 print (list (r2))
7 r3=range (1,10,2)#设置起始数,设置步长为2
8 print(list(r3))
```

Out:
<class 'range'>
[0,1,2,3,4,5,6,7,8,9]
[5,6,7,8,9]
[1,3,5,7,9]

二、列表元素的访问和修改

(一)列表元素的访问

列表由一系列元素组成。每个元素都有对应的索引。和字符串类似,列表的正索引从左开始,依次为0、1、2等;负索引从右开始,依次为-1、-2、-3等,具体如图2-5所示。

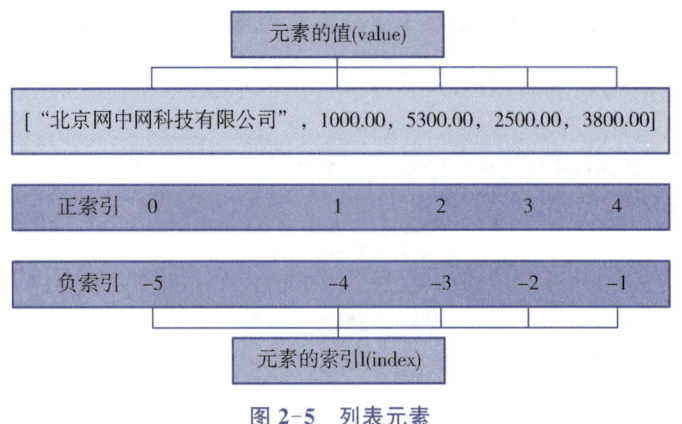

图2-5 列表元素

想要获取列表中某一个元素的值,该如何处理?用"list[索引]"可以从列表变量 list 中获取索引位置的值,如"list[1]=1000.00""list[-3]=5300.00"。

> **注意**:在使用列表索引获取元素时,正索引的最大范围不能超出"列表长度-1"。

【例 2-26】 从列表中获取某一个元素的值。

```
In:
1 #创建一个列表
2 list1=["北京网中网科技有限公司",1000.00,
3 5300.00,2500.00,3800.00]
4 #通过正索引获取列表中的公司名称
5 company=list1[0]
6 print (type (company))   #查看获取值的类型
7 print (company)
8 #通过负索引获取列表中的公司名称
9 company=list[-5]
10 print(company)
```

```
Out:
<class 'str'>
北京网中网科技有限公司
北京网中网科技有限公司
```

想要获取列表中的多个连续元素(一部分),该如何处理?获取列表中多个连续元素,通常又称切片。用"list[起始索引:终止索引]"可以从列表变量 list 中获取"起始索引"到"终止索引-1"的一段元素,截取区间为左闭右开区间,并返回一个新列表。以 list[0:2]为例,截取的元素包括索引为 0、1 的元素,但不包括索引为 2 的元素。

【例 2-27】 从列表中获取多个连续元素的值。

```
In:
1 #创建一个列表
2 list1=["北京网中网科技有限公司",1000.00,
3 5300.00,2500.00,3800.00]
4 #通过索引切片获取所有的金额
5 amount=list1[1:]
6 print (type (amount))   #查看获取值的类型
7 print (amount)
```

```
Out:
<class 'list'>
[1000.0,5300.0,2500.0,3800.0]
```

> **注意**:列表切片和字符串切片方法类似,可以对比记忆。

(二) 列表元素的修改

想要修改列表中元素的值,该如何处理?根据列表索引找到元素,对该元素重新赋值即可。例如,将列表 list 中第 2 个元素的值修改为 0,可以使用 list[1]=0 的方法。

【例 2-28】 修改列表中元素的值。

```
In:
1 #创建一个列表
2 list1=['库存现金','银行存款','库存商品']
3 #将元素"库存商品"修改为"其他货币资金"
4 list1[2]="其他货币资金"
5 print (list1)
6 #将元素"库存现金","银行存款"修改为"原材料","半成品"
7 list[0:2]=["原材料","半成品"]
8 print (list1)
```

```
Out:
['库存现金','银行存款','其他货币资金]
['原材料','半成品','其他货币资金']
```

> **注意**:对列表中多个连续的元素进行修改时,赋值内容应当是列表类型,且长度和修改元素的个数相同。

三、列表元素的增加和删除

(一) 列表元素的增加

列表可以存放各类财务数据,根据工作的需要,经常会增加、删除列表中的元素。增加列表元素的常见方法如表 2-11 所示。

表 2-11 增加列表元素的常见方法

方法	描述	示例(list1=[1,2,3];list2=[4,5,6])
+	将多个列表中的元素拼接,产生新列表	list3=list1+list2+list1 list3 的结果:[1,2,3,4,5,6,1,2,3]
*	重复 1 个列表中的元素,产生新列表	list3=list1*2 list3 的结果:[1,2,3,1,2,3]
Append()	添加新元素到列表尾部,直接修改原列表	list1.append(7) list1 的结果:[1,2,3,7]
Extend()	拼接 2 个列表中的元素,直接修改原列表	list1.extend(list2) list1 的结果:[1,2,3,4,5,6]

【例 2-29】 增加列表元素。

```
In:
1 list1=['库存现金','银行存款','其他货币资金']
2 list2=['短期借款','应付账款']
```

```
3 #(1)利用"+"连接多个列表
4 list3=list1 + list2
5 print (list3)
6 #(2)利用"*"重复输出列表
7 list3=list1*2
8 print (list3)
9 #(3)利用 append(),添加新元素到列表尾部
10 list1.append('短期借款')
11 print (list1)
12 #(4)利用 extend(),拼接 2 个列表
13 list1. extend (list2)
14 print (list1)
```

Out：
['库存现金','银行存款','其他货币资金','短期借款','应付账款']
['库存现金','银行存款','其他货币资金','库存现金','银行存款','其他货币资金']
['库存现金','银行存款','其他货币资金','短期借款']
['库存现金','银行存款','其他货币资金','短期借款','短期借款''应付账款']

(二) 列表元素的删除

删除列表元素的常见方法如表 2-12 所示。

表 2-12 删除列表元素的常见方法

方法	描述	示例(list1＝[1,2,3,1,2,3])
del()	删除列表中指定索引的元素(单个元素或切片)	del(list1[2]);list1 的结果:[1,2,1,2,3] del(list1[2:4]);list1 的结果:[1,2,2,3]
pop()	移除列表中指定索引的元素(默认最后一个元素)	aa=list1. pop(2)或者 list1. pop(2) list1 的结果:[1,2,1,2,3];aa 的结果:3
remove()	删除首次出现的指定元素	list1. remove(1);list1 的结果:[2,3,1,2,3]
clear()	删除列表中所有元素	list1. clear();list1 的结果:[]

> **注意**：上述列表删除方式,会修改原列表数据,在财务的实际业务处理中,要谨慎使用。

【例 2-30】 运用 del()函数、pop()函数删除列表元素。

In：
```
1 #列表元素的删除
2 #(1)利用 del(),删除指定位置元素
3 list1=['工行','建行','招行','农行']
4 del(list1[0])       #传入索引 0,删除列表的第 1 个元素
5 print (list1)
6 del(list1[-2:])     #传入索引切片,删除列表的最后 2 个元素
7 print (list1)
8 #(2)利用 pop()传入索引后,删除指定位置元素
```

```
 9 list1=['工行','建行','招行','农行']
10 list1.pop(0)      #传入索引 0,删除列表的第 1 个元素
11 print (list1)
```

Out:
['建行','招行','农行']
['建行']
['建行','招行','农行']

【例 2-31】 运用 remove()函数、clear()函数删除列表元素。

In:
```
12 #(3)利用 remove()传入某列表元素,删除该元素首次出现的位置
13 list2=['工行','建行','招行','工行','工行']
14 list2.remove('工行')   #删除第 1 次出现的"工行"
15 print (list2)
16 #(4)利用 clear(),删除列表所有元素
17 list2.clear()      #清空元素,输出空列表
18 print (list2)
```

Out:
['建行','招行','工行','工行']
[]

四、列表的其他操作方法

对于列表类型,除了上述基本操作,还有其他操作方法。这里介绍部分方法如下:
(1) list.insert(index,obj):在列表 list 指定的索引位置插入 1 个元素。
(2) len(list):返回列表 list 中元素的个数。
(3) sum(list):对数字元素的列表 list 进行求和。
(4) list.sort():对列表 list 中的元素进行排序。
(5) list.count():统计某个元素在列表 list 中出现的次数。
(6) objinlist:如果某元素在列表 list 中返回 True,否则返回 False。

五、元组、集合类型简介

(一) 元组

元组(tuple)与列表类似,但是元组的元素不能修改。元组写在小括号()里,元素之间用逗号(,)隔开。
(1) 创建元组:tup1=();tup1=(1,2,3)。
(2) 转换为元组:tuple(),可以将其他序列转换为元组。
(3) 访问元组:元组中的元素也可以通过索引、切片方式访问,和列表类似。
(4) 合并元组:通过"+"合并多个元组,通过"*"重复输出元组,运算后会产生一个新的元组。
(5) deltup1:删除元组 tup1。元组只能被整个删除,而不能删除某个元素。
(6) len(tup1):返回元组 tup1 中元素的个数。

(二) 集合

集合(set)与列表类似,但是集合中的元素不能重复,没有索引。集合写在大括号{}里,元素之间用逗号(,)隔开。

(1) 创建集合:{1,2,3,"a","b"}。创建空集合必须使用 set1=set()。

(2) 转换为集合:set(),可以将其他序列、字符串转换为集合,且会自动删除多余的重复元素,只保留一个。因此,转换为集合类型可以实现去重功能。

(3) 添加元素:set1.add(x),将 x 添加到集合 set1 中。set1.update(x),将参数 x 添加到集合 set1 中,x 可以是列表、元组、字典等。

(4) 删除元素:set1.remove(x),将元素 x 从集合 set1 中移除。set1.clear(),清空集合 set1 中的元素。

(5) len(set1):返回集合 set1 中元素的个数。

(6) xinset1:判断元素 x 是否在集合 set1 中,存在返回 True,不存在返回 False。

第六节　处理有关键字财务信息的"字典"类型

 学习目的

了解字典类型的含义和特征;掌握字典的创建方法;掌握访问和修改字典中元素的方法;掌握增加、删除字典元素的方法;熟悉对字典的其他操作方法。

一、字典的含义及创建

(一) 字典的含义

字典(dict)由一系列元素组成。字典的元素由"{}"括起来,每个元素由","分割,每个元素都是一个键值对,键和值用":"分割。字典具有以下特征:

(1) 字典的键是唯一的,可以是数值、字符串、元组等不可变对象,不能是列表、字典、集合等。

(2) 字典的值不是唯一的,可以存储任意数据类型的数据,且可以重复。

(3) 字典中的元素是无序的,可以通过唯一的键获取对应的值。

(4) 字典是可变的,可以对元素进行增加、修改、删除等操作。

(二) 字典的创建

创建字典的方法主要有以下两种。

1. 创建字典的方法 1:通过"{}"直接创建字典

【例 2-32】　通过"{}"直接创建字典。

```
In:
1 #通过{}创建字典
2 #(1)创建空字典
3 dict1={}
4 print(dict1)    #查看字典的运行结果
```

```
5 print(type(dict1))    #查看变量dict1的数据类型
6 #(2)创建有元素的字典
7 dict2={'1001':'库存现金','1002':'银行存款'}
8 print(dict2)    # 查看字典的运行结果
```

```
Out:
{}
<class'dict'>
{'1001':'库存现金','1002':'银行存款'}
```

2. 创建字典的方法2：使用dict()函数创建字典

【例2-33】 使用dict()函数创建字典。

```
In:
1 #通过dict()函数创建字典
2 dict1= dict()    #创建空字典
3 print(dict1)
4 aa=[(1001,'库存现金'),(1002,'银行存款')]
5 print(type(aa))
6 dict2=dict(aa)    #引入对象aa,创建字典
7 print(dict2)
```

```
Out:
{}
<class'dict'>
{'1001':'库存现金','1002':'银行存款'}
```

二、字典元素的访问和修改

(一) 字典元素的访问

和列表不同，字典通过唯一的键(dict[key])获取对应的值。例如，dict1["1001"]，获取的是键"1001"对应的值。

【例2-34】 通过dict[key]获取对应的值。

```
In:
1 #通过dict[key]获取对应的值
2 #创建一个字典
3 dict1={'1001','库存现金','1002','银行存款'}
4 #获取字典键对应的值
5 print(dict['1001'])
6 print(dict['1002'])
```

```
Out:
库存现金
银行存款
```

在获取字典中的 value 时,当 key 不存在或错误时,运行程序会报错。这时可以使用 get()函数获取对应的值,输入"dict.get(key)",当 key 不存在或错误时,程序会正常运行,同时返回值"None"(也可以设定返回值)。

【例 2-35】 利用 dict.get(key)获取对应的值。

```
In:
1 #利用 dict.get(key)获取对应的值
2 #创建一个字典
3 dict1={'1001':'库存现金','1002':'银行存款'}
4 #获取字典键对应的值
5 print(dict1['1001'])
6 print(dict1.get('1002'))       #当 key 存在时,返回对应值
7 print(dict1.get('1003'))       #当 key 不存在时,返回 None
8 print(dict1.get('1003',0))     #当 key 不存在时,指定返回 0
```

```
Out:
库存现金
银行存款
None
0
```

想要查看或获取字典中所有的 key 或 value,该如何处理?可以通过 dict.keys()、dict.values()、dict.items()分别获取字典中所有 key 的集合、所有 value 的集合、所有元素条目的集合。

> **注意**:如果该集合为字典键、字典值的集合,也可以通过 list()函数将其转换为列表类型。

【例 2-36】 利用 dict.keys()获取字典中所有的键。

```
In:
1 #利用 dict.keys()获取字典中所有的键
2 #创建一个字典
3 dict1={'1001':'库存现金','1002':'银行存款'}
4 #获取字典中所有键的集合
5 keys=dict1.keys()       #获取字典中所有键的集合
6 print(keys)             #查看键集合的结果
7 print(type(keys))       #查看键集合的类型
8 print(list(keys))       #把键集合转换为列表
```

```
Out:
dict_keys(['1001','1002'])
<class'dict_keys'>
['1001','1002']
```

(二) 字典元素的修改

字典的键值对中,key 不能修改,可以修改 value。根据元素的 key 找到 value,对 value 重

新赋值即可。例如，将字典 dict 中 key 为"a"的值修改为 5，可以使用 dict["a"]=5 的方法。

> **注意**：如果字典中的 key 不存在"a"，则 dict["a"]=5 表示新增一个键值对("a":5)。

【例 2-37】 利用 dict[key]=value 修改字典中的键值对。

```
In:
1 #利用dict[key]=value修改字典中的键值对
2 #(1)创建一个字典
3 dict1={'100201':'建设银行','100202':'工商银行'}
4 print(dict1)
5 #(2)将键"100202"对应的值修改为"交通银行"
6 dict1["100202"]="交通银行"
7 print(dict1)
```

```
Out:
{'100201':'建设银行','100202':'工商银行'}
{'100201':'建设银行','100202':'交通银行'}
```

三、字典元素的增加和删除

(一) 字典元素的增加

在字典中增加元素时，通常采用键值对赋值的方式，即：dict[key]=value。如果"键"已经存在于字典中，则修改原有的"值"；反之，如果"键"不存在，则新增键值对。

【例 2-38】 增加字典元素。

```
In:
1 #利用dict[key]=value增加字典中的键值对
2 #(1)创建一个字典
3 dict1={'100201':'建设银行','100202':'工商银行'}
4 print(dict1)
5 #(2)增加键值对,键"100203",值"交通银行"
6 dict1["100203"]="交通银行"
7 print(dict1)
```

```
Out:
{'100201':'建设银行','100202':'工商银行'}
{'100201':'建设银行','100202':'工商银行','100203':'交通银行'}
```

> **注意**：增加、修改字典中的元素，都采用 dict[key]=value 的方法。

列表可以通过＋或 extend() 方法进行合并，字典也可以实现合并。通过 update() 函数可以将某个字典中的键值对添加到另外一个字典中。如果"键"相同，则更新对应的"值"；反之，如果"键"不同，则新增键值对。

【例2-39】 利用 update()函数合并字典。

```
In:
1 #利用 dict1.update(dict2),将字典 dict2 中的元素增加到 dict1 中
2 #(1)新建字典
3 dict1={'1001':'库存现金','1002':'银行存款',
4        '1003':'其他货币资金'}
5 dict2={'1001':'库存现金','1002':'银行存款',
6        '100201':'工行','100202':'建行'}
7 #(2)将字典 dict2 中的元素添加到字典 dict1 中
8 dict1.update(dict2)
9 print(dict1)
```

```
Out:
{'1001':'库存现金','1002':'银行存款','1003':'其他货币资金','100201':'工行','100202':'建行'}
```

(二) 字典元素的删除

删除字典元素的常见方法如表 2-13 所示。

表 2-13 删除字典元素的常见方法

方法	描述	示例(dict1={"a":1,"b":2})
del()	删除字典中指定键的键值对	del(dict1["a"]);dict1 的结果:{"b":2} del dict1["b"];dict1 的结果:{"a":1}
pop()	移除字典中指定键对应的值,可以将该值存储	aa=dict1.pop("a")或者 dict1.pop("a") dict1 的结果:{"b":2};aa 的结果:1
popitem()	删除最后一个键值对	dict1.popitem();dict1 的结果:{"a":1}
clear()	删除字典中所有键值对	dict1.clear();dict1 的结果:{ }

注意:上述方式会修改原字典数据,在财务的实际业务处理中,要谨慎使用。

【例2-40】 利用 del()函数和 pop()函数删除字典元素。

```
In:
1 #删除字典中的元素(键值对)
2 #(1)通过 del()删除键值对
3 dict1={'1001':'库存现金','1002':'银行存款','100201':'工行'}
4 del(dict1['1001'])      #也可以使用 del dict1['1001']
5 print(dict1)
6 #(2)通过 pop()移除键值对,并返回移除的值
7 dict1={'1001':'库存现金','1002':'银行存款','100201':'工行'}
8 aa=dict1.pop("1002")        #不需要返回值时,使用 dict1.pop("1002")
9 print(aa)
```

```
Out:
{'1002':'银行存款','100201':'工行'}
```

{'1001':'库存现金','100201':'工行'}
银行存款

【例 2-41】 利用 popitem()函数和 clear()函数删除字典元素。

```
In:
11 #(3)通过 popitem()删除最后一个键值对
12 dict1={'1001':'库存现金','1002':'银行存款','100201':'工行'}
13 dict1.popitem()
14 print(dict1)
15 #(4)通过 clear()删除所有键值对
16 dict1={'1001':'库存现金','1002':'银行存款','100201':'工行'}
17 dict1.clear()
18 print(dict1)
```

```
Out:
{'1001':'库存现金','1002':'银行存款'}
{ }
```

四、字典的其他操作方法

对于字典类型,除了上述基本操作,还有其他操作方法,这里介绍部分方法如下:

(1) len(dict):计算字典中元素(键值对)的个数。

(2) dict.copy():复制一个字典。

(3) dict.fromkeys(seq,value):以序列 seq 中的元素做字典的键,value 作为值创建字典,当 value 不存在时值为 None。

(4) keyindict:如果键在字典 dict 里返回 True,否则返回 False。

本章小结

本章主要阐述了装载财务数据的 Python 变量以及处理财务信息的数据类型。

Python 作为一门编程语言,在处理和分析财务信息的时候,需要遵循一定的语法规则。在资产负债表中通过会计科目与金额的对应关系,用户可以了解企业的资产状况,同样在 Python 代码中,也需要通过"变量",专门用来"盛装"程序中的数据。在企业的经营过程中,除了会生产出大量的数据,也会有大量的文本信息,在 Python 的存储中,利用字符串存储财务文本信息,字符串是数字之外最重要的数据类型。

关于 Python 处理财务信息的基本内容,本章介绍了装载财务数据的 Python 变量,包括处理财务文本的"字符串""数值""列表""字典"类型。读者应通过 Python 的数据存储深化财务和 Python 内容的结合,建立计算机思维。学习完本章后,应认识了解 Python 中的字符串,学会创建字符串类型并学会修改字符串,学会使用字符串的内置函数并完成字符串的常见操作。

为进一步加强专业综合实践教学环节中的社会实践部分,深化学生对 Python 在财务信息

处理领域应用的理解,并提升他们综合运用所学基本理论、基本知识和基本技能解决实际问题的能力,特制定以下实践环节:

(1)学生通过线下学习,系统掌握Python的基础结构、基本输入或输出、变量与表达式以及基本数据类型等内容,熟悉Python编程的基本规范,为后续的实践应用做好充分准备。

(2)学生通过线上Python财务应用平台进行实践操作,体验预设的财务数据处理模型,并根据所学内容对代码进行修改和练习,通过实际操作加深对财务数据处理流程和方法的理解。

通过多方面的实践,学生可以全面了解和掌握Python在财务信息处理中的应用技巧和方法,能够更好地适应未来财务工作的需求,为企业的财务管理和决策提供有力支持。

复习思考题

一、选择题

1. 执行表达式"ad"＋"c"*2输出的结果是(　　)。
   A. 'ad2c'　　　　　B. 'adadc'　　　　　C. 'adcc'　　　　　D. 'adc2'
2. 执行语句print('本年%d月银行存款发生额是%.2f元'%(3,3666.677))输出的结果是(　　)。
   A. 本年3月银行存款发生额是3666.68元
   B. 本年3月银行存款发生额是3666.677元
   C. 本年3月银行存款发生额是3666.67元
   D. 本年3月银行存款发生额是3666.6元
3. 下列选项中,不是合法的Python变量名的是(　　)。
   A. s　　　　　　　B. user　　　　　　C. 123　　　　　　D. girl123

二、简答题

1. Python是如何被解释的?
2. Python是怎样管理内存的?
3. Python中的数字类型包括哪些?

第三章

运用 Python 处理财务表格

第一节　借用模板简化财务编程

学习目的

了解模块、包、库、类的含义及相互关系；熟悉财务工作中常用的标准模块、第三方模块的名称；熟悉通过 pip 安装第三方模块的方法；掌握并熟练运用导入模块的两种方法。

一、模块、包、库、类的含义

库是一个概念，模块和包都可以被称为库。模块是单个文件；包中包含了多个模块文件。为了让一段能够完成特定功能的代码被重复利用，可以将其设置为函数或方法。

类存在的意义是为了更好的管理函数。将多个具有类似功能的函数或方法、数据等集合在一起，可以组成类。

模块是在函数和类的基础上，将一系列相关代码组织到一起的集合体。在 Python 中，一个模块就是一个拓展名为.py 的源程序文件。

包是为了方便调用，将一些功能相近的模块组织在一起，将这些.py 源程序文件放在同一个文件夹下，这样的文件夹和其中的文件就是包。

Python 的安装路径下的 Lib 文件夹中，能看到已经安装的模块、包文件分别如图 3-1 和图 3-2 所示。

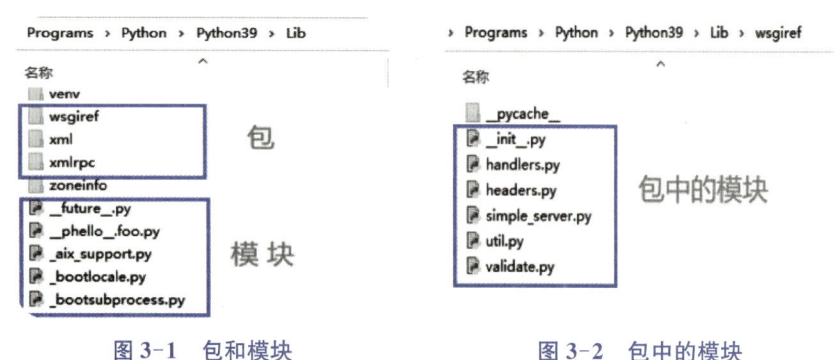

图 3-1　包和模块　　　　　　　　图 3-2　包中的模块

二、常用模块的安装及导入

下面将介绍 Python 常用模块的安装及导入。

(一)常用模块的安装

Python 作为开源的编程语言,拥有丰富且易于使用的模块(包),便于用户在编程过程中导入复用。模块通常分为标准模块(库)、第三方模块(库)。

财务常用的模块(库)如表 3-1 所示。

表 3-1　财务常用的模块(库)

模块(库)名	功能描述	区分
re	正则表达式	标准
datetime	日期与时间处理	标准
random	随机数生成	标准
pathlib	文件系统路径	标准
Tkinter	图形用户界面 GUI	标准
os	文件/目录方法	标准
shutil	高级文件操作	标准
pandas	数据结构化分析	第三方
pyecharts	图形描绘	第三方
openpyxl	读写 Excel 文件数据	第三方
xlwings	读写 Excel 文件数据	第三方
xlrd	读写 Excel 文件数据	第三方
xlswriter	读写 Excel 文件数据	第三方
yagmail	发送电子邮件	第三方

> **思考**:除了安装 Python 程序,标准模块、第三方模块需要单独安装吗?标准模块(库)会随着 Python 本体一同完成安装,在使用时直接调用即可。第三方模块(库)需要根据需求自行手动安装,在安装完成之后,就可以调用使用(本书配套的 Python 编辑器平台已经预装了必要的模块,无须单独安装)。

以常见的模块安装方法 pip 为例,Windows 操作系统的安装步骤如图 3-3 所示。

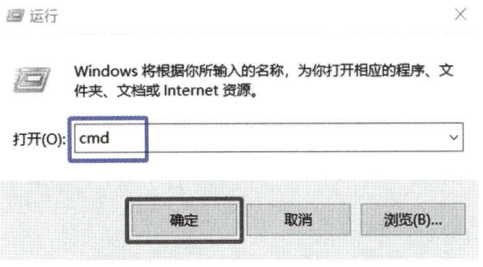

图 3-3　安装模块 pip(1)

使用快捷键"Win+R",在打开的"运行"对话框中输入"cmd",点击"确定"按钮。
运用 pip 安装模块,如图 3-4 所示。

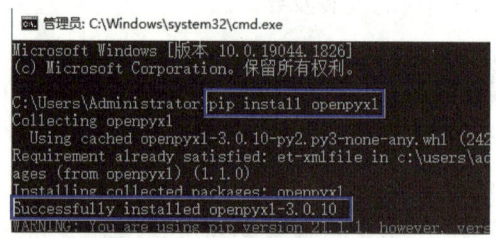

图 3-4　安装模块 pip(2)

在弹出的"命令行"黑窗口中,直接输入命令"pip install 模块名",按回车键(Enter)即可,当出现"Successfully installed 模块名"字样时,代表安装成功。

(二) 常用模块的导入

不管是 Python 内置模块,还是第三方模块,都必须导入后才能使用。Python 提供两种导入方法:import 语句和 from import 语句。常用模块的导入方法如表 3-2 所示。

表 3-2　常用模块的导入方法

导入方法	功能描述	适用场景	方法的使用	示例
import 模块名	导入模块中的所有的方法	需要大量使用模块中的方法	模块名.方法名	import random num1=random.randint(1,10) #产生一个 1~10 的随机整数
	注:可以为导入的模块指定别名,方便使用		别名.方法名	import random as rdm num1=rdm.randint(1,10)
from 模块名 import 对象名	导入模块中的指定方法	只使用模块中少量的方法	方法名	from random import randint num1=randint(1,10)。#产生一个 1~10 的随机整数
	注:可以一次导入多个方法方法名也可以用 * 替代,代表导入所有方法		方法名	from random import randint randrange from random import *

【例 3-1】　利用 import 语句和 from import 语句导入模块。

```
In:
1 #(1)使用"import 模块名"的方法导入
2 #导入 Random 模块,生成 1~10 的随机整数。
1
3 import random
7
4 print(random.randint(1,10))
5 #导入 Random 模块并命名为 rdm,生成 1~10 的随机整数
```

```
 9
 6 import random as rdm
 8
 7 print(rdm.randint (1,10))
 8
 9 #(2)使用"from 模块名 import 方法名"的方法导入
10 #导入 Random 模块中的 randint 方法,生成 1~10 的随机整数
11 from random import randint
12 print(randint(1,10))
13 #导入 Random 模块中的所有方法,生成 1~10 的随机整数
14 from random import *
15 print(randint(1,10))
```

Out:
1
7
9
8

> **注意**:别名可以任意拟文,但通常应选择公认的名字。例如,Pandas 命名为 pd,datetime 命名为 at 等。

根据之前学习的内容,我们知道每个模块有很多方法可供使用。我们如何查看该模块定义的所有方法?如何使用这些方法呢?

查看模块定义的所有方法主要有以下两种:

(1) dir(模块名):查看该模块下定义的所有方法、类。

(2) help(方法名):查看某方法的属性参数、使用帮助等。

【例 3-2】 利用 dir()方法和 help()方法查看模块的方法、帮助。

```
In:
1 ##3.1 课件代码——查看模块的方法、帮助
2 #(1)导入 Random 模块
3 import random
4 #(2)查看该模块下所有的方法、类名称
5 print(dir(random))
6 #(2)查看方法 randint 的帮助文档
7 print(help(random.randint))
```

Out:
[....' randint ', ' random ', ' randrange ', ' sample ', ' seed '', ' setstate ', ' shuffle ', 'vonmisesvariate'......]
Help on method randint in module random:
......Return random integer in range [a,b], includingboth end points.

第二节　运用 Pandas 存储数据结构

学习目的

了解 Pandas 模块的特点、安装和使用；掌握两种数据结构 Series 与 DataFrame 的特点；熟悉 Series 与 DataFrame 的创建方法，并掌握其中一种方法。

一、Pandas 模块简介

Pandas 模块是一个强大的分析结构化数据的工具集，支持从 CSV，JSON，SQL，Excel 等各种文件中读取数据，提供大量数据处理方法，是解决财务中复杂数据任务的重要工具。它具有以下功能。

1. 内置大量函数分析结构化数据

Pandas 模块集成了 Matplotlib 模块，可以便捷地进行数据可视化。Pandas 模块内置了大量时间处理函数、字符串处理函数、数据统计分析函数，能够快速的处理各类数据。

2. 可以安装第三方模块

Pandas 模块需要安装后才能使用；在使用时先通过语句"import pandas as pd"导入。后续调用 Pandas 模块中相关函数或方法时，加上前缀"pd."就可以了。

二、Pandas 的两种数据结构

Pandas 函数拥有两种数据结构：DataFrame 函数和 Series 函数。

（一）DataFrame

DataFrame 能存储二维数据，类似 Excel 中的表格，因此也称其为"数据框"。它由行索引、列索引和值构成，可以通过行索引、列索引获取相应的值。

DtaFrame 的数据结构分别如表 3-3 所示。

表 3-3　DataFrame（二维）

科目编码	会计科目	期末余额（元）
1001	库存现金	80 000.00
1002	银行存款	550 000.00
1012	其他货币资金	120 000.00
1101	交易性金融资产	300 000.00
1121	应收票据	600 000.00
1122	应收账款	3 600 000.00

（二）Series

Series 由索引和值构成，可以通过索引获取相应的值。Series 存储一维数据，类似 Excel

中的任意一行或者一列数据,因此也称其为"序列"。

"行或列索引名称"可以由用户自行设置;当忽略索引名称时,系统将自动生成,默认从 0 开始,依次类推。在实际使用过程中,"列索引名称"使用更加频繁。

无论是 Pandas 中的 Series 还是 DataFrame 结构,其"索引名称"都可以是数字或者字符串,这对于获取数据结构中的值,具有重要意义。

对于"行索引位置"和"列索引位置",则由系统自动生成,从 0 开始,依次类推,用户无法进行修改。

Series 的数据结构如表 3-4 所示。

表 3-4　Series(一维)

会计科目	会计科目	会计科目
库存现金	银行存款	其他货币资金
交易性金融资产	应收票据	应收账款

三、Series 与 DataFrame 的创建和修改

(一) Series 的创建

通过 pandas.Series()的方法可以创建一个 Series 序列(注意:Series 的首字母必须大写)。

1. 创建方法 1:通过字符串或数值创建单个元素的 Series

【例 3-3】　通过字符串或数值创建单个元素的 Series。

```
In:
1 #导入 Pandas 模块
2 import pandas as pd
3 #(1)设置单个值,自动生成索引
sl=pd. Series("x")4 sl=pd
5 print(s1)
6 print("- "*
# 打印分割线
7 #(2)设置单个值,并设置索引
8 s2=ps2=pd. Series("x";index= [ex= ["a","b","c"])
9 print(s2)
```

```
Out:
0　X
dtype:object
------------------------
a　x
b　x
c　x
dtype:object
```

2. 创建方法 2:通过 range()函数创建 Series

【例 3-4】　通过 range()函数创建 Series。

In:
```
1 #导入Pandas模块
2 import pandas as pd
3 #(1)通过range()函数生成range对象。
4 r1= range(2,5)
5 print(list(r1))              #通过列表展示range对象
6 print("--"*10)               #打印分割线
7 #(2)通过range对象创建,自动生成索引。
8 s1=pd.Series(r1)
9 print(s1)
```

Out:
```
[2,3,4]
----------------------
0    2
1    3
2    4
dtype:int64
```

3. 创建方法3:通过list()函数创建Series

【例3-5】 通过list()函数创建Series。

In:
```
1 #导入Pandas模块
2 import pandas as pd
3 #(1)创建列表list。
4 list1list1=["库存现金","银行存款","其他货币资金"]
5 print(list1)                 #展示列表list1
6 print("--"*10)               #打印分割线
7 #(2)通过列表1ist创建,自动生成索引。
8 s1=pd.Series(list1)
9 print(s1)
10 print("-"*10)               #打印分割线
11 #(3)通过列表list创建,并设置索引。
12s2=pd.Series(list1,["1001","1002","1012"])
13 print(s2)
```

Out:
```
['库存现金','银行存款','其他货币资金']
---------------------------------------------
0      库存现金
1      银行存款
2      其他货币资金
dtype:object
---------------------------------------------
1001    库存现金
1002    银行存款
1012    其他货币资金
dtype:object
```

4. 创建方法 4：通过字典创建 Series

【例 3-6】 通过字典创建 Series。

```
In:
1 #导入 Pandas 模块
2 import pandas as pd
3 #(1)创建字典 dict。
4 didict1={100101:"库存现金",1002:"银行存款",
5      1012:"其他货币资金"}
6 print(dict1)         #展示字典 dict1
7 print("--"*10)        #打印分割线
8 #(2)通过字典 dict 创建
9 sl=pd.d.Seris(dict1)
10 print(sí)
```

```
Out:
{1001:'库存现金',1002:'银行存款',
1012:'其他货币资金'}
------------------------------------------
100 库存现金
1002 银行存款
1012 其他货币资金
dtype:object
```

> **注意**：在用字典创建 Series 时，字典的键（key）会转化为索引，无须用户再设置索引，值（value）会转化为值。

（二）Series 的修改

用户可以用"Series.index""Series.values"的方法查看、修改对应的索引和值。

【例 3-7】 利用"Series.index""Series.values"查看、修改索引和值。

```
In:
1 #(1)创建一个 Series 序列
2 import pandas as pd
3 sl=pd.Series(["库存现金","银行存款","其他货币资金"])
4 print(s1)
5 print("--"*10)         #打印分割线
6 #(2)查看 Series 序列的索引、值
7 print(s1.index.tolist())      #获取索引并转换为 list
8 print(s1.values.tolist())     #获取值并转换为 list
9 print("--"*10)   #打印分割线
10 #(3)修改 Series 序列的索引。
11 sl.index=["10011","1002","1012"]
12 print(sl)
```

```
Out:
0 库存现金
```

```
1 银行存款
2 其他货币资金
dtype:object
--------------------------
[0,1,2]
['库存现金','银行存款','其他货币资金']
--------------------------
1001    库存现金
1002    银行存款
1012    其他货币资金
dtype:object
```

想要获取、修改 Series 序列中某一个元素的值,该如何处理?通常用"Series[索引名称]"获取、修改对应元素的值。

【例 3-8】 利用"Series[索引名称]"获取、修改某个元素的值。

```
In:
1 import pandas as pd
2 s1=pd.Series({1001:"库存现金",1002:"银行存款",
3      1012:"其他货币资金"})
4 print(s1)
5 print("--"*10)           #打印分割线
6 #(1).获取 Series 序列中某元素的值
7 print(s1[1002])           #获取值"银行存款"
8 print("--"*10)            #打印分割线
9 #(2)修改 Series 序列中某元素的值
10 s1[1002]="银行存款--工商银行"
11 print(s1)
```

```
Out:
1001 库存现金
1002 银行存款
1012 其他货币资金
dtype:object
--------------------------
银行存款
--------------------------
1001 库存现金
1002 银行存款-工商银行
1012 其他货币资金
dtype:object
```

(三) **DataFrame 的创建**

通过 pandas.DataFrame()的方法,我们可以创建一个 DataFrame 表格(注意:DataFrame 中字母的大小写)。

1. 创建方法 1:通过列表创建

【例 3-9】 通过列表创建 DataFrame。

In:
```
1 import pandas as pd
2 #(1)定义列表嵌套
3 list1=[['1001','库存现金',12215],list1=[[
4    ['1002','银行存款',15936],
5    ['1012','其他货币资金',160000]]
6 #(2)创建 DataFrame 表格,自动生成索引
7 df1=pd.DataFrame(list1)
8 print(df1)
9 print("--"* 20)              #打印分割线
10 #(3)创建 DataFrame 表格,自定义列索引、行索引
11 df2=pd.DataFrame(list1,df2=pd
12 COmns=['科目编码','会计科目','期初余额'],13index=[1,2,3])
14 print(df2)
```

Out:
```
   0      1            2
0  1001   库存现金         12215
1  1002   银行存款         15936
2  1012   其他货币资金       160000
----------------------------------------
   科目编码   会计科目        期初余额
1  1001   库存现金         12215
2  1002   银行存款         15936
3  1012   其他货币资金       160000
```

> **注意**:列表中的每个元素也是列表。

2. 创建方法 2:通过字典创建

> **注意**:字典的值是列表。此时,字典的键是列索引名称。

【例 3-10】 通过字典创建 DataFrame。

In:
```
1 import pandas as pd
2 dict1={'科目编码':['1001',' 1002','1012',],
3       '会计科目':['库存现金','银行存款','其他货币资金'],
4       '期初余额':[12215,15936,160000]}
5 #(1)创建 DataFrame 表格,自动生成行索引
6 df1=pd.DataFrame(dict1)
7 print(df1)
8 print("-"* 20)              #打印割线
9 #(2)创建 DataFrame 表格,自定义行索引
10 df2=pd.DataFrame(dict1,index=[1,2,3])
11 print(df2)
```

Out:
```
   科目编码   会计科目        期初余额
0  1001   库存现金         12215
1  1002   银行存款         15936
2  1012   其他货币资金       160000
```

```
------------------------------------------------
  科目编码    会计科目      期初余额
1  1001      库存现金       12215
2  1002      银行存款       15936
3  1012      其他货币资金    160000
```

（四）DataFrame 的修改

用户可以用"DataFrame.index""DataFrame.columns"" DataFrame.values"的方法查看、修改对应的行索引、列索引和值。

【例 3-11】 利用"DataFrame.index""DataFrame.columns"" DataFrame.values"查看、修改行索引、列索引和值。

In:
```
1 #(1)创建一个 DataFrame 表格
2 import pandas as pd
3 list1=[['1001','库存现金',12215],['1002','银行存款',1593]
4    ['1012','其他货币资金',160000]]
5 df1=pd.DataFrame(list1)
6 print(df1)
7 print("-"* 20)              #打印分割线
8 #(2)查看 DataFramc 表格的索引、值
9 print(df1.index.tolist())          #获取行索引并转换为 list
10 print(df1.columns.tolist())        #获取列索引并转换为 list
11 print(df1.values.tolist())    #获取值并转换为 list
12 print("-"* 20)              #打印分割线
13 #(3)修改 DataFrame 表格的列索引
14 df1.columns=['科目编码','会计科目','期初余额']
15 print(df1)
```

Out：
```
     0        1         2
0   1001    库存现金       12215
1   1002    银行存款       15936
    1012   其他货币资金   160000
------------------------------------------------
[0,1,2]
[0,1,2]
[['1001','库存现金',12215],['1002','银行存款',
15936],['1012','其他货币资金',160000]]
------------------------------------------------
    科目编码    会计科目      期初余额
    1001     库存现金      12215
1   1002     银行存款      15936
2   1012     其他货币资金   160000
```

第三节 运用 Pandas 读写财务表格

学习目的

通过 Pandas 模块读取各类财务数据文件,再运用内置的数据处理方法快速地对数据进行处理,然后将处理结果写入到不同类型的文件中,将极大地提高工作的效率。通过本节的学习,掌握 Pandas 读取和写入 Excel 工作簿的方法。

一、读取

在实际财务工作中,更多数据来源于外部业务系统。Pandas 模块中的各类方法可以读取各个类型的外部数据,生成 DataFrame 表格或 Series 序列。Pandas 读取方法如表 3-5 所示。

表 3-5 Pandas 读取方法

文件类型	读取方法	导入方法
Excel 文件	read_excel()	to_excel()
CSV 文件	read_csv()	to_csv()
txt 文件	read_table()	to_table()
Html 文件	read_html()	to_html()
Json 文件	read_json()	to_json()
SQL 文件	read_sql_table()	to_sql_table()

Pandas 在读取数据时,先根据文件类型选择对应的读取方法,然后再设置对应的读取参数。我们以财务工作中最常见的 Excel 类型文件为例,学习 read excel()、to_excel()的使用方法。接下来的学习以"3.3 银行存款日记账.xlsx"文件为例,该工作簿中包含"日记账简表"和"日记账原表"2 张表(sheet),如图 3-5 所示。

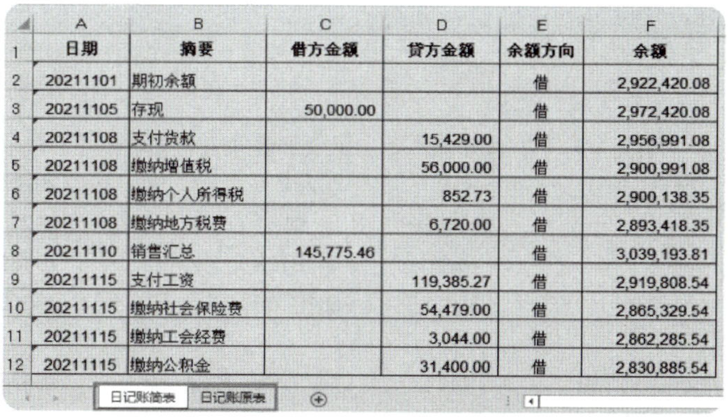

图 3-5 "3.3 银行存款日记账.xlsx"

Pandas 读取 Excel 文件时通常设置的参数及功能如表 3-6 所示。

表 3-6　Pandas 读取 Excel 文件的方法的参数及功能

名称及参数	功能
pandas.read_excel(	♯ 读取 Excel 文件的方法
io,	要读取文件的路径。必填项
sheet_name=0	要读取的 sheet 表。str、整型、列表、默认值为 0,选填项
header=0	将第几行设置为列索引。整型列表,默认为 0,即第一行,选填项
index_col=None	将第几列设置为行索引。整型、整型列表,默认 None,选填项
usecols=None	读取哪些列。列表(元素是列索引名称)默认值 None,选填项

> **注意**:上述列示的是 pandas.read_excel()常见的参数,更多的参数设置,请移步至学习平台的拓展资料中学习。

(一) 读取文件的路径

文件路径通常分为"绝对文件路径"和"相对文件路径",根据不同的情况选择使用。

(1) 绝对文件路径:是指某个文件的完整路径,如"C:Users Administrator Desktop 3.3 银行存款日记账.xlsx"。

绝对文件路径通常以反斜杠"\"作为分隔符,在 Python 中"\"代表转义符,可以通过以下 3 种方式解决:①D 把字母 r 写在字符串之前。②@以双反斜杠""替代。③以正斜杠"/"替代。

(2) 相对文件路径:是指某个文件相对于 Python 安装程序的路径。如果把文件存放在 Python 安装目录中,文件路径即为"3.3 银行存款日记账.xlsx"。

> **注意**:本书配套的实训平台属于云平台,所有文件需要先上传至平台中。因此,在使用过程中,用户只需要输入文件名称(xx.xlsx)即可。

【例 3-12】　利用 Pandas 读取 Excel 文件。

```
In:
1 import pandas as pd
2 df1=pd.read_excel(r"3.3 银行存款日记账.xlsx")
3 print(df1)
```

```
Out:
       日期        摘要        借方余额       贷方余额     余额方向        余额
0   20211101   期初余额          NaN        NaN       借     2922420.08
1   20211105   存现         50000.00      NaN       借     2972420.08
2   20211108   支付货款         NaN      15429.00    借     2956991.08
3   20211108   缴纳增值税        NaN      56000.00    借     2900991.00
--------------------------------------------
8   20211115   缴纳社会保险费     NaN      54479.00    借     2865329.54
9   20211115   缴纳工会经费       NaN       3044.00    借     2862285.54
10  20211115   缴纳公积金        NaN      31400.00    借     2830885.54
```

[例 3-12]中 Python 的运行思路如下:
(1) 读取"银行存款日记账.xlsx"。
(2) 默认读取第 1 张表"日记账简表"。
(3) 默认指定第 1 行为列索引。
(4) 默认不指定行索引,由系统自动生成。
(5) 默认读取所有列的内容。

(二) sheet_name

可读取的工作表(sheet)的类型可以为字符串(str)、整型(int)或列表(list),若未指定,则默认值为 0。该参数为可选项。

根据 sheet_name 的输入情况可以分为以下几种情形:
(1) 不填写(默认值 0):读取第 1 张表,在[例 3-13]中为 sheet"日记账简表"。
(2) str:读取指定名称的表,如 sheet name="日记账简表"。
(3) None:读取所有工作表,返回字典数据(sheet 名称:DataFrame 表格)。

【例 3-13】 利用 Pandas 读取指定表。

```
In:
1 import pandas as pd
2 df1=pd.read_excel(r"3.3银行存款日记账.xlsx",sheet_name="日记账简表")
3 print(df1)
```

```
Out:
        日期      摘要      借方余额     贷方余额   余额方向      余额
0    20211101   期初余额     NaN       NaN      借     2922420.08
1    20211105    存现     50000.00   NaN      借     2972420.08
2    20211108   支付货款    NaN     15429.00   借     2956991.08
------------------------------------------------
9    20211115  缴纳工会经费   NaN      3044.00   借     2862285.54
10   20211115  缴纳公积金    NaN     31400.00   借     2830885.54
```

[例 3-13]中 Python 的运行思路如下:
(1) 读取"银行存款日记账.xlsx"。
(2) 指定读取名称为"日记账简表"的表。
(3) 默认指定第 1 行为列索引。
(4) 默认不指定行索引,由系统自动生成。
(5) 默认读取所有列的内容。

(三) header

header 参数用于指定将哪一行或多行设置为列索引。其值应为整型(指定单一行作为列索引)或整型列表(指定多行合并作为列索引);若未指定,则默认值为 0,即将第 1 行设为列索引,该参数为可选项。

根据 header 的输入情况可以分为以下几种情形:
(1) 不填写(默认值 0):将第 1 行作为列索,其他作为内容。例如,可以指定 header=1,将第 2 行作为列索引,第 2 行之后作为内容。

(2) None:不指定列索引,由系统自动生成,如 header=None。

【例 3-14】 利用 header 自动生成列索引。

```
In:
1 import pandas as pd
2 df1=pd.read_excel(r"3.3银行存款日记账.lsx,sheet_name="日记账简表",header= None)
3 print(df1)
```

```
Out:
        0         1          2         3       4         5
0      日期       摘要      借方余额    贷方余额   余额方向    余额
1   20211101   期初余额      NaN       NaN      借    2922420.08
2   20211105    存现      50000.00    NaN      借    2972420.08
--------------------------------------------------------
9   20211115  缴纳工会经费    NaN      3044.00    借    2862285.54
10  20211115  缴纳公积金     NaN     31400.00    借    2830885.54
```

[例 3-14]中 Python 的运行思路如下:

(1) 读取"银行存款日记账. xlsx"。
(2) 指定读取名称为"日记账简表"的表。
(3) 指定 None,自动生成列索引。
(4) 默认不指定行索引,由系统自动生成。
(5) 默认读取所有列的内容。

(四) index_col

index_col 参数用于设定将哪一列或多列设置为数据框的行索引。其接收的值应为整型或整型列表;若未指定,则默认值为 None,即不特别设置行索引。

根据 index_col 的输入情况可以分为以下几种情形:

(1) 不填写(默认值为 None):不指定行索引,由系统自动生成。
(2) 整型 int:可以指定 index_col=0,将第 1 列作为行索引,其他作为内容。

【例 3-15】 利用 index_col 生成行索引。

```
In:
1 import pandas as pd
2 df1=pd.read_excel(r"3.3银行存款日记账.xlsx",sheet_name="日记账简表"header=
3             None,index_col=0)
4 print(df1)
```

```
Out:
            0        1         2         3       4         5
           日期      摘要     借方余额    贷方余额   余额方向    余额
        20211101  期初余额      NaN       NaN      借    2922420.08
        20211105   存现     50000.00    NaN      借    2972420.08
--------------------------------------------------------
        20211115 缴纳工会经费   NaN      3044.00    借    2862285.54
        20211115 缴纳公积金    NaN     31400.00    借    2830885.54
```

[例 3-15]中 Python 的运行思路如下：
(1) 读取"银行存款日记账.xlsx"。
(2) 指定读取名称为"日记账简表"的表。
(3) 指定 None,自动生成列索引。
(4) 指定为 0,将第 1 列作为行索引。
(5) 默认读取所有列的内容。

(五) usecols

usecols 参数用于指定在读取表格时需要包含哪些列。其值应为一个列表,列出了希望读取的列的名称或列的序号;若未设置该参数,即默认值为 None,则会读取表格中的所有列。

根据 usecols 的输入情况可以分为以下几种情形：
(1) 不填写(默认值 None):获取所有的列。
(2) 列表 list:指定 usecols=[0,1,4,5],获取指定 4 列的内容。

【例 3-16】 利用 usecols 获取指定列。

```
In:
1 import pandas as pd
2 df1=pd.read_excel(r"3.3银行存款日记账.xlsx",sheet_name="日记账简表",
3           header=None,index_col=0,usecols=[0,1,4,5])
4 print(df1)
```

```
Out:
            0          1        4          5
         日期        摘要    余额方向      余额
    20211101    期初余额      借    2922420.08
    20211105      存现        借    2972420.08
    -----------------------------------------------------------------
    20211115  缴纳工会经费    借    2862285.54
    20211115   缴纳公积金     借    2830885.54
```

[例 3-16]中 Python 的运行思路如下：
(1) 读取"银行存款日记账.xlsx"。
(2) 指定读取名称为"日记账简表"的表。
(3) 指定 None,自动生成列索引。
(4) 指定为 0,将第 1 列作为行索引。
(5) 指定[0,1,4,5],读取 4 列内容。

二、写入

财务工作中处理的数据需要写入不同类型的文件。例如,利用 to_excel(将数据写入 Excel 工作簿)通常的设置参数及功能如表 3-7 所示。

表 3-7 to_excel(将数据写入 Excel 工作簿)的参数及功能

名称及参数	功能
DataFrame.to_excel(	♯将数据写入 Excel 文件的方法
Excel_writer	要写入的文件路径或文件对象。必填项
sheet_name=0	要写入到的 sheet 表名称。默认为"Sheet1"。选填项
header=True	是否写入列索引,默认 True。选填项
index=True	是否写入行索引,默认 True。选填项
columns=None	写入哪些列,列表(元素是列索引名称)默认值 None。选填项
na_rep="")	将表格中的缺失值用指定的值填充,默认为"空"。选填项

【例 3-17】 利用 to_excel 将数据写入 Excel 文件。

```
In:
1 import pandas as pd
2 df1=pd.read_excel(r"3.3 银行存款日记账.xlsx",sheet_name="日记账简表")
3 df1.to_excel(r"3.3 银行存款日记账副本.xlsx",sheet_name="日记账简表 2",index= False)
```

Out:

	A	B	C	D	E	F
1	日期	摘要	借方金额	贷方金额	余额方向	余额
2	20211101	期初余额			借	2922420.08
3	20211105	存现	50000		借	2972420.08
4	20211108	支付贷款		15429	借	2956991.08
5	20211108	缴纳增值税		56000	借	2900991.08
6	20211108	缴纳个人所得税		852.73	借	2900138.35
7	20211108	缴纳地方税费		6720	借	2893418.35
8	20211110	销售汇总	145775.46		借	3039193.81
9	20211115	支付工资		119385.27	借	2919808.54
10	20211115	缴纳社会保险费		54479	借	2865329.54
11	20211115	缴纳工会经费		3044	借	2862285.54
12	20211115	缴纳公积金		31400	借	2830885.54

日记账简表2

[例 3-17]中 Python 的运行思路如下:
(1)读取"银行存款日记账.xlsx"。
(2)指定写入到"银行存款日记账副本.xlsx"。
(3)指定写入表"日记账简表 2"。
(4)默认写入列索引。
(5)指定不写入行索引。
(6)默认写入所有列。
(7)默认写入时缺失值填充为空""。

第四节　Pandas 处理财务数据

学习目的

了解 Pandas 对数据处理的步骤；熟悉 DataFrame 数据预览的各种方法；熟悉 DataFrame 数据预处理的各种方法；熟悉数据选择的三种方法并掌握其中一种方法；熟悉数据运算的方法、数据排序的方法等。

在第二章，我们了解到亚飞公司的财务人员每月末都需要银企对账，我们以 2021 年 11 月的银行存款日记账为例。财务人员首先会预览数据内容，查看有无异常数据，其次处理重复、缺失等错误数据，最后进行银企对账。银行存款日记账数据如图 3-6 所示。

图 3-6　银行存款日记账数据

利用 Pandas 处理财务数据时，通常会经过数据读取、预览、预处理、选取、运算、排序等步骤。

一、数据读取

数据读取是指数据读取为从文档中读取数据，存储在 DataFrame 中。[例 3-18]将展示如何读取"3.4 银行存款日记账.xlsx"文件。

【例 3-18】　读取银行存款日记账文件。

```
In:
1 import pandas as pd
2 df1＝pd.read_excel(r"3.4 银行存款日记账.xlsx",sheet_name="银行存款日记账")
3 print(df1)
```

```
Out:
        日期      凭证字号    摘要       借方金额     贷方金额    余额方向    余额
    0   20211101   NaN      期初余额      NaN       NaN       借     2922420.08
    1   20211105   记-4     存现        50000.00   NaN       借     2972420.08
    2   20211108   记-8     支付货款      NaN       15429.00   借     2956991.08
    3   20211108   记-9     缴纳增值税     NaN       56000.00   借     2900991.08
    ..  ........   ......   ........   ........   ........  ...   ..........
    10  20211115   记-31    缴纳公积金     NaN       31400.00   借     2830885.54
    11  20211108   记-33    取现        NaN       30000.00   借     2800885.54
    12  20211108   记-33    取现        NaN       30000.00   借     2800885.54
    ..  ........   ......   ........   ........   ........  ...   ..........
    13  20211130   记-86    支付货款      NaN       300015.00  借     3452656.15
```

二、数据预览

数据预览是指查看数据维度的大小，数据的类型、描述性统计信息等。Pandas通过一些基本函数或方法初步了解数据，如表3-8所示。

表3-8 数据预览的函数/方法

函数/方法	功能描述	示例
shape	查看数据的行数、列数，返回元组(行数,列数)	df.shape
head(_)/tail()	查看数据头尾n行的内容。当不填写参数时，默认为5	df.head()/df.tasil()
dtypes	查看各列数据的数据类型，返回Series	df.dtypes
describe()	对数值型数据进行描述性统计(计数、最大、最小等)	df.describe()
info()	查看每列数据的列名、非空值、数据类型、占用内存等	df.info()

【例3-19】 利用shape方法和dtypes方法进行数据预览。

```
In:
1 import pandas as pd
2 df1=pd.read excel(r"3.4银行存款日记账.xlsx"sheet name="银行存款日记账")
3 print(df1.shape)        #查看表格 df1 有多少行、多少列
4 print("--"*20)          #打印分割线
5 print(df1.dtypes)       #查看各列的数据类型
```

```
Out:
(20, 7)
------------------------------
日期        int64
凭证字号      object
摘要        object
借方金额      float64
贷方金额      float64
余额方向      object
余额        float64
```

从[例3-19]的 dtypes 输出结果可以看出日期是整型数据,凭证字号、摘要、余额方向是字符串类型,借方金额、贷方金额和余额是浮点型。

【例3-20】 利用 head()函数和 tail()函数查看前、后行的内容。

```
In:
1 import pandas as pd
2 df1=pd.read_excel(r"3.4银行存款日记账.xlsx",sheet_name="银行存款日记账")
3 print(df1.head())        #查看前5行的内容
4 print("-- "*20)          #打印分割线
5 print(df1.tail(3))        #查看后3行的内容
```

```
Out:
      日期        凭证字号   摘要              借方金额       贷方金额       余额方向    余额
0   20211101    NaN    期初余额           NaN        NaN        借     2922420.08
1   20211105    记-4    存现             50000.00    NaN        借     2972420.08
2   20211108    记-8    支付货款          NaN        15429.00    借     2956991.08
3   20211108    记-9    缴纳增值税        NaN        56000.00    借     2900991.08
4   20211108    记-10   缴纳个人所得税     NaN        852.73     借     2900138.35
----------------------------
       日期       凭证字号   摘要                借方金额      贷方金额       余额方向   余额
17  20211130   记-70    电话费              NaN       2670.0      借    2830885.54
18  20211130   记-85    其他货币资金转入银行   599400.0   NaN         借    2800885.54
19  20211130   记-86    支付货款            NaN       300015.00   借    3452656.15
```

【例3-21】 利用 describe()函数查看描述性统计信息。

```
In:
1 import pandas as pd
2 df1=pd.read_excel(r"3.4银行存款日记账.xlsx",sheet_name="银行存款日记账")
3 print(df1.describe())    #查看描述性统计信息
```

```
Out:
          日期              借方金额            贷方金额            余额
count   2.000000e+01     6.000000         13.000000        2.000000e+01
mean    2.021112e+07     194901.178333    51474.692308     3.021884e+06
std     9.483920e+00     206042.094985    81329.805132     2.338178e+05
min     2.021110e+07     50000.000000     852.730000       2.800886e+06
25%     2.021111e+07     76040.017500     6720.000000      2.886396e+06
50%     2.021112e+07     122829.765000    30000.000000     2.939706e+06
75%     2.021113e+07     191135.520000    54479.000000     3.094743e+06
max     2.021113e+07max  599400.000000    300015.000000    3.752671e+06
```

在银行存款日记账中,只有日期、借方金额、贷方金额和余额是数值变量,因此只展示对这四列数据的描述性统计。显然,对日期进行统计并没有意义,需要后续对日期数据进行处理。

【例3-22】 利用 info()函数查看表格信息。

```
In:
1 import pandas as pd
2 df1=pd.read_excel(r"3.4银行存款日记账.xlsx",
3            sheet_name="银行存款日记账")
4 print(df1.info0))      #查看表格信息
```

```
Out:
<class 'pandas.core.frame.DataFrame'>
RangeIndex: 20 entries, 0 to 19
Data columns (total 7 columns):
 #  Column   Non-Null Count  Dtype
---  ------   --------------  -----
 0  日期       20 non-null     int64
 1  凭证字号     19 non-null     object
 2  摘要       20 non-null     object
 3  借方金额     6 non-null      float64
 4  贷方金额     13 non-null     float64
 5  余额方向     20 non-null     object
 6  余额       20 non-null     float64
dtypes: float64(3),int64(1),object(3)
memory usage: 1.2+ KB
```

利用 info() 函数可以看到每列数据的列名、非空值和数据类型以及占用内存的情况。从[例 3-22] 的输出结果可以看到凭证字号、借方金额、贷方金额都存在缺失值，需要通过后续处理核对原因。

三、数据预处理

数据预处理是指查看数据是否缺失、重复，并进行填充、删除等。财务人员在对银行日记账进行正式对账前，需要基于预览的数据进行判断。只有保证原始数据的质量，才能保证数据分析结果的准确性。若查看原始数据发现存在缺失值和重复值，当数据量较小时，可以直接人工核对处理；当数据量很大时，Pandas 提供了不同的函数，用于判断和处理缺失值和重复值。

数据预处理常用的函数或方法如表 3-9 所示。

表 3-9 数据预处理的函数或方法

函数/方法	功能描述	示例
info()	查看每列数据缺失值的情况	df.info()
isnull()	进行判断，如果缺失，返回 True，否则返回 False	df.isnull()
dropna()	删除缺失值所在的行或列	df.dropna()
fillna()	填充缺失值	df.fillna()
duplicated()	判断是否存在重复行，并在重复行返回 True	df.duplicates()
drop_duplicates()	删除重复值所在的行	df.drop_duplicates()

(续表)

函数/方法	功能描述	示例
drop()	删除整行或整列。参数：columns＝列索引名称 index＝"行索引名称"。传入列表删除多行或多列	df.drop()

【例3-23】 利用 isnull()函数查看数据是否有缺失值。

```
In:
1 import pandas as pd
2 df1=pd.read_excel(r"3.4银行存款日记账.xlsx",sheet_name="银行存款日记账")
3 print(df1.isnull())          #查看是否存在缺失值
```

```
Out:
      日期    凭证字号   摘要    借方金额   贷方金额   余额方向   余额
0    False   True    False   True    True    False   False
1    False   False   False   False   True    False   False
2    False   False   False   True    False   False   False
3    False   False   False   True    False   False   False
     ------------------------------------------------------
10   False   False   False   True    False   False   False
11   False   False   False   True    False   False   False
<    False   False   False   True    False   False   False
     ------------------------------------------------------
19   False   False   False   True    False   False   False
```

[例3-23]中，财务人员查看数据后，判断银行存款日记账第一行数据为期初余额，凭证号和其他行数据缺失的原因为金额只在借方或者贷方出现，属于正常数值，因此该数据无须对缺失数据进行处理。

【例3-24】 利用 dropna()函数删除有缺失值的列。

```
In:
1 import pandas as pd
2 df1=pd.read_excel(r"3.4银行存款日记账.xlsx",
3           sheet_name="银行存款日记账")
4 print(df1.dropna(axis=1))   # 删除有缺失值的列
```

```
Out:
       日期         摘要         余额方向      余额
0    20211101    期初余额         借       2922420.08
1    20211105    存现           借       2972420.08
2    20211108    支付货款         借       2956991.08
3    20211108    缴纳增值税       借       2900991.08
     ----------------------------------------------
10   20211115    缴纳公积金       借       2830885.54
11   20211118    取现           借       2800885.54
12   20211118    取现           借       2800885.54
13   20211120    销售汇总         借       3007141.08
     ----------------------------------------------
19   20211130    支付货款         借       3452656.15
```

在以下情况下,可以考虑删除缺失值:一是当缺失的数据量较少,且对整体数据集的准确性和完整性影响不大时;二是当某一列数据的缺失值过多,导致该列数据失去了参考价值;三是当缺失值由于各种原因无法进行有效填充时。在这些情况下,合理地删除缺失值可以保持数据集的整洁性和可靠性。

dropna()方法能高效地删除包含缺失值的列或行。若需删除含有缺失值的列,应使用dropna(axis=1);若要删除含有缺失值的行,则应使用dropna(axis=0)。当未指定 axis 参数时,其默认值为 0,意味着会删除含有缺失值的行。

【例 3-25】 利用 fillna()函数填充缺失值。

```
In:
1 import pandas as pd
2 df1=pd. read excel(r"3.4银行存款日记账.xlsx",sheet_name="银行存款日记账")
3 print(df1.fillna(0))              # 将缺失值填充为 0
```

```
Out:
       日期      凭证字号    摘要       借方金额      贷方金额    余额方向    余额
0    20211101    0       期初余额      0.00        0.00      借    2922420.08
1    20211105   记-4     存现       50000.00      0.00      借    2972420.08
2    20211108   记-8     支付货款      0.00      15429.00    借    2956991.08
3    20211108   记-9     缴纳增值税     0.00      56000.00    借    2900991.08
------------------------------------------------------------
10   20211115   记-31    缴纳公积金     0.00     314000.00   借    2830885.54
11   20211118   记-33    取现         0.00      30000.00   借    2800885.54
12   20211118   记-33    取现         0.00      30000.00   借    2800885.54
------------------------------------------------------------
19   20211130   记-86    支付货款      0.00     300015.00   借    3452656.15
```

有时数据集的缺失值本身就没有数据,显示 NaN 会影响整体数据的计算,这时候可以将全部缺失值用 0 填充,直接设置 df.fillna(0)。

【例 3-26】 利用 duplicated()函数判断是否存在重复行。

```
In:
1 import pandas as pd
2 df1=pd read excel(r"3.4银行存款日记账.xlsx",sheet name="银行存款日记账")
3 print(df1.duplicated())            # 判断是否存在重复行
```

```
Out:
10  20211115   记-31    缴纳公积金    0.00    314000.00   借   2830885.54
11  20211118   记-33    取现         0.00     30000.00   借   2800885.54
12  20211118   记-33    取现         0.00     30000.00   借   2800885.54
```

duplicated()函数可以判断是否存在重复行。重复行有可能会影响数据分析结果,特别是存在大量重复时,需要查找重复原因。

从[例 3-26]的结果可以看出,索引为 12 的行存在重复。重复行的产生有可能是系统错误导致的,也有可能是多次输入导致的。

【例 3-27】 利用 drop duplicates() 函数删除重复行。

```
In:
1 import pandas as pd
2 dfl=pd.read_excel(r"3.4银行存款日记账.xlsx",sheet_name="银行存款日记账")
3 print(dfl.drop_duplicates())          #删除重复行
```

```
Out:
       日期       凭证字号    摘要       借方金额      贷方金额     余额方向    余额
0   20211101    NaN      期初余额    NaN        NaN        借      2922420.08
1   20211105    记-4     存现       50000.00   NaN        借      2972420.08
2   20211108    记-8     支付货款   NaN        15429.00   借      2956991.08
3   20211108    记-9     缴纳增值税  NaN        56000.00   借      2900991.08
         -------------------------------------------------------------
10  20211115    记-31    缴纳公积金  NaN        31400.00   借      2830885.54
11  20211108    记-33    取现       NaN        30000.00   借      2800885.54
13  20211130    记-86    销售汇总   206255.54  NaN        借      3007141.08
         -------------------------------------------------------------
19  20211130    记-86    支付货款   NaN        300015.00  借      3452656.15
```

用户如果确定重复行是冗余数据,最直接的做法就是通过 drop_duplicates() 删除重复行。

四、数据选取

数据选取是指对数据进行筛选,选取需要的数据信息。经过预处理的数据,已经基本满足了分析需要,可以根据业务需求,选取需用到的部分数据。Pandas 提供多种数据选取方式,用户可以根据实际需求进行选择。数据选取的方式、依据及示例如表 3-10 所示。

表 3-10　数据选取的方式、依据及示例

选取方式	索引依据	示例
直接索引	索引名称	df["凭证字号"]:选取"凭证字号"列的数据。注意:当需要选取多列时,输入列表格式,如 df[["凭证字号","摘要"]]
索引器 loc	索引名称	df.loc[行索引,列索引]:选取指定行、列的数据。可以用(:)代表全部行或列,如 dfloc[:,"凭证字号"],表示选取"凭证字号"列的数据 注意 1:当需要选取不连续的多列、多行时,输入列表格式,如 dfloc[:,["凭证字号","余额"]]、dfloc[[20211101,20211108]] 注意 2:当需要选取连续多列、多行时,起止索引用(:)隔开,如 dfloc[:,"凭证字号":"余额"]、dfloc[20211101:20211108]
	索引位置	df.iloc[行索引位置,列索引位置]:选取指定行、列的数据。可以用(:)代表全部行或列,如 dfiloc[:,1],表示选取索引位置 1 的列数据 注意 1:当需要选取不连续的多列、多行时,输入列表格式,如 dfiloc[[:,0,2]]、dfiloc[[3,5,7],:]、dfiloc[[1,3],[0,2]] 注意 2:当需要选取连续多列、多行时,起止索引用":"隔开,如 dfiloc[:,0:3]、dfiloc[1:4,:]、dfiloc[1:4,0:3]。当使用 iloc 连续切片时,执行左闭右开的规则,即 0:3 仅获取 0/1/2 的位置,而不包含 3 的位置

(续表)

选取方式	索引依据	示例
索引器 loc	条件结果	df[df["借方金额"]>10000]：选取"借方金额"列大于 10000 的数据 df[(df["借方金额"]>10000)|(df["贷方金额"]>10000)]：选取"借方金额"列大于 10000 或者"贷方金额"列大于 10000 的数据 注意 1：当有多个条件时，每个条件应使用（）括起来 注意 2：可以使用&，代表同时满足两个条件 注意 3：也可以使用 df.query("借方金额>100000 or 贷方金额>100000"）df[df["摘要"].isin(["取现","存现"])]：选取"摘要"列中包含"取现或"存现"的数据 df[df["借方金额"].between(50000,100000)]：选取"借方金额"列在金额 50000~100000 的数据

【例 3-28】 利用三种索引方式选取并列数据。

```
In:
1 import pandas as pd
2 df1=pd.read_excel(r"3.4 银行存款日记账.xlsx",index_col=0)
3 #(1) 根据列索引名称选择单列数据
4 print(df1["凭证字号"])
5 #(2) 利用 loc 选择单列数据
6 print(df1.loc[:,"凭证字号"])
7 #(3)利用 iloc 位置索引选择单列数据
8 print(df1.iloc[:,0])
```

```
Out:
20211101  NaN
20211105  记-4
20211108  记-8
20211108  记-9
20211108  记-10
20211108  记-11
20211115  记 31
20211118  记-33
202111183 记-33
20211120  记-34
20211130  记-86
```

以上三种索引方式的输出结果均为选择"凭证字号"这一列数据。结果不再重复展示，后同。

【例 3-29】 利用两种索引方式选取并行数据。

```
In:
1 import pandas as pd
2 df1=pd.read_excel(r"3.4 银行存款日记账.xlsx",index_col=0)
3 #(1) 利用 loc 选择单行数据
4 print(df1.loc[20211105,:])
5 #(2) 利用 iloc 位置索引选择单行数据
6 print(df1.iloc[1,:])
```

```
Out:
凭证字号    记-4
摘要        存现
借方金额    50000.0
贷方金额    NaN
余额方向    借
余额        2972420.08
Name: 20211105, dtype: object
```

以上两种索引方式的输出结果均为选择行索引为"20211105"这一行数据。

【例 3-30】 利用三种索引方式选取多列非连续数据。

```
In:
1 import pandas as pd
2 df1=pd.read_excel(r"3.4银行存款日记账.xlsx",index_col=0)
3 #(1) 直接利用列索引名选择多列数据
4 print(df1[["凭证字号","借方金额","贷方金额"]])
5 #(2) 利用 loc 选择多列数据
6 print(df1.loc[:,["凭证字号","借方金额","贷方金额"]])
7 #(3) 利用 iloc 位置索引选择多列数据
8 print(df1.iloc[:,[0,2,3]])
```

```
Out:
日期            凭证字号      借方金额       贷方金额
20211101      NaN         NaN          NaN
20211105      记-4        50000.00     NaN
20211108      记-8        NaN          15429.00
20211108      记-9        NaN          56000.00
--------------------------------
20211115      记-31       NaN          314000.00
20211118      记-33       NaN          30000.00
20211118      记-33       NaN          30000.00
20211120      记-34       206255.54    NaN
--------------------------------
20211130      记-86       599400.00    NaN
20211130      记-86       NaN          300015.00
```

以上三种索引方式输出结果均为选择"凭证字号""借方金额""贷方金额"这三列不连续数据。

【例 3-31】 利用两种索引方式选取多列连续数据。

```
In:
1 import pandas as pd
2 df1=pd.read_excel("3.4银行存款日记账.xlsx",index_col=0)
3 #(1)利用 loc 选择多列连续数据
4 print(df1.loc[:,"凭证字号":"借方金额"])
5 #(2)利用 iloc 位置索引选择多列连续数据
6 print(df1.iloc[:,0:3])
```

```
Out:
         日期        凭证字号      摘要        借方金额
         20211101    NaN       期初余额      NaN
         20211105    记-4       存现        50000.00
         20211108    记-8       支付货款      NaN
         20211108    记-9       缴纳增值税     NaN
         ...         ...       ...        ...
         20211115    记-31      缴纳公积金     NaN
         20211118    记-33      取现        NaN
         20211118    记-33      取现        NaN
         20211120    记-34      销售汇总      206255.54
         ...         ...       ...        ...
         20211130    记-86      支付货款      NaN
```

以上两种索引方式输出结果均为选择"凭证字号""摘要""借方金额"这三列连续数据。

【例3-32】 利用两种索引方式选取多行非连续数据。

In:
```
1 import pandas as pd
2 df1=pd.read_excel(r"3.4银行存款日记账.xlsx",index_col=0)
3 #(1)利用 loc 选择多行数据
4 print(df1.loc[[20211101,20211110],:])
5 #(2) 利用 iloc 位置索引选择多行数据
6 print(df1.iloc[[0,6],:])
```

Out:
```
         日期        凭证字号      摘要        借方金额      贷方金额      余额方向      余额
         20211101    NaN       期初余额      NaN        NaN        借         2922420.08
         20211110    记-14      销售汇总      145775.46   NaN        借         3039193.81
```

以上两种索引方式输出结果均为选择"20211101""20211110"这两行不连续数据。

【例3-33】 利用两种索引方式选取多行连续数据。

In:
```
1 import pandas as pd
2 df1=pd.read_excel(r"3.4银行存款日记账.xlsx",index_col=0)
3 #(1) 利用 loc 选择多行连续数据
4 print(df1.loc[20211101:20211108,:])
5 #(2) 利用 iloc 位置索引选择多行连续数据
6 print(df1.iloc[0:6],:)
```

Out:
```
         日期        凭证字号      摘要          借方金额      贷方金额      余额方向      余额
         20211101    NaN       期初余额        NaN        NaN        借         2922420.08
         20211105    记-4       存现          50000.00   0.00       借         2972420.08
         20211108    记-8       支付货款        NaN        15429.00   借         2956991.08
         20211108    记-9       缴纳增值税       NaN        56000.00   借         2900991.08
         20211108    记-10      缴纳个人所得税     NaN        852.73     借         2900138.35
         20211108    记-11      缴纳地方税费      NaN        6720.00    借         2893418.35
```

以上两种索引方式结果区均为选择"20211101"到"20211108"的多行连续数据。

【例3-34】 利用两种索引方法选取多行、多列非连续数据。

In:
```
1 import pandas as pd
2 df1=pd.read_excel(r"3.4银行存款日记账.xlsx",index_col=0)
3 #(1) 利用 loc 选择多行多列不连续数据
4 print(df1.loc[[20211101, 20211110],["凭证字号","借方金额","贷方金额"]])
5 #(2) 利用 iloc 位置索引选择多行多列不连续数据
6 print (df1.iloc[[,6], [0,2, 3]])
```

Out:

日期	凭证字号	借方金额	贷方金额
20211101	NaN	NaN	NaN
20211110	记-14	145775.46	NaN

以上两种索引方式结果区均为选择"20211101""20211110"这两行不连续数据,以及"凭证字号""借方金额""贷方金额"这三列不连续数据。

【例3-35】 利用两种索引方法选取多行、多列连续数据。

In:
```
1 import pandas as pd
2 df1=pd.read_excel(r"3.4银行存款日记账.xlsx",index_col=0)
3 #(1) 利用 loc 选择多行多列连续数据
4 print(df1.loc[20211101:20211108,"凭证字号":"贷方金额"])
5 #(2) 利用 iloc 位置索引选择多行多列连续数据
6 print(df1.iloc[0:6,0:4])
```

Out:

日期	凭证字号	摘要	借方金额	贷方金额
20211101	NaN	期初余额	NaN	NaN
20211105	记-4	存现	50000.00	NaN
20211108	记-8	支付货款	NaN	15429.00
20211108	记-9	缴纳增值税	NaN	56000.00
20211108	记-10	缴纳个人所得税	NaN	852.73
20211108	记-11	缴纳地方税费	NaN	6720.00

以上两种索引方式结果区均为选择"20211101"到"20211108"的多行连续数据,以及"凭证字号"到"贷方金额"多列连续数据。

【例3-36】 选择"借方金额"大于100 000元的所有行数据。

In:
```
1 import pandas as pd
2 df1=pd.read_excel(r"3.4银行存款日记账.xlsx",index_col=0)
3 #利用列索引名称选择"借方金额"大于100000的所有行
4 print(df1[df1["借方金额"]> 100000])
```

Out:

日期	凭证字号	摘要	借方金额	贷方金额	余额方向	余额
20211110	记-14	销售汇总	NaN	NaN	借	3039193.81
20211120	记-34	销售汇总	206255.54	NaN	借	3007141.08
20211130	记-85	其他货币资金转入银行	59900.00	NaN	借	3752671.15

【例3-37】选择"摘要"是"取现"或"存现"的所有行数据。

In:
```
1 import pandas as pd
2 df1=pd,read excel(r"3.4银行存款日记账.xlsx",index col=0)
3 #利用列索引名称选择"摘要"是"取现"或"存现"的所有行 print(df1[df1["摘要"].isin(["取现","存现"])])
```

Out:

日期	凭证字号	摘要	借方金额	贷方金额	余额方向	余额
20211105	记-4	存现	50000.0	NaN	借	2972420.08
20211120	记-33	取现	NaN	30000.0	借	2800885.54
20211130	记-33	取现	NaN	NaN	借	2800885.54
20211125	记-49	存现	68092.0	NaN	借	307533.80

【例3-38】选择"借方金额"在"50 000～100 000"的所有行数据。

In:
```
1 import pandas as pd
2 df1=pd, read excel(r"3.4银行存款日记账.xlsx",index col=0)
3 #利用列索引名称选择"借方金额"在"50000~100000"的所有行数据
4 print(df1[df1["借方金额"].between(50000,100000)])
```

Out:

日期	凭证字号	摘要	借方金额	贷方金额	余额方向	余额
20211105	记-4	存现	50000.0	NaN	借	2972420.08
20211125	记-49	存现	68092.00	NaN	借	307533.08
20211130	记-57	销售汇总(23号已开票)	99884.07	NaN	借	3175117.15

五、数据运算

数据运算是指根据目标需求,对数据进行各类数学运算、数学统计等。选取好数据后,可以对数据进行运算。Pandas支持加、减、乘、除进行数据运算,也支持统计方法进行运算。

常见的数据运算函数或方法如表3-11所示。

表3-11 常见的数据运算函数或方法

函数或方法	作用	函数或方法	作用
sum()	求和	mode()	众数
count()	计数	var()	方差

(续表)

函数或方法	作用	函数或方法	作用
mean()	平均值	std()	标准差
max()/min()	最大值/最小值	median()	中位数
abs()	绝对值	idxmax	最大值的索引值
mod()	余数	idxmin	最小值的索引值
unique()	去重(求唯一值)	value_counts()	每个值出现的次数

注：表3-11左边第1列的函数或方法需掌握；左边第3列的函数或方法了解即可。

【例3-39】 利用Pandas进行数据基本运算。

```
In:
1 import pandas as pd
2 df1=pd.read_excel(r"3.4银行存款日记账.xlsx")
3 df1=df1.fillna(0)                      #将缺失值填充为0
4 print(df1["贷方金额"].sum0)            #贷方累计发生额
5 print("--"*20)                         #打印分割线
6 print(df1["贷方金额"].max0)            #单笔最大支出金额
7 print("--"*20)                         #打印分割线
8 print(df1["贷方金额"].count0)          #支出交易笔数
9 print("--"*20)                         #打印分割线
10 print(df1["摘要"].unique())           #收付款业务概要
```

```
Out:
669171.0
--------------------
300015.0
--------------------
20
--------------------
["期初余额""存现""支付货款""缴纳增值税""缴纳个人所得税""缴纳地方税费""销售汇总""支付工资"
"缴纳社会保险费""缴纳工会经费""缴纳公积金""取现""销售汇总(23号已开票)只水电费""电话费其他
货币资金转入银行"]
```

假如，亚飞公司的财务人员在编制报表时以万元为单位，需要对银行日记账进行处理，可以利用Pandas中的除法进行数据运算。

【例3-40】 利用除法进行数据运算。

```
In:
1 import pandas as pd
2 df1=pd.read_excel(r"3.4银行存款日记账.xlsx")
3 df1=df1.fillna(0)                                    # 将缺失值填充为0
4 df1["借方(万元)"]= round(df1["借方金额"]/10000,2)    # 增加列并赋值内容
5 df1["贷方(万元)"]= round(df1["贷方金额"]/10000,2)    # 增加列并赋值内容
6 df1["余额(万元)"]= round(df1["余额"]/10000,2)       # 增加列并赋值内容
```

```
7 print(df1)
8 print(df1[["日期","凭证字号","摘要","借方(万元)","贷方(万元)","余额(万元)"]])
```

```
Out:
    日期        凭证字号    摘要      借方金额...   余额          借方(万元)  贷方(万元)  余额(万元)
0   20211101   0        期初余额    0.00...    2922420.08   0.00    0.00    292.24
1   20211105   记-4      存现       50000.00... 2972420.08   5.00    0.00    297.24
2   20211108   记-8      支付货款   0.00...    2956991.08   0.00    1.54    295.70
        ...
19  20211130   记-86     支付货款   0.00...    3452656.15   0.00    30.00   345.27

    日期        凭证字号    摘要      借方(万元)  贷方(万元)  余额(万元)
0   20211101   0        期初余额    0.00     0.00     292.24
1   20211105   记-4      存现       5.00     0.00     297.24
2   20211108   记-8      支付货款   0.00     1.54     295.70
        ...
19  20211130   记 86     支付货款   0.00     30.00    345.27
```

六、数据排序

数据排序是指根据目标需求对处理完的数据进行排序。在处理数据时,有时候需要进行排序,Pandas 也提供了数据进行排序的方法。

对 DataFrame 进行排序的方法如表 3-12 所示。

表 3-12 对 DataFrame 进行排序的方法

名称及参数	功能
DataFrame. sort values (	#对 DataFrame 进行排序的方法
by=" ",	要进行排序的列索引名称,必填项
ascending=True	默认为 True (升序),可以设置为 False (降序),选填项
inplace=False)	默认为 Fales (不修改原来的 DataFrame),可以设置为 True (直接修改原来的 DataFrame)选填项

【例 3-41】 根据摘要对数据排序。

```
In:
1 import pandas as pd
2 df1=pd.read excel(r"3.4 银行存款日记账.xlsx")
3 #按照"摘要"进行排序,并直接修改原表格
4 df1.sort_values(by="摘要",inplace=True)
5 print(df1)
```

Out:

	日期	凭证字号	摘要	借方金额	贷方金额	余额方向	余额
18	20211130	记-85	其他货币资金转入银行	59900.00	NaN	借	3752671.15
12	20211118	记-33	取现	NaN	30000.00	借	2800885.54
11	20211118	记-33	取现	NaN	30000.00	借	2800885.54
1	20211105	记-4	存现	50000.00	NaN	借	2972420.08
14	20211125	记-49	存现	68092.00	NaN	借	3075233.08
7	20211115	记-28	支付工资	NaN	119385.27	借	2919808.54
9	20211115	记-30	缴纳工会经费	NaN	3044.00	借	2830885.54
8	20211115	记-29	缴纳社会保险费	NaN	54479.00	借	2865329.54
6	20211110	记-14	销售汇总	145775.46	NaN	借	3039193.81
13	20211120	记-34	销售汇总	206255.54	NaN	借	3007141.08
15	20211130	记-57	销售汇总（23号已开票）	99884.07	NaN	借	3175117.50

第五节　合并连接业财数据

学习目的

熟悉 merge( ) 函数中各参数的含义及设置方法，通过案例练习掌握如何通过关键字连接表格；熟悉 concat( ) 函数中各参数的含义及设置方法，通过案例练习掌握如何合并表格。

一、merge( ) 函数连接表格

亚飞公司财务人员需要根据客户信息表中的客户类别，将客户信息表与销售收入表进行连接合并，以便针对不同类别客户的销售收入进行分析。同时，也需要将 2020 年销售收入表、2021 年销售收入表进行连接合并，以便对同一客户不同年份的销售收入进行对比分析。

在工作簿"3.5 客户信息与销售收入.xlsx"中，包含"客户信息""2020 年销售收入""2021 年销售收入"3 张表，分别如图 3-7 至图 3-9 所示。

图 3-7　"客户信息.xlsx"　　图 3-8　"2020 年销售收入.xlsx"　　图 3-9　"2021 年销售收入.xlsx" merge()函数主要是根据两张表中的连接键(指定列)将数据连接在一起,支持多种数据连接方语法规则。merge()函数的常用参数及功能如表 3-13 所示。

表 3-13　merge( )函数的常用参数及功能

函数名称及参数	功能
pandas. merge(	♯ 连接表格的方法
left,right,	表示要进行连接的两个不同的 DataFrame。必填项
how="inner"	表示连接方式,有 inner(内连接)、outer(外连接)、left(左连接)、right(右连接)四种,默认为内连接 inner。选填项
on=None, left_on=None, right_on=None	on,作为连接键的列索引名称,必须存在于左、右两个 DataFrame 中默认为 None(以两个 DataFrame 列索引名称交集作为连接键)。选填项 当左右两个表连接键名称不同时,可以分别指定 left_on、right_on
sort=True	默认 True(将合并的数据排序),设置为 False 可以提高性能。选填项
suffixes=('_x','_y')	符串值组成的元组,用于指定当左、右 DataFrame 存在相同列名时在列名后面附加的后缀名称,默认为('_x','_y')。选填项

merge()函数的参数中,how=/inner/表示连接两个表格的方式,有 inner(内连接)、outer(外连接)、left(左连接)、right(右连接,how=inner 四种,若未列参数则默认为 inner(内连接)。

客户信息如表 3-14 所示,销售收入如表 3-15 所示。

表 3-14　客户信息

客户编码	客户名称	客户类别
1001	A	重点客户
1002	B	一般客户

表 3-15　销售收入

客户名称	销售收入
A	10 000.00
C	30 000.00

(1) inner(内连接):是指取两张表连接键(指定列)的交集进行连接。客户信息和销售收入的结合如表 3-16 所示。

表 3-16　表 3-14&表 3-15(inner)

客户编码	客户名称	客户类别	销售收入
1001	A	重点客户	10 000.00

连接键为"客户名称",表 3-14 中的客户为"A""C",因此,连接结果保留表 3-15 的所有的数据,在表 3-14 中找不到对应的客户信息以 NaN 填充。

(2) outer(外连接):是指取两张表连接键(指定列)的并集进行连接。客户信息和销售收入的外连接结果如表 3-17 所示。

表 3-17　表 3-14&表 3-15(outer)

客户编码	客户名称	客户类别	销售收入
1001	A	重点客户	10 000.00

(续表)

客户编码	客户名称	客户类别	销售收入
1002	B	一般客户	NaN
NaN	C	NaN	30 000.00

连接键为"客户名称",其并集为 BC,因此,连接结果保留所有的数据,缺失的数据用 NaN 填充。

（3）left(左连接)：以左表中连接键(指定列)的值为标准进行连接。客户信息和销售收入的左连接结果如表 3-18 所示。

表 3-18　表 3-14&表 3-15(left)

客户编码	客户名称	客户类别	销售收入
1001	A	重点客户	10 000.00
1002	B	一般客户	NaN

连接键为"客户名称",客户名为"A""B",连接结果保留所有的数据,找不到对应的销售收入以 NaN 填充。

（4）right(右连接)：以右表中连接键(指定列)的值为标准进行连接。客户信息和销售收入的右连接结果如表 3-19 所示。

表 3-19　表 3-14&表 3-15(right)

客户编码	客户名称	客户类别	销售收入
1001	A	重点客户	10 000.00
NaN	C	NaN	30 000.00

连接键为"客户名称",客户为"A""C",因此,连接结果保留所有的数据,找不到对应的客户信息以 NaN 填充。

【例 3-42】　财务人员需要根据"客户信息表"中的客户类别的维度,对"销售收入表"中的销售收入进行分析,该如何连接两个表格？

针对上述需求,可以通过以下步骤分析：

（1）要分析"销售收入表"中的销售收入,应当包含该表中的所有数据。

（2）要获得"客户类别"的信息,需要从"客户信息表"中获取。

（3）采用 merge()函数连接两个表格,获取目标数据。

操作步骤如下：

（1）读取"客户信息表""销售收入表"到 DataFrame 表格中。

（2）在参数中依次输入两个 DataFrame 表格。

（3）连接的关键列是"客户名称",即参数 on"客户名称"。

（4）应当采用右连接的方式,即参数 how="right"。

```
In:
1 import pandas as pd
```

```
2 #(1) 读取 2 张表到 DataFrame 表格
3 df_custom-pd.read_excel(r"3.5 客户信息与销售收入.xlsx",sheet_name="客户信息")
4 df_amount_2021-pd.read_excel(r"3.5 客户信息与销售收入.xlsx",sheet_name= "2021年销
5                    收入")
6 #(2) 使用 merge0 函数连接 2 个表格
7 df_total=pd.merge(df custom, df amount 2021,how="right",on="客户名称")
8 print (df_total)
```

Out:

	客户编码	客户名称	客户类别	销售年度	销售收入
0	1001	天津海文商贸有限公司	重点客户	2021年	483893
1	1002	北京祝强家电有限公司	一般客户	2021年	190505
2	1003	北京极地酒店有限公司	一般客户	2021年	274547
3	1004	北京汇普科技有限公司	重点客户	2021年	492624

【例3-43】 财务人员从 ERP 系统中导出 2021 年和 2020 年的客户销售收入数据,该如何将 2 年的数据按照相同客户汇总到 1 张表格? 针对上述需求,可以通过以下步骤分析:

(1) 要汇总各年"销售收入表"中的销售收入,所以应当包含各年的所有数据。

(2) 要获得"销售收入""客户名称"等信息,需要从各年的"销售收入表"中获取。

(3) 采用 merge() 函数连接 2 个表格,获取目标数据。

操作步骤如下:

(1) 读取各年的"销售收入表"到 DataFrame 表格中。

(2) 在参数中依次输入 2020 年收入、2021 年收入 2 个 DataFrame 表格。

(3) 由于 2 个表格的客户名称列标题不同,应当分别指定连接的连接键,即参数 left_on="客户名称", right_on="购货方"。

(4) 应当采用外连接的方式,即参数 how="outer"。

In:
```
1 import pandas as pd
2 #(1) 读取 2 张表到 DataFrame 表格
3 df_amount_2020-pd.read_excel(r"3.5 客户信息与销售收入.xlsx",sheet_name="2020年销
4                    入")
5 df_amount_2021-pd.read_excel(r"3.5 客户信息与销售收入.xlsx",sheet_name="2021年销
6                    售收入")
7 #(2) 使用 merge0 函数连接 2 个表格
8 df_total=pd.merge(df_amount_2021,df_amount_2020,how="outer",left_on="客户名称"
9                    "right_on="购货方",suffixes=("_2021", "_2020"))
10 print(df_total)
```

Out:

	销售年度_2021	客户名称	销售收入_2021	销售年度_2020	购货方	销售收入_2020
0	2021年	天津海文商贸有限公司	483893.0	2020年	天津海文商贸有限公司	453293
1	2021年	北京祝强家电有限公司	190505.0	2020年	北京祝强家电有限公司	453505
2	2021年	北京极地酒店有限公司	274547.0	2020年	北京极地酒店有限公司	345534
3	2021年	北京汇普科技有限公司	492624.0	2020年	北京汇普科技有限公司	492624
4	NaN	NaN	NaN	2020年	北京精益机电有限公司	332624

二、concat( )函数合并表格

亚飞公司经营多家网店，每家门店每天都会提交自己的营业报表“ ** 日销售数据. xlsx”，各门店的报表格式相同。财务人员需要将不同门店的营业数据合并。

营业报表格式如图 3-10 所示。

	A	B	C	D	E	F	G
1	销售渠道	日期	产品	销售数量	单价	销售收入	业务员
2	淘宝	2022-1-1	A	8	15	120	陈菲
3	淘宝	2022-1-1	B	34	20	680	章民
4	淘宝	2022-1-1	C	52	5	260	丁萨
5	淘宝	2022-1-1	D	8	30	240	高第
6	淘宝	2022-1-1	G	20	89	1780	张农

	A	B	C	D	E	F	G
1	销售渠道	日期	产品	销售数量	单价	销售收入	业务员
2	天猫	2022-1-1	B	7	20	140	章民
3	天猫	2022-1-1	D	43	30	1290	高第
4	天猫	2022-1-1	F	34	100	3400	陈菲
5	天猫	2022-1-1	G	20	45	900	张农
6	天猫	2022-1-1	H	20	460	9200	丁萨
7	天猫	2022-1-1	A	8	436	3488	陈菲

图 3-10 营业报表格式

concat()函数可以将多张表格合并在一起(支持横向合并、纵向合并)，支持多种数据合并方式语法规则。concat()函数常用参数如表 3-20 所示。

表 3-20 concat( )函数常用参数及功能

函数名称及参数	功能
pandas. concat(	# 合并表格的方法
objs	要连接的 DataFrame 对象，如 [df1,df2,df3......]，必填项
axis=0	轴向，默认为 0 (纵向/上下合并)，1 (横向/左右合并)，选填项
join='outer'	连接方式，分 inner(内连接)、outer(外连接)两种，默认 outer，选填项
Ignore_index=False,	是否重建索引，默认 False (不重建)可以设置为 True，选填项
sort=True)	默认 True(将合并的数据排序)，设置为 False 可以提高性能，选填项

concat()函数的参数中，join='outer'表示合并表格的方式，有 outer(外连接)、inner(内连接)两种，默认为 outer。下面对 2 种连接方式进行介绍。已知客户信息如表 3-21 所示，销售收入如表 3-22 所示。

表 3-21 客户信息

	客户编码	客户名称	客户类别
0	1001	A	重点客户
1	1002	B	一般客户

表 3-22 销售收入

	客户名称	销售收入
1	A	10 000. 00
2	C	30 000. 00

(一) outer

(1) 当纵向(上下)合并时(axis=0)，按照多张表格列索引名称的并集进行合并。

(2) 当横向(左右)合并时(axis=1)，按照多张表格行索引名称的并集进行合并。

客户信息和销售收入的外连接结果如表 3-23 所示。

表 3-23　表 3-21 & 表 3-22(axis=0)

	客户编码	客户名称	客户类别	销售收入
0	1001	A	重点客户	NaN
1	1002	B	一般客户	NaN
1	NaN	A	NaN	10 000.00
2	NaN	C	NaN	30 000.00

纵向合并:先纵向合并 2 个表格,再保留列索引名称的并集(4 列数据),缺失的数据用 NaN 填充。表 3-23 就是客户信息和销售收入的纵向合并结果。

横向合并:先横向合并 2 个表格,再保留行索引名称的并集。(3 行数据)横向合并按照行索引名称进行合并。所以,合并后表的第 2 行会出现既有客户 B 的信息,又有客户 A 的销售收入的情况。客户信息和销售收入的横向合并结果如表 3-24 所示。

表 3-24　表 3-21 & 表 3-22(axis=1)

	客户编码	客户名称	客户类别	客户名称	销售收入
0	1001	A	重点客户	NaN	NaN
1	1002	B	一般客户	A	10 000.00
2	NaN	A	NaN	C	30 000.00

(二) inner

(1) 当纵向(上下)合并时(axis=0),按照多张表格列索引名称的交集进行合并。

(2) 当横向(左右)合并时(axis=1),按照多张表格行索引名称的交集进行合并。

纵向合并:先纵向合并 2 个表格,再保留列索引名称的交集(1 列数据)。客户信息和销售收入内连接的纵向合并结果如表 3-25 所示。

表 3-25　表 3-21 & 表 3-22(axis=0)

	客户名称		客户名称
0	A	1	A
1	B	2	C

横向合并:先横向合并 2 个表格,再保留行索引名称的交集(1 行数据)横向合并按照行索引名称进行合并。所以,合并后表的第 2 行会出现既有客户 B 的信息,又有客户 A 的销售收入的情况。客户信息和销售收入内连接的横向合并结果如表 3-26 所示。

表 3-26　表 3-21 & 表 3-22(axis=1)

	客户编码	客户名称	客户类别	客户名称	销售收入
1	1002	B	一般客户	A	10 000.00

【例 3-44】　财务人员需要把格式完全相同的工作簿"天猫日销售数据 xlsx""淘宝日销售数据 xlsx"纵向合并在一起,该如何操作?

针对上述需求,可以按照以下步骤分析:
(1) 要合并两个格式相同的工作簿数据,并保留所有数据,只需要将其纵向合并即可。
(2) 采用 concat() 函数合并 2 个表格,获取目标数据。

操作步骤如下:
(1) 读取"天猫日销售数据.xlsx""淘宝日销售数据.xlsx"到 DataFrame 表格中。
(2) 在参数中输入 2 个 DataFrame 表格。
(3) 合并的方向是纵向合并,采用默认参数,即 axis=0,也可以忽略该参数。
(4) 应当采用外连接的方式,采用默认参数,即 join="outer",也可以忽略该参数。

```
In:
1 import pandas as pd
2 #(1)读取2个工作簿的数据到DataFrame表格
3 df_amoumt_tm=pd.read_excel("3.5天猫日销售数据.xlsx")
4 df_amount_th=pd.read_excel(r"3.5淘宝日销售数据.xlsx")
5 #(2)使用concat0函数连接2个表格(默认纵向、外连接)
6 df_total=pd.concat(ldf_amount_tn, df_amount_tb))
7 print(df_total)
```

```
Out:
   销售渠道   日期         产品   销售数量   单价    销售收入   业务员
0  天猫    2022-01-01  B    7      20     140    章民
1  天猫    2022-01-01  D    43     30     1290   高第
2  天猫    2022-01-01  F    43     100    3400   陈菲
3  天猫    2022-01-01  G    20     45     900    张农
4  天猫    2022-01-01  H    20     460    9200   丁萨
5  天猫    2022-01-01  A    8      436    3488   陈菲
0  淘宝    2022-01-01  A    8      15     120    陈菲
1  淘宝    2022-01-01  B    34     20     680    章民
2  淘宝    2022-01-01  C    52     5      260    丁萨
3  淘宝    2022-01-01  D    8      30     240    高第
4  淘宝    2022-01-01  G    20     89     1780   张农
```

实际业务中,数据来源往往不同,这会导致数据格式、数据描述、数据类型不一致。财务人员需要根据数据分析目标的要求,灵活利用数据选择、数据连接与合并等方式,完成数据的提取、聚合和清洗等工作,为下一步的数据分析和数据挖掘作准备。

第六节 销售数据的分类统计

📖 学习目的

掌握数据分组函数 groupby() 的使用方法;掌握常见的数据聚合函数,如求和、计数、平均数等;结合 Excel 中数据透视表的操作方法,熟悉 Pandas 数据透视表的使用。

一、数据分组与聚合

Pandas 使用 DataFrame.groupby(by="")函数对数据分组,分组依据是列索引名称(当有多列时,输入列表格式),如 by="产品"、by=["业务员","产品"]。然后用户可以使用聚合函数对分组后的数据进行处理。常见的聚合函数如表 3-27 所示。

表 3-27 常见的聚合函数

函数	作用	函数	作用
sum()	求和	mode()	众数
count()	计数	var()	方差
mean()	平均值	std()	标准差
max()	最大值	median()	中位数
min()	最小值	describe()	描述性统计

注:表 3-27 中,左边第 1 列聚合函数要求掌握,左边第 3 列聚合函数了解即可。

以亚飞公司营业报表为例,财务人员需要先合并汇总各渠道的销售统计情况,再按照不同的维度对业务数据分类计算。营业报表"3.6 天猫日销售数据.xlsx"和"3.6 淘宝日销售数据.xlsx"如图 3-11 和图 3-12 所示。

图 3-11 "3.6 天猫日销售数据.xlsx"

图 3-12 "3.6 淘宝日销售数据.xlsx"

【例 3-45】 从不同维度对销售数据分组。

我们利用 concat()函数合并营业报表,步骤如下。

(1)按照"产品"维度分组,并统计各产品的数据行数。

```
In:
1 #(1)导入 Pandas 模块
2 import pandas as pd
3 #(2) 读取 2 个工作簿到 DataFrame 表格,合并 2 个表格
4 df_amount_tm=pd.read_excel(r"3.6 天猫日销售数据.xlsx")
5 df_amount_tb=pd.read_excel(r"3.6 淘宝日销售数据.xlsx")
6 df_total=pd.concat([df_amount_tm, df_amount_tb])
7 print(df_total)
8 #(3) 按照"产品"维度分组,并统计产品信息
9 print (df_total.groupby(by= "产品").count ())
```

```
Out:
     销售渠道      日期        产品   销售数量    单价    销售收入    业务员
0     天猫    2022-01-01    B      7       20     140      章民
1     天猫    2022-01-01    D     43       30    1290      高第
2     天猫    2022-01-01    F     43      100    3400      陈菲
3     天猫    2022-01-01    G     20       45     900      张农
4     天猫    2022-01-01    H     20      460    9200      丁萨
5     天猫    2022-01-01    A      8      436    3488      陈菲
0     淘宝    2022-01-01    A      8       15     120      陈菲
1     淘宝    2022-01-01    B     34       20     680      章民
2     淘宝    2022-01-01    C     52        5     260      丁萨
3     淘宝    2022-01-01    D      8       30     240      高第
4     淘宝    2022-01-01    G     20       89    1780      张农
```

产品	销售渠道	日期	销售数量	单价	销售收入	业务员
A	2	2	2	2	2	2
B	2	2	2	2	2	2
C	1	1	1	1	1	1
D	2	2	2	2	2	2
F	1	1	1	1	1	1
G	2	2	2	2	2	2
H	1	1	1	1	1	1

（2）按照"业务员""产品"两个维度分组，并统计各产品的数据行数。

In:
```
10 #(4)按照"业务员""产品"两个维度分组,并统计信息
11 print(df_total.groupby(by=["业务员","产品"]).count 0)
```

Out:

业务员	产品	销售渠道	日期	销售数量	单价	销售收入
丁萨	C	1	1	1	1	1
	H	1	1	1	1	1
张农	G	2	2	2	2	2
章农	B	2	2	2	2	2
陈菲	A	2	2	2	2	2
	F	1	1	1	1	1
高第	D	2	2	2	2	2

（3）按照"销售渠道"维度分组，并统计各渠道的累计收入、最高收入。

In:
```
12 #(5) 按照"销售渠道"分组,并进行求和
13 print (df_total.groupby(by="销售渠道").sum())
14 #(6) 以销售渠道分组,并统计当日最大订单
15 print(df_total.groupby(by="销售渠道").max ())
```

```
Out:
销售渠道    销售数量    单价      销售收入
天猫        132        1091      18418
淘宝        122        159       3080
销售渠道    日期         产品      销售数量    单价      销售收入    业务员
天猫        2022-01-01   H         43          460       9200        高第
淘宝        2022-01-01   G         52          89        1780        高第
```

二、数据透视表

数据透视表是多维数据分析的重要工具，可以快速处理汇总大量数据，是财务人员在日常数据分析中必不可少的"神器"。例如，现有一张门店销售收入明细表，里面有100家门店一个月里每天的销售明细数据，可以使用数据透视功能迅速知道每个门店一个月里每天的销售收入合计，分别如表3-28和表3-29所示。

表3-28　门店销售收入明细表

门店	日期	产品	……	收入
1号店	8-1	A	……	100
1号店	8-1	B	……	200
……	……	……	……	……
1号店	8-2	C	……	40
……	……	……	……	……
2号店	8-1	C	……	80
2号店	8-1	f	……	120
……	……	……	……	……
2号店	8-2	B	……	60
……	……	……	……	……

表3-29　每个门店销售收入合计

门店	日期	收入
1号店	8-1	8 000
1号店	8-2	12 000
1号店	8-3	6 000
1号店	……	……
2号店	8-1	8 000
2号店	8-3	15 000
2号店	……	……

（续表）

门店	日期	收入
3 号店	8-1	16 000
	……	……

使用 Excel 的数据透视表功能时，通常需要设置相关字段。与 Excel 中的数据透视表类似，Pandas 也提供了 pivot_table()方法实现数据透视功能，其部分字段设置和 Excel 类似。

Excel 中设置数据透视表相关字段界面如图 3-13 和图 3-14 所示。

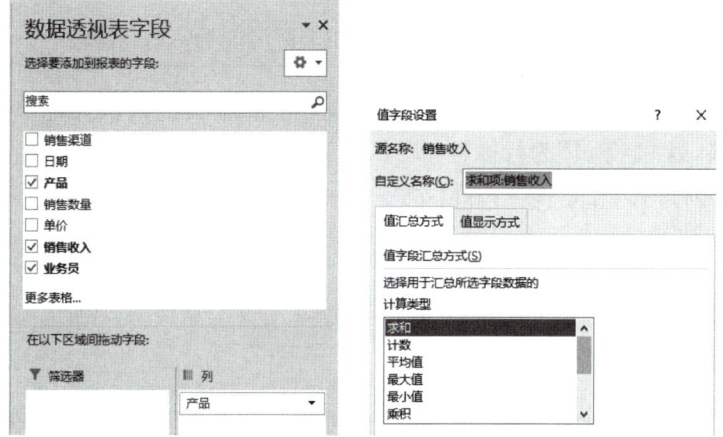

图 3-13 Excel 中设置数据透视表相关字段界面

求和项:销售收入	列标签						
行标签	A	B	D	F	G	H	总计
陈菲	3488			3400			6888
丁萨						9200	9200
高第			1290				1290
张农					900		900
章民		140					140
总计	**3488**	**140**	**1290**	**3400**	**900**	**9200**	**18418**

图 3-14 Excel 中数据透视结果

pandas. Pivot_table()的语法规则及常用参数如表 3-30 所示。

表 3-30 pandas. Pivot table()的语法规则及常用参数及功能

名称及参数	功能
pandas. Pivot_table(	# 数据透视表的方法
dataframe	要进行数据透视的表，如 df1。必填项
index=None	相当于“数据透视表字段”中的行，输入列索引名称。选填项

(续表)

名称及参数	功能
columns=None,	相当于"数据透视表字段"中的列,输入列索引名称。选填项
values=None	相当于"数据透视表字段"中的值,输入列索引名称。选填项
aggfunc='mean'	值的计算类型,默认平均数 mean,还可以是 sum,count,max,min 等。选填项。当设置多个类型时,传入列表,如["sum","mean"]
fill_value=None	默认将缺失值填充为 NaN,可以指定填充值,如 fill_value=0。选填项
margins=False	是否汇总,默认不汇总(False),可以指定为 True。选填项
margins_name='All')	如果选择汇总,显示汇总栏的名称,默认为 All。选填项

以亚飞公司营业报表为例,财务人员需要先合并汇总各渠道的销售统计情况,然后以"销售渠道"为列标签,以"业务员"为行标签,统计"销售收入"的合计情况。

【例3-46】 利用 pandas.Pivot_table()方法进行销售统计。

```
In:
1 import pandas as pd
2 #(1)读取 2 个工作簿到 DataFrame 表格,合并 2 个表格
3 df_amount_tm=pd.read_excel(r"3.6 天猫日销售数据.xlsx")
4 df_amount_tb=pd.read_excel(r"3.6 淘宝日销售数据.xlsx")
5 df_total= pd.concat([df_amount_tm, df_amount_tb])
6 #(2) 以"业务员"为行,"销售渠道"为列,"销售收入"为值
7 print(pd.pivot_table(df_total,index="业务员",columns="销售渠道",
8     "values="销售收入",fill_value=0, aggfunc="sum",margins=True,
9     margins_name="合计"))
```

```
Out:
销售渠道     天猫      淘宝      合计
业务员
丁萨      9200     260    9460
张农       900    1780    2680
章民       140     680     820
陈菲      6888     120    7008
高第      1290     240    1530
合计     18418    3080   21498
```

Pandas 是为解决数据分析任务而创建的。Pandas 模块纳入了大量函数以及数据模型,提供了高效操作大型数据集所需的工具,除本章学习的内容外,更多拓展应用可以查看 Pandas 官方文档。熟练掌握 Pandas,有助于更好地完成数据分析任务,满足财务人员不同场景的应用需求。

 本章小结

本章主要阐述了如何调用 Python 处理财务表格。

Python 作为开源的编程语言,内置了大量模块。Python 社区针对数据分析与挖掘、网络爬虫、机器学习等领域提供并分享了大量功能强大的第三方模块,供使用者重复调用。表格数

据是财务人员在工作中最常用的数据格式,高效地完成表格数据的处理将极大地提高工作的效率。第三方模块 Pandas 是一个强大的分析结构化数据的工具集,它内置了大量时间处理函数、字符串处理函数、数据运算和统计分析函数,能够快速地处理各类数据。财务人员在处理数据时,可能需要对同类数据进行求和、计数、求平均数、求方差、标准差等,针对这种数据处理场景 Pandas 提供了数据分组与聚合、数据透视表的方法,为 Python 学习助力。

关于 Python 的基本内容,本章首先介绍了借用模块简化财务编程,介绍了 Pandas 数据存储结构;其次介绍了 Series 和 DataFrame 的数据类型,介绍了 Pandas 如何读写财务表格和 Pandas 如何处理财务数据;再次通过熟悉 merge() 函数通过关键词连接表格,熟悉 concat() 函数合并表格;最后介绍了销售数据的分类统计,熟悉 Panda 数据透视表的使用。

实践环节

为进一步加强专业综合实践教学环节中的社会实践部分,培养和提高学生综合运用所学的基本理论、基本知识和基本技能分析和解决实际问题的能力,培养学生的应用能力和创造能力,学生可通过线下及线上相结合的学习模式完成以下实践任务:

(1) 通过线下学习基础知识,熟悉和掌握 Python 基础结构、基本输入或输出、变量与表达式以及基本数据类型等内容,为后续进行相应财务问题的解决打下数据算法基础。

(2) 通过线上 Python 财务应用平台进行相应实践,体验预设模型的运行结果,并根据所学内容修改代码进行练习,达到熟练掌握的目的。

多方面的实践可以增强学生的感性认知,激发学生的学习兴趣,从而实现课堂教育与财务工作的零距离对接。

复习思考题

一、选择题

1. 为了让一段能够完成特定功能的代码能被重复利用,可以将其设置为(　　)。
   A. 函数　　　　　　B. 类　　　　　　C. 模块　　　　　　D. 包
2. 下列选项中,不能创建 Series 的是(　　)。
   A. 字典　　　　　　B. 字符串　　　　C. 列表　　　　　　D. Dataframe
3. Excel 文件的读取方法是(　　)。
   A. to_excel()　　　B. read_excel()　　C. read_csv()　　　D. read_json()

二、简答题

1. 根据之前学习的内容,我们知道每个模块有很多方法可供使用。我们如何查看一个模块定义的所有方法?
2. 利用 Pandas 处理财务数据,出现缺失值怎么办?
3. 如果需要根据客户信息表中的客户类别的维度,对销售收入表中的销售收入进行分析,该如何连接2个表格?

三、实战作业

从 ERP 系统中导出 2021 年和 2020 年的客户销售收入数据,将2年的数据按照相同客户汇总到1张表格。

第四章

运用 Python 创建财务算法小模型

第一节　货币时间价值计算模型

学习目的

了解货币时间价值的应用场景和计算方法；理解函数的结构和使用方法，掌握常见内置函数的使用；掌握自定义函数的简单应用和设计原理；掌握匿名函数 lambda 的使用方法；熟悉 Datetime 模块的常见使用方法；运用自定义函数开发货币时间价值计算模型。

一、函数的结构和使用方法

函数是指预先定义，用于执行计算、分析等任务的特殊公式。以 Python 中的内置函数 print()为例，该函数的参数及功能如表 4-1 所示。

表 4-1　Python 中的内置函数 print()的参数及功能

函数名称及参数	功能
print()	♯打印函数
*objects	可以一次输出多个对象。输出多个对象时，需要用","分隔。必填项
sep=''	用来间隔多个对象，默认值是一个空格。选填项
end='\n'	默认以换行符\n 结尾，我们可以换成其他字符串。选填项
file=sys.stdout	要写入的文件对象。选填项

> 注意：(1) 函数通常由函数名和参数构成。
> (2) 参数可以有多个；参数可以省略；参数可以设置默认值。

【例 4-1】　利用 print()函数打印现金、银行存款命令。

```
In:
1# 打印多个对象,默认以空格分隔
2 print ("现金","银行存款")
3 print ("--"*10)                        #打印分割线
4 #打印多个对象,设置为以分号分隔
5 print ("现金","银行存款",sep=";")
6 print ("--"*10)                        #打印分割线
```

```
7 #打印多个对象,默认以回车\n 结尾
8 print ("现金")
9 print ("银行存款")
10 print ("--"*10)                    #打印分割线
11 #打印多个对象,第一个对象设置以逗号结尾
12 print ("现金",end=",")
13 print ("银行存款")
```

Out:
现金 银行存款

现金;银行存款

现金
银行存款

现金,银行存款

> **注意**:参数可以用位置传递(objects);也可以用关键字传递(sep,end)。

二、常见内置函数的应用

除了标准模块与第三方模块中特有的函数或方法,Python 中也提供了大量的内置函数供用户直接使用。在前面的章节中,我们已经使用过多个 Python 内置函数,这里再来学习几个常用的内置函数。Python 中常见的内置函数如表 4-2 所示。

表 4-2 Python 中常见的内置函数

函数	作用	函数	作用
print()	打印	len()	统计字符串、列表等长度
max()/min()	最大值/最小值	sum()	对数值元素的序列求和
Str()/int()/float()	转换数据类型	pow()	求幂次方
list()/dict()/set()	转换数据类型	dir()	返回参数的属性、方法、列表
range()	产生范围 range 对象	help()	获取某个属性或方法的帮助文档
round()	四舍五入到指定位数	enumerate()	枚举序列中的元素
type()	查看数据类型	map()	根据提供的函数对指定序列做映射

这里介绍几个常用的函数。

(1) dir()函数:返回模块的属性、方法列表。语法规则:dir(pandas)。当需要知道某个模块或类下有多少个子函数和方法时,用户可以通过该方法进行查看。

【例 4-2】 利用 dir()函数查看子函数和方法的数量。

In:
```
1 import pandas as pd
2 print(dir(pd))
```

Out:
[......'DataFrame','DateOffset','DatetimeIndex',......,'Series','SparseDtype','StringDtype',
'Timedelta',......'concat','core','crosstab','cut','date_range','describe_option',
'errors','eval',
'factorize','from_dummies','get_dummies','get_option','infer_freq','interval_range',
'io','isna',
'isnull','json_normalize','lreshape','melt','merge','merge_asof','merge_ordered
','notna',
'notnull','offsets','option_context','options','pandas','period_range','pivot
','pivot_table',
'plotting','qcut','read_clipboard','read_csv','read_excel',......'wide_to_long']

（2）help()函数：用于查看函数或模块用途的详细说明。语法规则：help(pandas.DataFrame)。虽然帮助文档是英文的，但可以查看具体的参数名称及要求。

【例4-3】 利用help()函数查看pd.DataFrame的详细说明。

In:
1 import pandas as pd
2 print(help(pd.DataFrame))

Out:
class DataFrame(pandas.core.generic.NDFrame,
pandas.core.arraylike.OpsMixin)
|DataFrame(data= None, index:'Axes | None' = None,columns:'Axes | None'
=None,dtype:'Dtype | None' = None, copy:'bool | None' = None) - > 'None'
|
|Two-dimensional,size- mutable,potentially heterogeneous tabular data.
......

（3）enumerate()函数：函数针对可遍历数据对象（如列表、元组或集合等）的每个元素，返回每个元素的索引和具体值组成的元组，通常与for循环搭配使用。

【例4-4】 利用enumerate()函数遍历list1的每个元素。

In:
1 #(1)创建一个列表
2 list1=list ("abcde")
3 print (list1)
4 print ("--"*20)   #打印分割线
5 #(2)枚举每一个元素，形成枚举对象
6 aa=enumerate (list1)
7 print (aa)
8 print ("--"*20)   #打印分割线
9 #(3)将枚举对象转换为列表
10 print (list(aa))

Out:
['a', 'b', 'c', 'd', 'e']

```
<enumerate object at 0x7fbe88f04800>
[(0, 'a'), (1, 'b'), (2, 'c'), (3, 'd'), (4, 'e')]
```

（4）map()函数：根据提供的函数对指定序列做映射。语法规则：map(function, iterable)，参数 function 是指要进行运算的函数，参数 iterable 可以是一个或多个序列，多个序列用逗号隔开。map()函数返回的结果是迭代器（可以将其转换为列表或使用 for…in 循环查看结果）。

【例 4-5】 利用 map()函数对列表中数字进行转换。

```
In:
1 #(1)将列表中的数字转换为字符串
2 aa=map(str, [1, 2, 3])
3 print(aa)
4 print("--"*10)# 打印分割线
5 #(2)将 map 对象转换为列表
6 print(list(aa))
```

```
Out:
<map object at 0x7ff7b823a310>
--------------------
['1', '2', '3']
```

三、自定义函数的简单应用

Python 除了有内置函数，还支持自定义函数，即：将一段有规律的、可重复使用的代码定义成函数，达到一次编写、多次调用的目的。Python 中的自定义函数的语法格式如表 4-3 所示。

表 4-3 Python 中的自定义函数的语法格式

定义函数		调用函数
def 函数名(形参1,形参2,……):		函数名(实参1,实参2,……)
函数体		
return 返回值		
def:	定义函数的关键字,告诉系统自定义一个函数	
函数名:	函数的名称,类似 print,sum,len,max 等函数的命名通常应当见文知意	
形参:	作为实际参数的代表,称为形参 调用函数时再传入实际参数,称作实参	
冒号:	函数结构的一部分,千万不能省略	
函数体:	用于实现特定功能的代码块,是一段代码	
return:	定义返回值,返回函数的结果,可以省略	

为了实现更加复杂、灵活的功能,我们必须学会自定义函数。接下来从自定义函数的返回值和参数传递两方面学习。Python 中自定义函数的分类如图 4-1 所示。

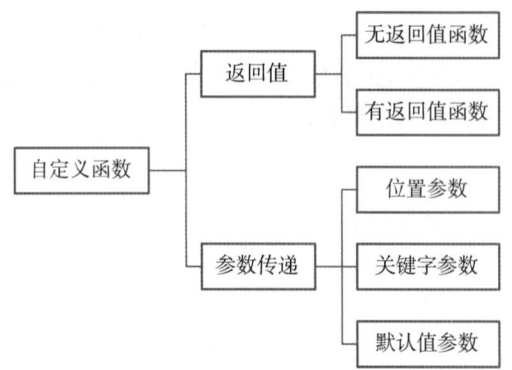

图 4-1　Python 中自定义函数的分类

(一) 返回值

(1) 无返回值的函数:当函数不需要返回值时,则无须指定。例如,print()打印结果。

【例 4-6】　无返回值的函数运行示例。

```
In:
1 #(1)自定义 asset()函数,资产=负债+所有者权益
2 def asset (Debt, Equity):
3 '''打印资产、负债、所有者权益的金额'''
4 print(f"负债={Debt}",f"所有者权益={Equity}",
5 f"资产={Debt + Equity}", sep="\n")
6 #(2)传入参数,并调用自定义函数
7 asset (4700,5800)
```

```
Out:
负债= 4700
所有者权益= 5800
资产= 10500
```

> **注意**:在函数体中,可以增加注释,用于对函数进行说明。

(2) 有返回值的函数:返回函数的运行结果。例如,内置函数 len(),可以返回一个序列的长度。

【例 4-7】　有返回值的函数运行示例。

```
In:
1 #(1)自定义 Debt_Asset_ratio ()函数
2 def Debt_Asset_ratio(asset, debt):
3 #计算资产负债率,并保存到变量 ratio 中
4 ratio= debt/asset
5 #结束函数,返回 ratio 的值
6 return ratio
7 #(2)传入参数,并调用自定义函数
```

```
8 debt_to_asset_ratio=Debt Asset ratio(1000,300)
9 print(debt_to_asset_ratio)
```

Out:
0.3

(二) 参数传递

参数传递是指在程序运行过程中,将实际参数值传递给函数中的形式参数。参数传递通常采用位置参数、关键字参数、默认值参数等方式。

(1) 位置参数。位置参数必须按照正确顺序将实际参数传到函数中,即传入实际参数的数量、位置必须和形参一致,多传或者少传,程序都会报错。

【例 4-8】 以定义的函数 Debt_Asset_ratio() 为例,当传入 1 个参数时,系统会报错。

In:
```
10 #(3)传入参数,并调用自定义函数
11 debt_to_asset_ratio=Debt Asset ratio(1000)
12 print (debt_to_asset_ratio)
```

Out:
TypeError: Debt_Asset_ratio()
missing 1 required positionalargument:'debt
argument:'debt'

【例 4-9】 承[例 4-8],仍以 Debt_Asset_ratio() 为例,当传入参数的位置和形参不一致时,会导致结果错误。

In:
```
13 #(4)传入参数,并调用自定义函数
14 debt_to_asset_ratio=Debt_Asset_ratio(300,1000)
15 print(debt_to asset ratio)
```

Out:
3.3333333333333335

> 注意:在函数体中,可以增加注释,用于对函数进行说明。

(2) 关键字参数。关键字参数通过"形参名=实参值"(类似字典的键值对)的形式直接传递,无须按照参数的指定顺序,这样更加清晰、易用。

【例 4-10】 承[例 4-9],仍以前述定义的函数 Debt_Asset_ratio() 为例,通过关键字传入参数。

In:
```
16 #(5)通过关键字传入参数,并调用自定义函数
17 debt_to_asset_ratio=Debt_Asset_ratio(asset=1000, debt=400)
18 print (debt_to_asset_ratio)
19 print("--"*10)                    #打印分割线
20 debt_to_asset_ratio=Debt_Asset_ratio(debt=400, asset=1000)
21 print (debt to asset ratio)
```

Out:
0.4

0.4

> **注意:** 采用这种方式传递参数时,每个参数名都必须写上,不能遗漏。

(3) 默认值参数。定义形参时,可以为形参指定默认值。在传参的时候,如果没有传入实参,则会采用默认值;如果已传入实参,则会替代默认值。

【例4-11】 默认值参数的应用。

```
In:
1 #(1) 自定义 Debt_Asset_ratio()函数
2 def Debt_Asset_ratio(asset, debt=350):
3 #计算资产负债率,并保存到变量 ratio 中
4 ratio=debt/asset
5 #结束函数,返回 ratio 的值
6 return ratio
7 #(2) 传入 1 个参数,另一个采用默认值,并调用自定义函数
8 debt_to_asset_ratio=Debt_Asset_ratio(1000)
9 print(debt_to_asset_ratio)
10 print("--"*10)                    #打印分割线
11 #(3) 传入 2 个参数,替代默认值,并调用自定义函数
12 debt_to_asset_ratio=Debt_Asset_ratio(1000,600)
13 print(debt_to_asset_ratio)
```

Out:
0.35

0.6

> **注意:** 有默认值的形参一定要放在没有默认值形参的后面。

除了 Python 内置函数和自定义函数,还有匿名函数 lambda,有时为了实现一个小功能,使用 lambda 函数可以大大简化代码。lambda 函数的语法格式如下:

定义函数:函数名= lambda 形参1,形参2:形参1 +形参2
调用函数:函数名(实参1,实参2,……)

【例4-12】 匿名函数 lambda 的应用。

```
In:
1 #(1) 通过 def 自定义 Debt_Asset_ratio()函数 1
2 def Debt_Asset_ratio(asset, debt):
3 return debt/asset
4 #(2)传入参数,并调用自定义函数
5 debt_to_asset_ratio=Debt_Asset_ratio(1000,300)
6 print(debt_to_asset_ratio)
7 print("--"*10)
```

```
8 #(3) 通过 lambda 自定义 Debt_Asset_ratio()函数
9 Debt_Asset_ratio=lambda asset, debt:debt/asset
10 #(4) 传入参数,并调用自定义函数
11 debt_to_asset_ratio=Debt_Asset_ratio(1000,300)
12 print(debt_to_asset_ratio)
```

```
Out:
0.3
------------------
0.3
```

四、datetime 模块的常见使用方法

财务管理的投资、融资等众多工作,都要考虑货币时间价值的因素,这不可避免地涉及时间间隔的计算。Python 中的标准模块 Datetime 可以对日期和时间进行处理,Datetime 中的常用函数如表 4-4 所示。

表 4-4 Datetime 中的常用函数

模块	类	函数	作用描述	用法
Datetime(导入 import datetime as dt)	datetime	today()/now()	返回当前的日期/时间	dt.datetime.today()
		date()/time()	返回对象的日期/时间	dt_1.date()
		strptime()	将格式化字符串转为日期	dt.datetime.strptime(str, format)
		strftime()	将日期转为格式化字符串	dt_1.strftime(format)
	注:两个日期对象可以比较,产生 bool 类型结果。可以相减,如 dt_1 − dt_2=时间间隔 timedelta 对象 可以相加,如 dt_1+timedelta 对象=dt_2			
	timedelta	timedelta	创建时间间隔对象	dt.timedelta(days=0, hours=0, minutes=0, seconds=0)
		days	获取时间间隔对象的天数	timedelta_1.days
		seconds	获取时间间隔对象的秒数	timedelta_1.seconds

以下对几个常用函数举例说明。

【例 4-13】 获取当前的日期和时间 today()/now(),并分别返回日期对象 date()和时间对象 time()。

```
In:
1 import datetime as dt
2 #(1) 获取当前的日期时间
3 dt_1=dt.datetime.today
4 print (dt_1, type(dt_1), sep="\n")
5 print("--"*10)                    #打印分割线
```

```
6 dt_2=dt.datetime.now()
7 print(dt_2, type(dt_2), sep="\n")
8 print("--"*10)                          #打印分割线
9 #(2)分别获取日期对象、时间对象
10 date_1=dt_1.date()
11 print (date_1, type(date_1), sep="\n")
12 print("--"*10)                         # 打印分割线
13 time_1=dt_1.time()
14 print(time_1, type(time_1), sep="\n")
```

Out:
```
2022-08-20 10:34:48.710257
<class 'datetime.datetime'>
--------------------
2022-08-20 10:34:48.710274
<class 'datetime.datetime'>
--------------------
2022-08-20
<class 'datetime.date'>
--------------------
10:34:48.710257
<class 'datetime.time'>
```

【例4-14】 将日期时间对象转换为格式化字符串 strftime()；将格式化字符串转换为日期时间对象 strptime()。格式化字符串("％Y－％m－％d ％H：％M：％S")，可以使用其中的一部分或者更换顺序。

In:
```
1 import datetime as dt
2 dt_1=dt.datetime.today()
3 #(1)将日期时间对象转化为格式化字符串
4 dt_str_1= dt_1.strftime("%Y-% m-%d %H:%M:%S")
5 print(dt_str_1, type(dt_str_1), sep="\n")
6 print("--"*10)                          #打印分割线
7 dt_str_2=dt_1.strftime("%Y-% m-%d")
8 print(dt_str_2,type(dt_str_2),sep=^\n")
9 print("--"*10)                          #打印分割线
10 #(2) 将格式化字符串转换为日期时间对象
11 dt_2=dt.datetime.strptime("2022-08-20", "% Y-% m-%d")
12 print(dt_2, type(dt_2), sep="\n")
```

Out:
```
2022-08-20 10:52:18
<class 'str'>
--------------------
2022-08-20
<class 'str'>
--------------------
2022-08-20 00:00:00
<class 'datetime.datetime'>
```

【例 4-15】 两个日期时间对象之间的比较运算、减法运算、加法运算,创建时间间隔 timedelta()、获取时间间隔天数 timedelta_1.days。

```
In:
1 import datetime as dt
2 dt_1=dt.datetime.strptime("2022-8-5","%Y-%m-%d")
3 dt_2=dt.datetime.strptime("2022-08-20","%Y-%m-%d")
4 print(dt_2>dt_1)                              #比较运算
5 print("--"*10)                                #打印分割线
6 timedelta_1=dt_2-dt_1                         #减法运算
7 print(timedelta_1, type(timede1ta_1), sep="\n")
8 print("--"*10)                                #打印分割线
9 print(timedelta_1.days)                       #获取时间间隔的天数
10 print("--"*10)                               #打印分割线
11 timedelta_2=dt.timedelta(days= 5)            #创建时间间隔
12 dt_3=dt_1 + timedelta_2                      #加法运算
13 print(dt_3)
```

```
Out:
True
------------------
15 days,0:00:00
<class 'datetime.timedelta'>
------------------
15
------------------
2022-08-10 00:00:00
```

五、货币时间价值计算模型案例分析

下面将针对亚飞公司的投资项目进行货币时间价值的计算。

(一) 业务场景

亚飞公司的投资项目存储在"4.1 投资项目明细表.xlsx"中,亚飞公司投资项目明细表如图 4-2 所示。表格中记录了不同项目的投资金额、投资时点、年投资回报率、到期日等信息、项目经理为了提高后续评估项目的效率,准备构建一个货币时间价值小模型,可以自动读取项目基础信息,并计算出不同项目的终值,便于决策。

	A	B	C	D	E
1	项目名称	投资金额	投资时点	年回报率	到期日
2	项目A	20000.00	2021-01-01	8.00%	2022-01-01
3	项目B	100000.00	2021-07-01	10.00%	2023-01-01
4	项目C	50000.00	2021-01-01	9.00%	2022-01-01
5	项目D	200000.00	2021-01-01	15.00%	2026-01-01
6	项目E	80000.00	2021-01-01	11.00%	2023-07-01
7	项目F	150000.00	2021-01-01	12.00%	2024-01-01

图 4-2 "4.1 投资项目明细表.xlsx"

(二) 实验要求

(1) 构建"货币时间价值计算"小模型,用于计算投资的复利终值。

(2) 自动读取"4.1 投资项目明细表.xlsx"中的投资信息,并调用"货币时间价值计算"小模型,计算各项投资到期日的复利终值,并保存为"4.1 货币时间价值计算结果.xlsx"工作簿。

(三) 知识准备

(1) 复利终值的计算方法: $F = p * (1+i)^n$。

(2) 有返回值函数的定义与调用。

(3) Datetime 模块:字符串与时间日期对象的相互转换,时间对象之间的减法运算:获取时间间隔的天数。

(4) 数值类型之间的加法、除法、幂次方等数学运算。

(5) Pandas 模块:读取或写入 Excel 工作簿;DataFrame 数据的运算。

(6) 内置函数 map() 的应用。

(四) 思路分析

(1) 自定义函数,设置投资金额、投资时点、年回报率、到期时点 4 个参数。

(2) 将投资时点、目标时点日期转化为日期格式。

(3) 计算投资期间,并获取投资期间的天数。

(4) 将年投资回报率转换为日投资回报率。

(5) 计算投资的复利终值,并保留 2 位小数。

(6) 返回投资终值。

(7) 读取 Excel 工作簿到 DataFrame 表格。

(8) 使用内置函数 map(自定义函数,投资金额数据列,投资时点数据列……),计算复利终值。

(9) 将计算结果写入 Excel 工作簿。

(五) 代码讲解

根据思路分析过程构建货币时间价值计算模型并应用。

```
In:
1 #(1)导入 datetime 和 Pandas 模块
2 from datetime import datetime
3 irmport pandas as pd
4 #(2)自定义函数,根据投资金额、投资时点、年回报率、目标时点计算复利终值
5 #(2.1)定义函数 TVM()
6 def TVIM (invest_ amount, invest_ time, rate_ annual, target_ time):
7 #(2.2)将投资时点、目标时点转换为日期格式,以便计算投资间隔期
8 invest_ time=datetime. strptime (invest_ time,"%Y-%m-%d")
9 target_ _time=datetime. strptime (target_ time, "%Y-%m-%d")
10 #(2.3)计算投资间隔期,并获取间隔期的天数
11 invest_ days=(target_time- invest_ time), days
12 #(2.4)计算投资日回报率
13 rate_ daily=(1+ trate_ annual)**(1/365)-1
14 #(2.5)计算并返回投资的复利终值
15 invest_ amount_ final = round (invest_ amount* ((1+ rate__daily) ** invest_days), 2)
16 return invest_amount_ final
```

```
17 #(3)输入参数,调用自定义函数进行验证(非必要步骤)
18 print (TVM(100000,"2020-07-01",0.10,"2021-07-01"))
19 #(4)读取"投资项目明细表.xlsx"工作簿,打印结果
20 df_invest=pd.read_excel(r'4.1投资项目明细表.xlsx')
21 print(df_invest)
```

Out:
110000.0

	项目名称	投资金额	投资时点	年回报率	到期日
0	项目A	20000	2021-01-01	0.08	2022-01-01
1	项目B	100000	2021-07-01	0.10	2023-01-01
2	项目C	50000	2021-01-01	0.09	2022-01-01
3	项目D	200000	2021-01-01	0.15	2026-01-01
4	项目E	80000	2021-01-01	0.11	2023-07-01
5	项目F	150000	2021-01-01	0.12	2024-01-01

In:
```
22 #(5)调用自定义函数计算复利终值,增加列"到期日终值",打印结果
23 df_invest["到期日终值"] = list(map(TVM,df_invest["投资金额"],df_invest["投资时点"],
24 df_invest["年回报率"],df_invest["到期日"]))
25 print (df_invest)
26 #(6)将结果写入"4.1货币时间价值计算结果.xlsx"(不写入行索引)
27 df_invest.to_excel(r'4.1货币时间价值计算结果.xlsx', index=False)
```

Out:

	项目名称	投资金额	投资时点	年回报率	到期日	到期日终值
0	项目A	20000	2021-01-01	0.08	2022-01-01	21600.00
1	项目B	100000	2021-07-01	0.10	2023-01-01	115414.17
2	项目C	50000	2021-01-01	0.09	2022-01-01	54500.00
3	项目D	200000	2021-01-01	0.15	2026-01-01	402425.50
4	项目E	80000	2021-01-01	0.11	2023-07-01	103803.30
5	项目F	150000	2021-01-01	0.12	2024-01-01	210739.20

(六) 业务总结

亚飞公司通过定义货币时间价值的函数,构建了一个计算复利终值的模型。该模型在面对新项目时能快速读取数据,计算出不同投资项目资金的时间价值,为项目决策提供支持。

货币时间价值是财务管理的基础,涉及大量计算,但基本都是围绕复利和年金问题展开的,公式基本固定,可直接复用。

通过亚飞公司货币时间价值计算模型构建案例,读者应掌握自定义函数定义和调用的一般流程,可以将实际业务中重复性的场景提炼总结,结合自身需求,利用Python自定义函数封装常用的计算公式,提高计算的效率和准确性。

第二节　现金折扣计算模型

学习目的

了解现金折扣的应用场景和计算方法；掌握单分支结构if、双分支结构if…else、多分支结构if…elif…else、if嵌套语句的简单应用和设计；运用自定义函数开发现金折扣计算模型。

一、if语句的结构和使用方法

企业在经营中经常会面临决策场景。例如，企业在作投资决策时，选择高收益、高风险的项目A还是收益不高但更稳健的项目B；在确定最佳现金持有量时，是选择哪个方案等。

以常见的现金折扣政策"5/10,3/20,N/30"为例，该政策表示：当在10日内付款时，给予5%的现金折扣；当在11～20日内付款时，给予3%的现金折扣；当在21～30日内付款时无折扣。

利用Python进行分析决策时，会用到if语句。if语句通常分为单分支结构、双分支结构、多分支结构和if嵌套4种，具体的分类如图4-3所示。if语句的基本的语法格式如下：

if 表达式：代码块

其中：

if：定义条件分支的关键字。

代码块：要执行的一段代码。（注意：一定要缩进4个空格）

冒号（":"）：函数结构的一部分，千万不能省略。

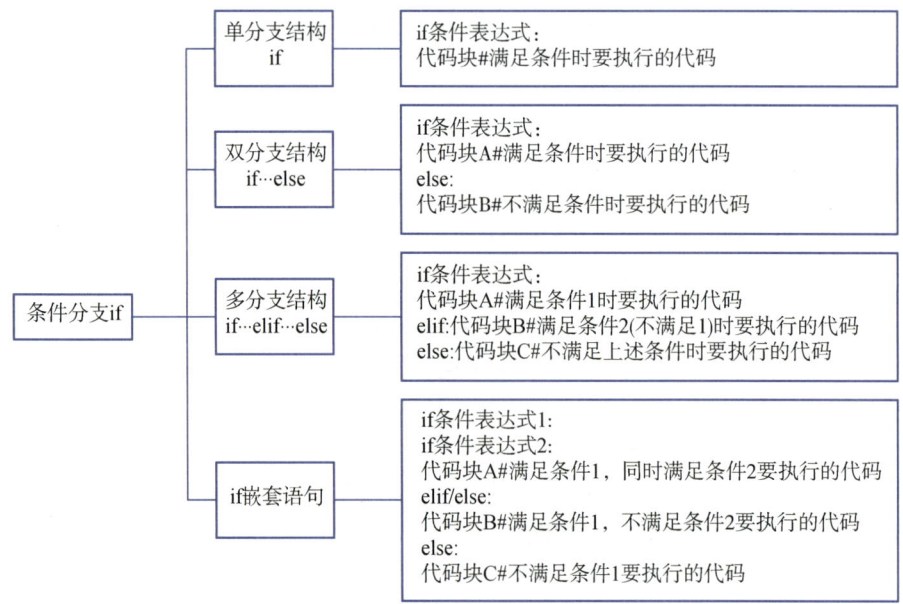

图4-3　条件分支if语句的分类

(一) 单分支结构 if

单分支结构 if 是最简单的分支结构,语义是"如果……那么……",如"如果 A 公司的利润率比 B 公司的高,那么投资 A 公司"。

> **注意**:使用 if 语句时,只有满足判断条件才会执行代码,否则就不执行。

【例 4-16】 判断单价为 5 000 元的设备的分类。已知当设备单价大于 2 000 元时,将设备分类为固定资产。

```
In:
1 # 定义变量设备单价并赋值
2 price = 5000
3 # 如果设备单价大于 2000 元
4 if price>2000:
5 # 输出"设备应分类为固定资产"
6 print('设备应分类为固定资产')
```

```
Out:
设备应分类为固定资产
```

(二) 双分支结构 if…else

双分支结构 if…else 是一种非 A 即 B 的判断语句结构,语义是"如果满足条件,就执行代码块 A;如果不满足,就执行代码块 B"。双分支结构 if…else 语句如图 4-4 所示。

采用 if…else 语句描述双分支结构时,如果 if 语句的条件判断为 True,就执行 if 语句缩进后的代码块;如果返回结果是 False,则执行 else 语句缩进后的代码块。

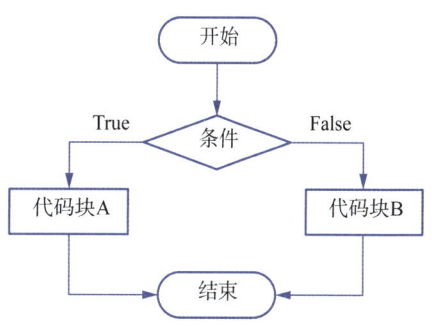

图 4-4 双分支结构 if…else 语句

【例 4-17】 判断单价为 5 000 元的设备的分类。已知当设备单价大于 2 000 元时,将设备分类为固定资产;当设备单价小于或等于 2 000 元时,将设备分类为低值易耗品。

```
In:
1 # 定义变量设备单价并赋值
2 price=5000
3 #如果设备单价大于 2000 元
4 if price>2000:
5 # 输出"设备应分类为固定资产"
6 print('设备应分类为固定资产')
7 # 如果设备单价小于等于 2000 元
8 else:
9 # 输出"设备应分类为低值易耗品"
10 print('设备应分类为低值易耗品')
```

```
Out:
设备应分类为固定资产
```

（三）多分支结构 if…elif…else

实际业务往往面临更多选择，多分支结构应用最广泛。例如，对销售人员采用四级制的业绩评定：月销售额大于10万元评级为A级，佣金提成比例为10％；7万～10万元为B级，佣金提成比例为7％；4万～7万元为C级，佣金提成比例为4％；小于4万元为D级，无奖金。由此设计的多分支结构如图4-5所示。

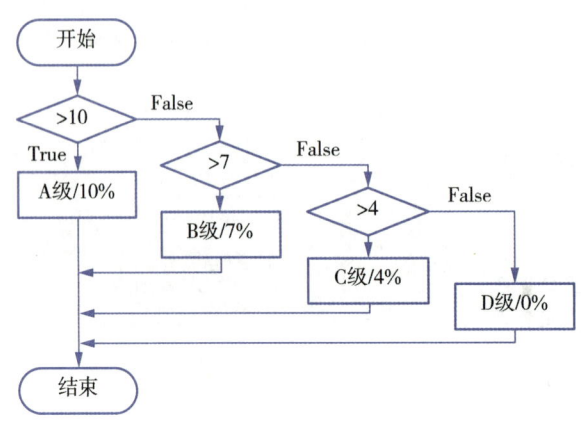

图 4-5　多分支结构 if…elif…else 语句

采用 if…elif…else 语句描述多分支结构时，如果 if 的条件不满足，就按顺序看是否满足 elif 的条件，如果不满足 elif 的条件，就执行 else 的命令；如果判断的条件超过三个，中间的条件都可以使用 elif。

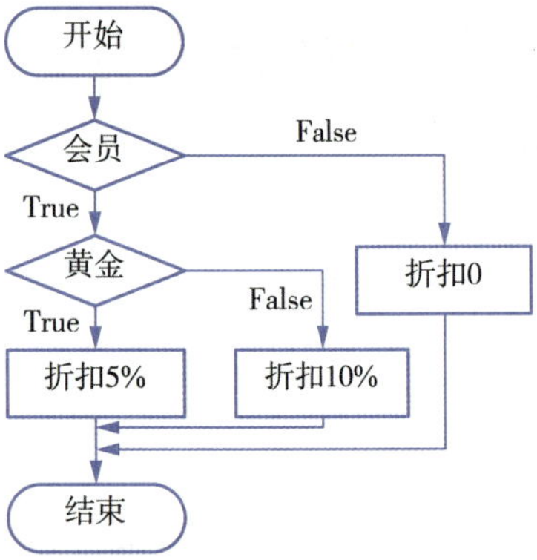

（四）if 嵌套

if 嵌套是指实际财务工作中，经常遇到只有当某个条件成立了，才会对另外一个条件判断的情形。此时就要用到 if 嵌套，即：将 if，if…else，if…elif…else 语句相互结合使用。

例如，某购物网站客户分为会员和非会员，会员又区分为黄金会员和钻石会员。订单结算时，网站会根据会员身份判断订单折扣金额，如果不是会员，不享受折扣；如果是会员，则根据会员级别给予折扣，如黄金会员九五折、钻石会员九折等。由此设计的 if 嵌套示意图如图 4-6 所示。

图 4-6　if 嵌套示意图

二、现金折扣计算模型案例分析

下面将针对亚飞公司的投资项目进行现金折扣的计算。

（一）业务场景

亚飞公司有两家供应商：广州东亚商贸公司和宁波喜来商贸公司。其中，广州东亚商贸公司提供的折扣政策为"5/10,3/20,N/30"；宁波喜来商贸公司提供的折扣政策为"3/20,1/30,N/40"。有关采购信息详见"4.2采购应付明细表.xlsx"，亚飞公司采购应付明细表如图4-7所示。2022年，亚飞公司欲利用Python构建现金折扣计算小模型，通过读取各子公司预估应付款项的付款时间和付款金额，自动计算出现金折扣额，便于更好地确认实际付款时间，合理进行资金安排。

图 4-7 "4.2 采购应付明细表.xlsx"

（二）实验要求

（1）构建"现金折扣计算"小模型，用于计算享受的现金折扣金额。

（2）自动读取"4.2 采购应付明细表.xlsx"中的预计付款信息，并调用"现金折扣计算"小模型，计算预计付款期间、预计现金折扣的金额，并保存为"4.2 采购付款现金折扣结果.xlsx"工作簿。

（三）知识准备

（1）有返回值函数的定义与调用。

（2）条件分支 if 语句的结构和应用。

（3）批量将 DataFrame 表格中的字符串转换为日期格式；批量获取时间间隔的天数。

（4）数值类型之间的加法、除法等数学运算。

（5）Pandas 模块：读取或写入 Excel 工作簿；DataFrame 数据的运算。

（6）内置函数 map() 的应用。

（四）思路分析

（1）自定义现金折扣计算函数，设置折扣政策、采购金额、付款期 3 个参数。

（2）运用条件分支 if 语句，计算并返回折扣政策 1 享受的现金折扣金额。

（3）运用条件分支 if 语句，计算并返回折扣政策 2 享受的现金折扣金额。

（4）读取 Excel 工作簿到 DataFrame 表格。

（5）将购买日期、预计付款日期两列转化为日期格式。

（6）计算预计付款期间天数。

（7）使用内置函数 map() 现金折扣函数，根据折扣政策、采购金额、付款期间计算现金折扣。

（8）将计算结果写入 Excel 工作簿。

（五）代码讲解

根据思路分析过程构建现金折扣计算模型并应用。

```
In：
1 #(1)导入 datetime 和 Pandas 模块
2 from datetime import *
3 import pandas as pd
4 #(2)自定义函数,根据折扣政策,采购金额,付款期间计算现金折扣
5 #(2.1)定义函数 cash, dis()
6 def cash, dis(discount,purchase amount, term):
```

```
7  #(2.2)折扣政策1:现金折扣政策 5/10,3/20, N/30
8  if discount=:"折扣政策1":
9    if term<=10:
10     dis_amount=purchase_amount*0.05
11   elif term<=20:
12     dis_amount=purchase.amount*0.03
13   else:
14     dis_amount=0
15   return dis amount
16 #(2.3)折扣政策2:现金折扣政策 3/20,1/30, N/40
17 if discount='折扣政策2":
18   if term<=20:
19     dis_amount=purchase.amount*0.03
20   elif term<=30:
21     dis_amount=purchase_amount*0.01
22   else:
23     dis_amount=0
24   return dis amount
25 #(3)输入参数,调用自定义函数进行验证(非必要步骤)
26 '''供应商广州东亚商贸公司于2022年7月19日销售软件给亚飞公司,
27 销售额100000元,享受政策"折扣政策1",预计将在2022年7月25日
28 付款,亚飞公司可以获得现金折扣是多少?'''
29 print("广州东亚商贸公司现金折扣金额为{}元。"
30 .format(cash_dis("折扣政策1",100000,6)))
31
32 '''供应商宁波喜来商贸公司于2022年7月5日销售软件给亚飞公司,
33 销售额200000元,享受政策"折扣政策2",预计将在2022年7月30日
34 付款,亚飞公司可以获得现金折扣是多少?'''
35 print("宁波喜来商贸公司现金折扣金额为{}元。"
36 .format(cash_dis("折扣政策2",200000,25)))
```

Out:

广州东亚商贸公司现金折扣金额为5000.0元。
宁波喜来商贸公司现金折扣金额为2000.0元。

In:
```
37 #(4) 读取"采购应付明细表.xlsx"工作簿,打印结果
38 df_purchase=pd.read_excel(r'4.2采购应付明细表.xlsx')
39 print (df purchase)
```

Out:

	购货方	供应单位	购买额	购买日期	预计付款日	折扣政策
0	杭州亚飞	广州东亚商贸公司	100000	2022-01-05	2022-01-10	折扣政策1
1	天津亚飞	宁波喜来商贸公司	200000	2022-01-01	2022-01-20	折扣政策2
2	厦门亚飞	广州东亚商贸公司	50000	2022-01-05	2022-01-20	折扣政策1
3	深圳亚飞	广州东亚商贸公司	20000	2022-01-03	2022-01-30	折扣政策1
4	北京亚飞	宁波喜来商贸公司	40000	2022-02-03	2022-03-30	折扣政策2
5	杭州亚飞	宁波喜来商贸公司	150000	2022-03-03	2022-03-20	折扣政策2

```
In:
40  (5)根据"购买日期"和"预计付款日"计算间隔天数,增加列"付款期间",打印结果
41  df_purchase["购买日期"]=pd.to_datetime(df_purchase["购买日期"])
42  df_purchase["预计付款日"]=pd.to_datetime(df_purchase["预计付款日"])
43  df_purchase["付款期间"]=(df_purchase["预计付款日"]- df_purchase["购买日期"]).dt.ays
44  rint (df_purchase)
```

```
Out:
     购货方      供应单位         购买额    购买日期      预计付款日     折扣政策   付款期间
0    杭州亚飞   广州东亚商贸公司   100000   2022-01-05  2022-01-10  折扣政策1    5
1    天津亚飞   宁波喜来商贸公司   200000   2022-01-01  2022-01-20  折扣政策2   19
2    厦门亚飞   广州东亚商贸公司    50000   2022-01-05  2022-01-20  折扣政策1   15
3    深圳亚飞   广州东亚商贸公司    20000   2022-01-03  2022-01-30  折扣政策1   27
4    北京亚飞   宁波喜来商贸公司    40000   2022-02-03  2022-03-30  折扣政策2   55
5    杭州亚飞   宁波喜来商贸公司   150000   2022-03-03  2022-03-20  折扣政策2   17
```

(六)业务总结

Excel 的 if 函数和 Python 的 if 语句逻辑基本一致。如果进行少量判断,应用 Excel 无须编写代码,更为方便快捷;而 Python 的 if 语句,可以更便捷地嵌入到程序中,进行复杂的决策判断。

为了更精确地预测现金折扣对企业资金流量的影响,亚飞公司可以将货币时间价值模型和现金折扣模型进行封装,精确计算应付账款的实际成本,判断是否享受现金折扣。反之,亚飞公司作为销售方,在指定现金折扣政策时也可以灵活开发相应的财务小模型,实现销售额和资金流量的平衡,达到企业价值最大化。

第三节 批量操作 Excel 报表模型

学习目的

了解批量访问文件的应用场景;掌握 while 语句的作用和使用方法;掌握 for…in 语句的作用和使用方法;熟悉循环嵌套的简单应用;掌握 Glob 模块的基本应用;运用循环语句开发批量操作 Excel 报表模型。

一、循环语句的结构和使用方法

Python 程序的流程控制结构中,除了条件分支语句,另一个重要的就是循环语句。财务工作中有很多循环问题,如每个月末要结账,每个月都要计算员工薪酬,每个月都要计算应缴税额等。财务人员利用循环语句,可以在一定程度上减少重复性工作,提高效率。

常见的循环语句有 3 种,一是 while 循环,二是 for…in 循环,三是嵌套循环。循环语句的分类如图 4-8 所示。

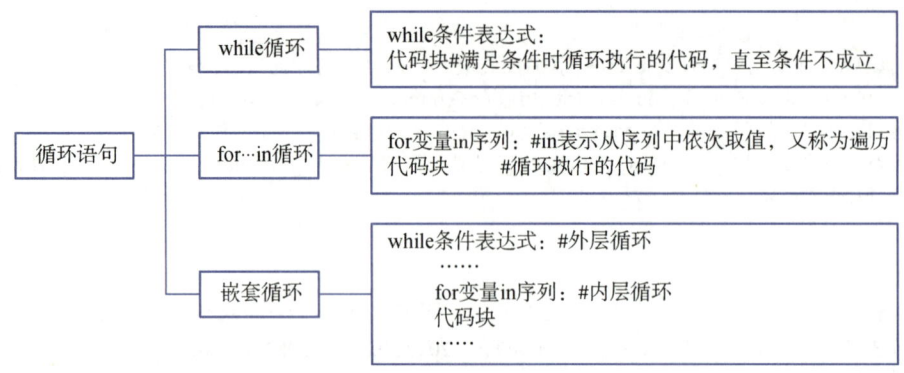

图 4-8 循环语句的分类

(一) while 循环

while 循环的执行思路是判断给定的条件表达式,当结果为 True 时执行相应的代码块,再次判断给定的条件表达式,如此循环往复,直到结果为 False 时结束程序。while 循环示意图如图 4-9 所示。

采用 while 语句描述循环时,应注意末尾的冒号、代码块的缩进 4 个空格。如果条件表达式判断为 True,就循环执行代码块;当条件表达式判断为 False 时结束程序。

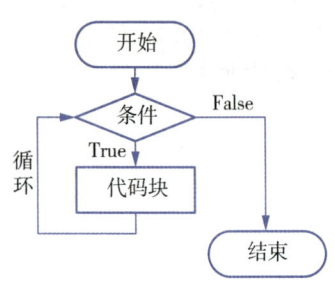

图 4-9 while 循环示意图

【例 4-18】 使用 while 循环,计算 1 到 10 自然数的和。

```
In:
1 #(1)定义变量,存储数值、累计和
2 i=1
3 sum=0
4 #(2)循环递增数值,并求累计和
5 while i<11:
6   sum +=i # 等同于 sum=sum+ i
7   print(sum)
8   i +=1 # 等同于 i=i + 1
9 print (f'1 到 10 自然数的和为{sum}.')
```

```
Out:
1
3
6
10
15
21
28
36
45
55
1 到 10 自然数的和为 55
```

（二）for…in 循环

for…in 循环是指第一次循环，从可迭代对象（列表、元组等）中取出第 1 个元素，赋值给变量名，并执行代码块。第二次循环，取出第 2 个元素，赋值给变量名，并执行代码块。不断重复执行这个过程，直至所有元素被取尽后，for…in 循环结束。

【例 4-19】 使用 for…in 循环，计算 1 到 10 自然数的和。

```
In:
1 #(1)定义变量,存储累计和
2 sum = 0
3 #(2)遍历 range 对象,并求累计和
4 for i in range (11):
5 sum +=i # 等同于 sum=sum +=i
6 print (sum)
7 print (f'1 到 10 自然数的和为{sum}。')
```

```
Out:
0
1
3
6
……
45
55
1 到 10 自然数的和为 55
```

使用 range(start,stop)函数生成整数 range 对象。该区间是左闭右开区间，即不包含截止数。

在 for…in 循环中，可以同时对多个变量赋值。假如有一个列表 list1＝['资产负债表','利润表','现金流量表']，要求依次打印每一个元素的值，并打印这是"第 n 个元素"，这里可以配合内置函数 enumerate()实现。

【例 4-20】 使用 for…in 循环配合 enumerate()函数对多个变量赋值。

```
In:
1 #(1)定义列表
2 list1=['资产负债表','利润表','现金流量表']
3 # (2)枚举列表,转化为列表查看结果
4 print(list(enumerate(1ist1)))
5 print("--"*10)                    #打印分割线
6 #(3)遍历枚举对象,访问每一个值
7 for a,b in enumerate(list1):
8 print(a,b)
9 print(f"第{a+1}个元素是:{b}")
10 print("--"*10)                   #打印分割线
11 print("所有元素打印完成!")
```

```
Out:
[(0,'资产负债表'),(1,'利润表'),(2,'现金流量表')]
--------------------
```

```
0 资产负债表
第 1 个元素是:资产负债表
--------------------
1 利润表
第 2 个元素是:利润表
--------------------
2 现金流量表
第 3 个元素是:现金流量表
--------------------
所有元素打印完成!
```

实际业务中,for…in 循环常用于遍历字符串、列表、元组、字典等数据结构,其执行顺序是遍历这些数据结构里的每一个元素。与 while 循环相比,while 循环是当条件结果为 False 时退出循环,for…in 循环则是遍历完数据结构中的所有元素后结束循环。

(三) 嵌套循环

嵌套循环与 if 嵌套一样,while 循环和 for…in 循环之间也可以相互嵌套。既可以在 while 循环中嵌套 while 循环、在 for…in 循环中嵌套 for…in 循环,也可以 while 循环和 for…in 循环相互嵌套。

二、批量操作 Excel 报表模型案例分析

下面将对亚飞公司的销售数据 Excel 工作簿进行批量处理。

(一) 汇总多张工作表

1. 业务场景

亚飞公司财务人员每月都要对大量的工作簿进行批量处理,如将各子公司的销售数据进行汇总,或者将一个总销售任务表拆分为不同子公司的任务表等。

亚飞公司各子公司的销售数据存放在"4.3 各子公司销售额.xlsx"中,亚飞公司各子公司销售额如图 4-10 所示。每个子公司单独一个 sheet 表,名称为"北京亚飞""厦门亚飞""杭州亚飞""深圳亚飞""天津亚飞"。

	A	B	C	D	E	F
1	区域	公司名称	1季度	2季度	3季度	4季度
2	华中	北京亚飞	557	513	565	423
3	华北	北京亚飞	890	263	455	142
4	华南	北京亚飞	842	317	594	205
5	华东	北京亚飞	553	664	458	202

| 北京亚飞 | 深圳亚飞 | 杭州亚飞 | 厦门亚飞 |

图 4-10 "4.3 各子公司销售额.xlsx"

2. 实验要求

将"4.3 各子公司销售额.xlsx"中各张表的数据纵向汇总成"销售额汇总"一张表,再统一写入"4.3 各子公司销售额汇总_1.xlsx"工作簿中(包含明细数据和汇总数据)。

3. 知识准备

(1) for…in 循环的结构和应用。

（2）字典元素的访问方法。

（3）Pandas 模块：创建 DataFrame 表格；读取或写入 Excel 工作簿。

（4）Pandas 模块：concat()函数合并表格。

（5）Pandas 模块：创建 Excel 写入对象 pandas.ExcelWriter()的应用。

4．思路分析

（1）读取"4.3 各子公司销售额.xlsx"所有表，返回字典结果（sheet 名称：DataFrame 表格）。

（2）创建 Excel 写入对象（4.3 各子公司销售额汇总_1.xlsx），用于写入多个工作表。

（3）创建空 DataFrame 表格并命名为 df_all，用于存储、汇总各个明细表的数据。

（4）运用 for…in 循环，第一步的字典结果，并分别将 key 和 value 赋值给 i 和 j。

（5）合并 df_all，遍历访问的表格 j，并再次赋值给 df_all。

（6）将遍历访问的表格 j 写入到 Excel 写入对象，表名字为 i。

（7）将合并完成的 df_all 写入到 Excel 写入对象，表名字为"销售额汇总"。

5．代码讲解

```
In:
1 #(1)导入 Pandas 模块
2 import pandas as pd
3 #(2)读取"4.3 各子公司销售额.xlsx"中所有 sheet 表，赋值给 dict_dfs
4 dict_dfs=pd.read_excel(r"4.3 各子公司销售额.xlsx",sheet_name=None)
5 print (dict_dfs)
```

```
Out:
{'北京亚飞':       区域    公司名称    1季度    2季度    3季度    4季度
          0    华中    北京亚飞    557    513    565    423
          1    华北    北京亚飞    890    263    455    142
          2    华南    北京亚飞    842    317    594    205
          3    华东    北京亚飞    553    664    458    202,
……,……,……,……}
```

```
In:
6 #(3)创建 Excel 写入对象 writer,用于写入多个 sheet 表
7 with pd.ExcelWriter(r"4.3 各子公司销售额汇总 1.xlsx)
8 print(writer)
```

```
Out:
<pandas.io.excel._openpyxl.OpenpyxlWriter object at 0x0000024BD76561F0>
```

在 Pandas 模块写入 Excel 文件函数 df_1.to_excel()的参数中，既可以输入 Excel 文件路径，也可以输入 Excel 文件写入对象，区别是前者只能写入一个表（不同的 sheet 名称也会覆盖），后者可以写入多张表。在创建 Excel 写入对象时，通常使用下列语法格式：with pandas.ExcelWriter(filepath) as writer: 写入文件的代码块。Pandas 模块写入 Excel 文件常用语法格式如表 4-5 所示。

表 4-5 Pandas 模块写入 Excel 文件常用语法格式

参数	功能
with	使用该语句后，运行结束后会自动关闭对象
filepath	要写入的目标文件路径
as	为该对象命名(变量)
冒号	with 语句的一部分，不能省略
代码块	要写入数据的一段代码，注意缩进 4 个空格

```
In:
6 #(3)创建 Excel 写入对象 writer,用于写入多个表
7 with pd.ExcelWriter(r"4.3 各子公司销售额汇总 1.xlsx)
8 print(writer)
9 #(3.1)创建空的 DataFrame 表格,赋值给 df_all
10 df_all= pd.DataFrame()
11 #(3.2)遍历变量 dict_dfs(字典),分别将 key 和 value 赋值给 i,j
12 for i,j indict_dfs.items():
13 print(i)
14 print(i)
```

```
Out:
北京亚飞
          区域   公司名称   1季度   2季度   3季度   4季度
      0   华中    北京亚飞   557    513    565    423
      1   华北    北京亚飞   890    263    455    142
      2   华南    北京亚飞   842    317    594    205
      3   华东    北京亚飞   553    664    458    202
深圳亚飞:
          区域   公司名称   1季度   2季度   3季度   4季度
      0   华中    深圳亚飞   789    251    577    388
      1   华北    深圳亚飞   705    892    800    706
      2   华南    深圳亚飞   798    433    554    677
      3   华东    深圳亚飞   412    782    694    680
……
```

```
In:
15 #(3.3)合并表格 dfal1 和每一个 DataFrame 表格,赋值给 df_all
16 df_all = pd.concat([df_all,j],axis=0,join-"outer")
17 #(3.4)将每一个 DataFrame 表格写入 Excel 对象 writer(不写入行系号)
18 j.to_excel(writer,sheet_name=i,index=False)
19 #(3.5)打印汇总后的表格 df_all
20 print(df_all)
21 #(3.6)将表格 df_al1 写入 Excel 对象 writer(不写入行索引)
22 df_all.to_excel(writer,sheet_name="销售额汇总",index=False)
```

```
Out:
      区域    公司名称    1季度    2季度    3季度    4季度
0     华中    北京亚飞    557     513     565     423
1     华北    北京亚飞    890     263     455     142
......
0     华中    深圳亚飞    789     251     577     388
1     华北    深圳亚飞    705     892     800     706
......
```

(二) 汇总多个工作簿

1. 业务场景

系统平台中存储了5个子公司的销售额工作簿,工作簿名称分别为"4.3 北京亚飞销售额.xlsx""4.3 厦门亚飞销售额.xlsx""4.3 杭州亚飞销售额.xlsx""4.3 深圳亚飞销售额.xlsx""4.3 天津亚飞销售额.xlsx"。

2. 实验要求

将系统平台中5个子公司销售额工作簿的数据纵向汇总成"销售额汇总"一张表,再写入"4.3 各子公司销售额汇总_2.xlsx"工作簿中。

3. 知识准备

(1) for…in 循环的结构和应用。

(2) 字典元素的访问方法。

(3) Pandas 模块:创建 DataFrame 表格;读取或写入 Excel 工作簿。

(4) Pandas 模块:concat()函数合并表格。

(5) Glob 模块:查找匹配文件的方法 glob()函数的应用。

4. 思路分析

(1) 获取系统文件夹中符合条件的工作簿文件名称,返回文件名称组成的列表。

(2) 创建空 DataFrame 表格并命名为 df_all,用于存储、汇总各个工作簿的数据。

(3) 运用 for…in 循环,遍历第一步的列表结果,并将遍历到的文件路径赋值给 i。

(4) 运用 pandas.read_excel()读取当前遍历到的工作簿,存储为表格 df_alone。

(5) 合并 df_all、df_alone,并再次赋值给 df_all。

(6) 将 df_all 写入"4.3 各子公司销售额汇总_2.xlsx"中,表名称为"销售额汇总"。

5. 代码讲解

In:
```
1 #(1)导入 Pandas 和 Glob 模块
2 import pandas as pd
3 import glob
```

在上述代码中,我们导入了 Python 的标准模块 Glob,该模块用于查找符合条件的文件,类似于 Windows 等操作系统中的搜索文件。在各类操作系统中,每个文件都有唯一的文件路径,通过文件路径即可选择、操作对应的文件。

该模块下常用的 glob() 函数会返回一个符合条件的 pathname 的列表,其语法格式为:glob.glob(pathname)。其中,参数 pathname 支持通配符操作,其常用的通配符如表 4-6 所示。

表 4-6 参数 pathname 常用的通配符

通配符	功能	示例
*	匹配 0 个或多个字符	"*.xlsx":匹配后缀为 xlsx 的所有文件
		"C:\Users\Administrator\Desktop*.xlsx":匹配桌面上后缀为 xlsx 的所有文件
?	匹配 1 个字符	"付款申请表?.txt":匹配末尾有 1 个字符的 txt 文件
[ ]	匹配指定范围的字符	"付款申请表[1—9].txt":匹配末尾包含数字 1~9 的 txt 文件

In:
```
1 #(1)导入 Pandas 和 Glob 模块
2 import pandas as pd
3 import glob
4 #(2)获取系统文件夹中符合条件的工作簿的名称
5 files=glob.glob(r"4.3*亚飞销售额.xlsx")
6 print(files)
```

Out:
```
[
'4.3北京亚飞销售额.xlsx',
'4.3厦门亚飞销售额.xlsx',
'4.3天津亚飞销售额.xlsx',
'4.3杭州亚飞销售额.xlsx',
'4.3深圳亚飞销售额.xlsx'
]
```

In:
```
7 #(3)创建空的 DataFrame 表格,赋值给 df_all
8 df_all=pd.DataFrame()
9 #(4)遍历变量 files(列表),将单个名称赋值给变量 i
10 for i in files
11 #(4.1)
12 df_alone=pd.read_excel(i)
13 #(4.2)纵向合并表格 df_all 和每一个表格 df_alone,赋值给 df_all
14 df_all=pd.concat([df_all,df_alone],axis=0,join="outer")
```

```
15 #(5) 打印汇总后的表格 df_all
16 print(df_all)
17 #(6) 将表格 df_all 写入工作簿"4.3各子公司销售额汇总 2.xlsx"当中(不写入行索引)
18 df_all.to_excel(r"4.3各子公司销售额汇总 2.xlsx",sheet_name="销售额汇总",index=False)
```

Out:

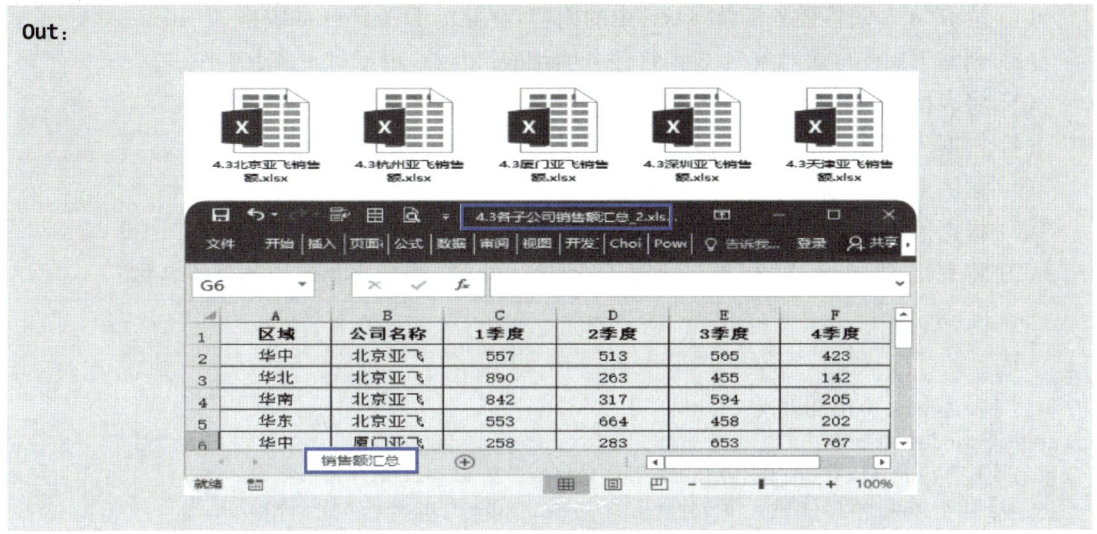

(三) 拆分汇总表为多张工作表

1. 业务场景

在工作簿"4.3销售任务汇总表.xlsx"的"销售任务汇总表"中,存储了亚飞公司各子公司(北京亚飞、深圳亚飞、杭州亚飞、厦门亚飞、天津亚飞)的销售任务数据。亚飞公司各子公司销售任务汇总表如图4-11所示。

图4-11 "4.3销售任务汇总表.xlsx"

2. 实验要求

按照子公司名称,把"销售任务汇总表"拆分成以子公司名称命名的多张表,再统一写入"4.3销售任务明细表.xlsx"工作簿中(包含明细数据和汇总数据)。

3. 知识准备

(1) for…in 循环的结构和应用。

(2) 字典元素的访问方法。

(3) Pandas 模块：创建 DataFrame 表格；读取或写入 Excel 工作簿。
(4) Pandas 模块：创建 Excel 写入对象 pandas.ExcelWriter()的应用。
(5) 去重函数 unique()的应用。

4. 思路分析

(1) 读取"4.3 销售任务汇总.xlsx"中的内容，存储为 DataFrame 表格 df_all。
(2) 创建 Excel 写入对象(4.3 销售任务明细表.xlsx)，用于写入多个工作表。
(3) 将表格 df_all 写入"4.3 销售任务明细.xlsx"，表名字为"销售任务汇总"。
(4) 根据表格 df_all 的"公司名称"列，获取不重复的公司名称。
(5) 运用 for…in 循环，遍历第 4 步的结果，并将遍历到的公司名称赋值给 i。
(6) 根据遍历的公司名称筛选表格 df_all，存储为表格 df_alone。
(7) 将表格 df_alone 写入"4.3 销售任务明细.xlsx"，表名字为遍历的公司名称 i。

5. 代码讲解

In:
```
1 #(1)导入 Pandas 和 Glob 模块
2 import pandas as pd
3 #(2)读取"4.3 销售任务汇总表.xlsx"的内容，赋值给变量 df_all，打印结果
4 df_all=pd.read_excel(r"4.3 销售任务汇总表.xlsx,sheet_name="销售任务汇总表")
5 print(df_all)
```

Out:

	区域	公司名称	1季度	2季度	3季度	4季度
0	华中	北京亚飞	557	513	565	423
1	华北	北京亚飞	890	263	455	142
2	华南	北京亚飞	842	317	594	205
……						202,
18	华南	天津亚飞	316	256	369	294
19	华东	天津亚飞	180	136	490	291

In:
```
6 #(3)创建 Excel 写入对象 writer,用于写入多张表
7 with pd.ExcelWriter(r"4.3 销售任务明细表.xlsx")as writer:
8 #(3.1)将变量 df_all 写入 Excel 对象 writer,sheet 名称为"销售任务汇总表"(不写入行索引)
9 df_all.to_excel(writer,sheet_name="销售任务汇总表",index= False)
10 #(3.2)根据表格 df_all 中"公司名称"列，获取唯一名称并赋值给 company_names,打印结果
11 company_names=df_all["公司名称"].unique()
12 print(company_names)
```

Out:
['北京亚飞' '深圳亚飞' '杭州亚飞' '厦门亚飞' '天津亚飞']

Pandas 模块的 Series.unique()方法会返回 Series 中的唯一值，并返回一个数组对象，该数组对象可以被遍历访问(可迭代对象)。

In:
```
13 #(3.3)遍历变量company_names,获得单个公司名称并赋值给i
14 for i in company_names:
15 #(3.4)根据变量i筛选表格df_all:并赋值给变量df_alone
16 df_alone=df_all [df_all["公司名称"]==i]
17 #(3.5)将变量df_alone写入Excel对象writer,sheet名称为变量i(不写入行索引)
18 df_alone.to_excel(writer,sheet_name=i,index=False)
```

Out:

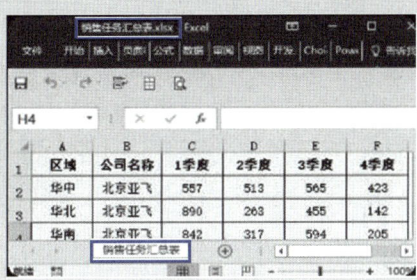 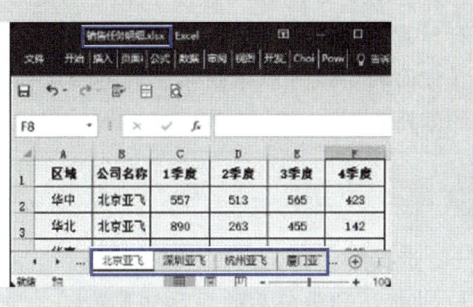

Excel 无疑是最简单、最便捷的数据存储和数据分析工具,在企业的实际业务中最为常见。

利用 Python 建立的批量操作 Excel 报表的小模型,可以举一反三,实现办公报表的自动化处理,如构建各子公司资金收支计划汇总模型、各部门费用汇总模型、各账户收支汇总模型、各供应商产品汇总模型等。

本章小结

本章主要阐述了 Python 的货币时间价值计算模型、现金折扣计算模型和批量操作 Excel 报表模型。

第一节对函数的结构和使用方法、常见内置函数、自定义函数和 Datetime 模块的应用进行了详细介绍。其中,赋值、条件、循环等语句是程序中应用非常广泛的基本语句,需要熟练掌握。赋值语句有序列解包、链式赋值、增量赋值等方式,视具体情况选用不同的赋值方式。print 语句用于一些提示性语句或者结果的输出。

在第二节和第三节中,条件语句用 if 语句来判断其后面的条件语句是否为真,如果为真,执行 if 后面的语句块,否则继续判断 elif 后面的条件,所有条件都不满足的情况下执行最后的 else 语句(如果有该语句的话)。循环语句用于执行一些需要重复的命令,有 while 循环和 for 循环两种形式。range()函数时常出现在 for…in 循环中,在 for…in 循环中可作为索引使用。

以上语句的书写要注意代码块的缩进。因为对于解释性语言 Python,不能用括号来表示语句块,也不能用开始/结束标志符来表示,而是靠缩进来表示代码的逻辑。同一层次的语句必须有相同的缩进。有相同的缩进的代码表示这些代码属于同一代码块。以上模型的灵活应用可以解决财务算法存在的一些问题,实现财务活动的高效运作。

实践环节

为进一步加强专业综合实践教学环节中的社会实践部分,培养和提高学生综合运用所学的基本理论和基本技能分析和解决实际问题的能力,培养学生的应用能力和创造能力,学生可通过线下及线上相结合的学习模式完成以下实践任务:

(1)通过线下学习基础知识,熟悉和掌握Python函数和常用语句的结构和使用方法等内容,为后续进行相应财务问题的解决打下数据算法基础。

(2)通过线上Python财务应用平台进行相应实践,运用本章三大模型进行财务运算并查看运行结果,并根据所学内容修改代码进行练习,达到熟练掌握的目的。

多方面的实践可以增强学生的感性认知,激发学生的学习兴趣,从而实现课堂教育与财务工作的零距离对接。

复习思考题

一、选择题

1. 执行下列语句后的显示结果是(　　)。

```
>>> world="world"
>>> print("hello"+ world)
```

A. helloworld　　　　　　　　　　B. "hello" world
C. hello world　　　　　　　　　　D. 语法错

2. 设有如下程序段:

```
sum=0
n=0
    for i in range(1,5):
    x=n/i
    n=n+ 1
sum=sum + x
```

该程序通过for循环计算一个表达式的值,这个表达式是(　　)。

A. 1＋1/2＋2/3＋3/4　　　　　　　B. 1/2＋2/3＋3/4
C. 1/2＋2/3＋3/4＋4/5　　　　　　D. 1＋1/2＋1/3＋1/4＋1/5

3. 设有如下程序段:

```
i=2
total_1=0
total_2=0
while i<=10:
if i% 2==0:
        total_1 +=i
    else:
total_2 +=-i
    i +=1
total=total_1 + total_2
```

```
print(total)
```
程序运行后,输出结果为( )。
A. 5　　　　　　　B. 6　　　　　　　C. 7　　　　　　　D. 8

二、简答题

1. 简要说明循环中 break 和 continue 的作用。
2. 企业发放的奖金根据利润提成。利润(I)低于或等于 10 万元时,奖金可提 10%;利润高于 10 万元,低于 20 万元时,低于 10 万元的部分按 10% 提成,高于 10 万元的部分,可提成 7.5%;利润为 20 万～40 万元时,高于 20 万元的部分,可提成 5%;利润为 40 万～60 万元时,高于 40 万元的部分,可提成 3%;利润为 60 万～100 万元时,高于 60 万元的部分,可提成 1.5%,高于 100 万元时,超过 100 万元的部分按 1% 提成。请用键盘输入当月利润(I),求应发放奖金总数。

三、实战作业

查找资料并利用 Python 函数计算某一投资项目的投资金额,投资时点,年投资回报率,到期日等信息,利用货币时间价值模型,读取项目基础信息,并计算出不同项目的终值。

第五章 费用核算与管理的实战应用

第一节 期间费用汇总统计

 学习目的

了解费用管理和费用统计的背景;熟悉 Openpyxl 模块,掌握运用 Openpyxl 模块对 Excel 工作簿操作的基本方法;运用 Pandas 模块、Openpyxl 模块等 Python 相关知识开发完成批量汇总期间费用模型。

一、业务场景

期间费用包括管理费用、销售费用、财务费用和研发费用。期间费用的控制是企业财务管理的重要内容,企业通常会按预算管理办法,对期间费用进行审核控制,由各个下级单位负责审批和控制支出。同样的,企业也会定期对期间费用进行分析,查找期间费用变动的原因。财务报告附注中,也要求披露期间费用的明细项目金额。

管理费用是指管理部门为组织和管理生产经营活动而发生的各种费用。管理费用种类繁多造成管理费用明细项目众多,是企业统计和分析的重点。

亚飞公司旗下有北京亚飞科技有限公司、厦门亚飞软件有限公司、天津亚飞教育科技有限公司、杭州亚飞有限公司、深圳亚飞科技有限公司 5 家子公司。为了集中核算和统计各子公司的管理费用,子公司的管理费用明细都由职工薪酬、折旧摊销、办公费、审计咨询、修理费、差旅费、保险费、其他 8 个项目组成。

各子公司财务人员每月按照规定格式填报"**管理费用明细表.xlsx"并发送给母公司,由亚飞公司的费用会计进行统计汇总,保存到"管理费用明细表.xlsx"当中,为之后的费用分析提供依据。以 1 家子公司为例,北京亚飞科技有限公司管理费用明细表如图 5-1 所示。

二、实验要求

根据亚飞公司管理费用的统计规则,利用 Python 相关知识,完成批量汇总期间费用模型。具体要求如下:

(1)通过 Glob 模块获取系统文件夹中存储管理费用明细数据的所有文件名称。

(2)读取明细表的数据到 DataFrame 表格,汇总 DataFrame 表格,将其写入 Excel 工作簿。

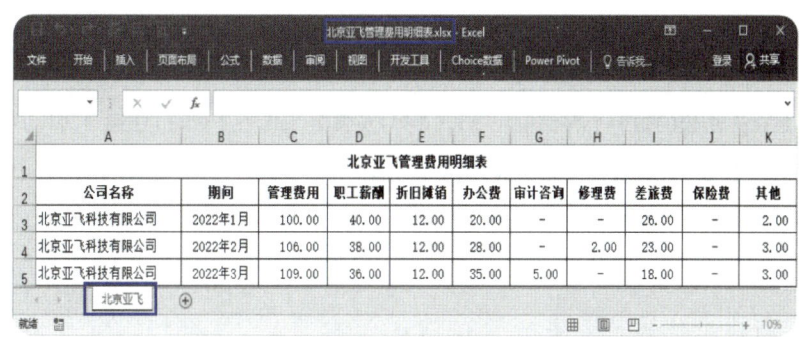

图 5-1 "北京亚飞管理费用明细表.xlsx"

(3) 运用 Openpyxl 模块的方法,定义单元格的样式(对齐、边框、字体、填充等)。
(4) 运用 Openpyxl 模块的相关方法,加载汇总后的工作,按照需求设置单元格的格式。

三、知识准备

下面将进行期间费用汇总统计的知识列表介绍和知识学习。

(一) 知识列表

(1) Glob 模块:glob 方法的应用。
(2) for…in 循环的应用方法。
(3) Pandas 模块:创建 DataFrame 表格的方法。
(4) Pandas 模块:读取、写入 Excel 工作簿。
(5) Pandas 模块:concat()函数合并表格。
(6) Openpyxl 模块:访问和修改 Excel 工作簿、工作表的基本方法。
(7) Openpyxl 模块:访问、修改单元格和单元格区域的基本方法。
(8) Openpyxl 模块:向 Excel 工作簿写入数据的基本方法。
(9) Openpyxl 模块:定义单元格样式、设置数值格式的基本方法。

(二) 知识学习

财务工作过程中会接触大量的数据,Excel 工作簿的使用频率非常高。对于大量重复性工作,依靠人工往往会耗费大量的时间。例如,批量数据的汇总、表格的合并和分拆等。借助 Python 搭建应用模型,可以批量自动化完成这些操作,起到事半功倍的效果。

之前学习的 Pandas 模块能够方便快捷地处理 Excel 中的数据。但是,在数据处理完成之后,对于 Excel 工作簿格式的设置,借助 Openpyxl 模块是一个很好的选择。

1. 操作 Excel 工作簿的准备

想要熟练使用 Python 操作 Excel 文档,就要先对它的结构有一个清楚的认知,在 Excel 中有 5 个重要概念,Excel 中的重要概念如表 5-1 所示。

表 5-1 Excel 中的重要概念

概念	含义
工作簿	是指每一个 Excel 文件,英文名 workbook,在 Python 通常简称 wb
工作表	是指工作簿中的 sheet1、sheet2 等,英文名 worksheet,在 Python 中通常简称 ws 或 sh

(续表)

概念	含义
单元格	是指工作表的每一个存储单元 A1,C3 等,英文名 cell,在 Python 中通常简称 cell
行	由一系列单元格横向连接组成,英文名 row,用数字 1、2……表示,在 Python 中通常简称 row
列	由一系列单元格纵向连接组成,英文名 column,用字母 A、B……表示,在 Python 中通常简称 column 或 col

2. 打开、新建工作簿等方法

Openpyxl 模块中,有专门的方法可以打开、新建工作簿,类似于在 Windows 系统中手动打开或新建一个 Excel 文档。但是,我们看不到这个打开和操作的动作,整个过程是在系统后台运行的。

因此,在运行此类方法之前,必须先关闭电脑中所有的 Excel 文档。打开、新建、保存 Excel 的方法如表 5-2 所示。

表 5-2 打开、新建、保存 Excel 的方法

函数/方法	workbook()	load_workbook()
功能描述	新建一个 Excel 文档。通常不需要参数,返回一个工作簿对象	打开一个已存在的 Excel 文档。通常输入参数文件路径,返回一个工作簿对象
导入方法 1	import openpyxl	
	wb = openpyxl.workbook()	wb = openpyxl.load_workbook("aa.xlsx")
导入方法 2	from openpyxl import workbook, load_workbook,(或者 *)	
	wb = workbook()	wb = load_workbook("aa.xlsx")
保存工作簿	wb.save("aa.xlsx")	wb.save("aa.xlsx"或"bb.xlsx")
	注意:先保存,再进行其他操作	注意:操作完成后,应当保存

【例 5-1】 导入 workbook()和 load_workbook()。

In:
```
1 #(1)导入 Openpyxl 模块中的 workbook,load_workbook 方法
2 from openpyxl import workbook, load_workbook
3 #(2)新建 Excel 文档
4 wb1=workbook()
5 wb1.save(r5.1新建文档.xlsx)
6 print(wb1)
7 print("--"*20)
8 #(3)打开 Excel 文档
9 wb2=load_workbook(r"5.1打开文档.xlsx")
10 print(wb2)
11 wb2.save(r"5.1打开文档_副本.xlsx")
```

Out:
<openpyxl.workbook.workbook.Work bookobjectat0x00000256EEFF1850>

<openpyxl.workbook.workbook.Work book object at 0x00000256EEF5D4F0>

> **注意：**
> （1）第 2 行：导入方法（也可以用 ＊）。
> （2）第 4～5 行：新建工作簿对象，并进行保存（设置保存的文件路径）。
> （3）第 9 行：打开已经储存的 Excel 工作簿。
> （4）第 11 行：另存为副本文件（当对 Excel 文件操作有误时，不影响原文件）。

3．选择、新建工作表等方法

工作簿中会有 1 个或多个工作表（worksheet），每个工作表都有自己的名称。只有获取工作表对象后，才能实现对表中单元格的操作。常见的工作表操作方法如表 5-3 所示。

表 5-3　常见工作表的操作方法

操作	功能描述	示例
选择工作表	选择当前激活的工作表，返回工作表对象	ws＝wb.active
	选择指定名称的工作表，返回工作表对象	ws＝wb["sheet 名称"]
新建工作表	新建工作表，返回工作表对象	ws＝wb.create sheet("sheet 名称")
工作表名称	获得工作簿中所有工作表名称，返回列表	wb.sheetnames
	获得或修改工作表对象名称	ws.title ／ ws.title＝"sheet 名称"
复制工作表	复制一个工作表对象，返回工作表对象	ws2＝wb.copy worksheet(ws1)
删除工作表	删除一个工作表对象	wb.remove(ws)

【例 5-2】 各类常见工作表的操作方法示例。

```
In:
1 #(1)导入 Openpyxl 模块中的 load_workbook 方法
2 from openpyxl import load_workbook
3 wb=load_workbook(r"5.1打开文档.xlsx")
4 #(2) 选择工作表,返回工作表对象
5 ws1=wb.active
6 print(ws1)
7 ws2=wb["北京亚飞"]
8 print(ws2)
9 print("--"*20)
10 #(3)获得工作簿中所有工作表的名称
11 list1=wb.sheetnames
12 print(list1)
13 print("--"*20)

Out:
<Worksheet"北京亚飞">
<Worksheet"北京亚飞">
----------------------------------------
['北京亚飞','杭州亚飞']
----------------------------------------
```

> **注意：**
> （1）第 5 行：选择当前激活的工作表（即 Excel 文件中突出显示的 sheet）。
> （2）第 7 行：选择指定名称的工作表，sheet 名称应当是 str 格式。
> （3）第 11 行：获取所有表的名称并返回列表。当我们不知道表的名称时，可以通过此方法查看。

```
In:
14 #(4)新建工作表,返回工作表对象
15 ws3-wb.create_sheet("深圳亚飞")
16 print(ws3)
17 print("--"*20)
18 #(5)获得、修改工作表对象的名称
19 print(ws3.title)
20 ws3.title="广州亚飞"
21 print(ws3.title)
22 print("--"*20)
23 #(6)复制一个工作表对象
24 ws4=wb.copy_worksheet(ws3)
25 print(ws4)
26 #(7)另存为副本文件
27 wb.save("r5.1打开文档_副本.xlsx")

Out:
<Worksheet"北京亚飞">
--------------------------------------
深圳亚飞
广州亚飞
--------------------------------------
<Worksheet"广州亚飞 Copy">
```

> **注意：**
> （1）第 15 行：新建一个表并命名，sheet 名称应当是 str 格式，默认保存在末尾。
> （2）第 19 行、第 20 行：获取、修改表的名称（注意：修改对象是 ws，而不是 wb）。
> （3）第 24 行：复制表（注意：输入参数是一个 sheet 对象，而不是 sheet 名称）。

4. 读取、写入单元格等方法

工作表对象中会有很多单元格（cell）用于存储数据。每个单元格都有自己的坐标（行数、列数和列名称、坐标）。只有获取单元格对象后，才能进行读取数据、写入数据、设置格式等操作。常见的单元格操作方法如表 5-4 所示。

表 5-4 常见的单元格操作方法

操作	功能描述	示例
选择单元格	通过坐标选择,返回单元格对象	cell=ws["A1"]
	通过行列位置选择,返回单元格对象	cell=ws.cell(row=1,column=1)

(续表)

操作	功能描述	示例	
单元格的值	读取、修改单元格的值	读取：cell.value	
		写入：cell.value="str","num"等	
单元格坐标	单元格的行数、列数和列名称、坐标	行数：cell.row ♯返回 1	
		列数：cell.column ♯返回 1	
		列名称：cell.column letter ♯返回"A"	
		坐标：cell.coordinate ♯返回"A1"	

【例 5-3】 单元格的操作方法示例 1。

In:
```
1 #(1)导入Openpyxl模块中的load_workbook方法
2 from openpyxl import load_workbook
3 wb=load_workbook(r"5.1打开文档.xlsx")
4 ws=wb["北京亚飞"]
5 #(2)通过坐标选择单元格,读取单元格的值
6 c1= ws["B1"]
7 print(c1)
8 print(cl.value)
9 print("--"*20)
```

Out:
```
<Cell'北京亚飞'.B1>
日期
```

> **注意：**
> （1）第 6 行：通过坐标选择单元格，返回单元格对象（注意：不是单元格的值，单元格对象包含了值、样式、字体等）。
> （2）第 8 行：通过 cell.value 获取单元格的值。同理，通过 cell.font、cell.alignment、cell.border、cell.fill 等可以获得单元格的字体、对齐、边框、填充等属性（将在单元格格式设置中学习）。

In:
```
10 #(3)通过行列位置选择单元格
11 c2=ws.cell(row=1,column=2)
12 print(c2)
13 print(c2.value)
14 print("_"*20)
15 #(4)修改单元格的值
16 c2.value="会计期间"
17 print(ws["B1"].value)
18 #(5)另存为副本文件
19 wb.save(r"5.1打开文档_副本.xlsx")
```

Out:
```
<Cell'北京亚飞'.B1>
日期
---------------------------------------
会计期间
```

> **注意:**
> (1) 第 11 行:通过行数和列数选择单元格,返回单元格对象,得到的结果和之前相同。注意:不要遗漏.cell。另外:在输入参数时,也可以使用位置传参的方法,即.cell(1,1)。
> (2) 第 16~17 行:通过对单元格值赋值的方法,可以修改单元格的值。打印修改后的结果,可以看到已经发生变化。

【例 5-4】 单元格的操作方法示例 2。

In:
```
1 #(1)导入 Openpyxl 模块中的 load_workbook 方法
2 from openpyxl import load_workbook
3 wb=load_workbook(r"5.1 打开文档.xlsx")
4 ws=wb["北京亚飞"]
5 cell=ws["B1"]
6 #(2)获取单元格对象的坐标
7 print(cell.row,type(cell.row))
8 print(cell.column,type(cell.column))
9 print(cell.column,type(cell.column))
10 print(cell.coordinate,type(cell.coordinate))
11 #(3)另存为副本文件
12 wb.save(r"5.1 打开文档_副本.xlsx")
```

Out:
```
1 <class'int'>
2 <class'int'>
B <class'str'>
B1 <class'str'>
```

> **注意:**
> 在操作 Excel 时,可能需要根据单元格对象找到行数、列数、列名称、坐标等,可以采用下列方法:
> (1) 第 7 行:获取行数,返回 int 类型。
> (2) 第 8 行:获取列数,返回 int 类型。
> (3) 第 9 行:获取列名称,返回 str 类型。
> (4) 第 10 行:获取坐标,返回 str 类型。

前面我们学习了如何读取和写入单个单元格的信息。但是,在实际操作中往往涉及区域单元格的选择、读取、写入、格式设置等。常见的区域单元格操作方法如表 5-5 所示。

表 5-5　常见的区域单元格操作方法

操作	功能描述	示例
选择单元格区域	选择单列,返回元组	cells=ws["A"]
		♯返回元组,如(cell.A1,cell.A2…….)
	选择连续多列,返回元组嵌套	cells=ws["A:B"]
		♯返回元组嵌套,如((cell.A1, cell.A2….), (cell.B1, cell.B2….))
	选择单行,返回元组	cells=ws["1"]
		♯返回元组,如(cell.A1,cell.B1….)
	选择连续多行,返回元组嵌套	cells=ws["1:2"]
		♯返回元组嵌套,如(cell.A1, cell.B1….),(cell.A2, cell.B2….)
	选择区域范围,返回元组嵌套	cells=ws[["A1:B2"]
		♯返回元组嵌套,如((cell.A1, cell.B1),(cell.A2, cell.B2))

【例 5-5】 区域单元格操作示例。

```
In:
1 #(1)导入 Openpyxl 模块中的 load_workbook 方法
2 from openpyxl import load_workbook
3 wb=load_workbook(r"5.1打开文档.xlsx")
4 ws=wb["北京亚飞"]
5 #(2)选择"单列",返回元组
6 cells_1=ws["A"]
7 print(cells_1,type(cells_1))
8 print("--"*20)
9 #(3)选择"连续多列",返回元组嵌套
10 cells_2=ws["A:B"]
11 print(cells_2,type(cells_2))
12 print("--"*20)
```

```
Out:
(<Cell'北京亚飞'.A1>,<Cell'北京亚飞'.A2>,<Cell'北京亚飞'.A3>,<Cell'北京亚飞'.A4>)
<class'tuple'>
----------------------------------------
((<Cell'北京亚飞'.A1>,<Cell'北京亚飞'.A2>,<Cell'北京亚飞'.A3>,<Cell'北京亚飞'.A4>),
(<Cell'北京亚飞'.B1> ,<Cell'北京亚飞'.B2> ,<Cell'北京亚飞'.B3> ,<Cell'北京亚飞'.B4> ))<
class'tuple'>
```

注意:
(1) 第 6 行:选中 A 列,返回元组,该元组由 A 列的 4 个单元格对象组成。
(2) 第 10 行:选中 A 列、B 列,返回元组嵌套,即该元组中的每个子元素仍是元组,每个子元素由每列的 4 个单元格对象组成(注意:因为选择的是列,所以每个子元素是 1 列)。

In:
```
13 #(4)选择"单行",返回元组
14 cells_3=ws["1"]
15 print(cells_3,type(cells_3))
16 print("--"*20)
17 #(5)选择"连续多行,返回元组联套
18 cells_4=ws["1:2"]
19 print(cells_4,type(cells_4))
20 print("-"*20)
21 #(6)选择"区域范围",返回元组嵌套
22 cells_5=ws["A1:B2"]
23 print(cells_5,type(cells_5))
24 #(7)另存为副本文件
25 wb.save(r"5.1打开文档副本.xlsx")
```

Out:
(<Cell'北京亚飞'.A1>,<Cell'北京亚飞'.B1>,<Cell'北京亚飞'.C1>)<class'tuple'>

((<Cell'北京亚飞'.A1>,<Cell'北京亚飞'.B1>,<Cell'北京亚飞'.C1>),(<Cell'北京亚飞'.A2>,<Cell'北京亚飞'.B2>,<Cell'北京亚飞'.C2>))<class'tuple'>

((<Cell'北京亚飞'.A1>,<Cell'北京亚飞'.B1>),(<Cell'北京亚飞'.A2>,<Cell'北京亚飞'.B2>))<class'tuple'>

> **注意:**
> (1)第14行:选中第1行,返回元组,该元组由第1行的3个单元格对象组成(注意:输入参数是str格式)。
> (2)第18行:选中第1行、第2行,返回元组嵌套(注意:因为选择的是行,所以每个子元素是1行)。
> (3)第22行:选中区域范围,返回元组嵌套。

通过[例5-5]中代码的运行结果可以看到,无论选择单列、多列或者区域范围,返回的结果都是元组或元组嵌套。如果想要查看单元格对象,则要通过for…in循环语句来访问。

【例5-6】 利用for…in循环查看单元格对象。

In:
```
1 #(1)导入Openpyxl模块中的load_work_book方法
2 from openpyxl import load_workbook
3 wb=load_workbook(r"5.1打开文档.xlsx")
4 ws=wb["北京亚飞"]
5 #(2)访问"元组"
6 cells_1=ws["A"]
7 for cell in cells_1:
8 print(cell,cell.value)
9 print("--"*20)
```

Out:
```
<Cell'北京亚飞'.A1>公司
<Cell'北京亚飞'.A2>北京亚飞科技有限公司
<Cell'北京亚飞'.A3>北京亚飞科技有限公司
<Cell'北京亚飞'.A4>北京亚飞科技有限公司
```

> **注意：**
> （1）第 6 行：选中 A 列，返回元组。
> （2）第 7 行：遍历访问元组对象并赋值给 cell，cell 是一个单元格对象。
> （3）第 8 行：打印单元格对象，单元格的值。

In:
```
10 #(3)访问"元组嵌套"
11 cells_2=ws["A1:C2"]
12 for row in cells_2:
13     for cell in row:
14         print(cell,cell.value)
15 #(4) 另存为副本文件
16 wb.save(r"5.1打开文档_副本.xlsx")
```

Out:
```
<Cell'北京亚飞'.A1>公司
<Cell'北京亚飞'.B1>日期
<Cell'北京亚飞'.C1>管理费用
<Cell'北京亚飞'.A2>北京亚飞科技有限公司
<Cell'北京亚飞'.B2>2022-01-01 00:00:00
<Cell'北京亚飞'.C2>100
```

> **注意：**
> （1）第 11 行：选中范围 A1:C2，一共 2 行 3 列，返回元组嵌套。
> （2）第 12 行：遍历访问元组嵌套对象并赋值给 row，row 是一个元组（一行数据）。
> （3）第 13 行：遍历访问变量 row 并赋值给 cell，cell 是一个单元格对象。
> （4）第 14 行：打印单元格对象，单元格的值。

选择区域单元格时，除了采用前述方法（选择单列、选择连续多列、选择单行、选择连续多行、选择区域坐标）生成元组或元组嵌套，还可以使用以下方法进行选择：

（1）ws.columns：选择"所有列"并返回生成器对象，需要通过 for…in 循环访问生成器对象，遍历结果是每一列（元组类型）。

（2）ws.iter_cols(min_row=行数，max_row=行数，min_col=列数，max_col=列数)：选择"指定范围的列"并返回生成器对象，需要通过 for…in 循环访问生成器对象，遍历结果是范围内的每一列（元组类型）。

（3）ws.rows：选择"所有行"并返回生成器对象，需要通过 for…in 循环访问生成器对象，遍历结果是每一行（元组类型）。

（4）ws.iter_rows(min_row=行数，max_row=行数，min_col=列数，max_col=列数)：

选择"指定范围的行"并返回生成器对象，需要通过 for…in 循环访问生成器对象，遍历结果是范围内的每一行(元组类型)。

5. 单元格设置的方法

Excel 中的每个单元格，都可以根据自己的实际需求设置样式，通常涉及字体样式、对齐样式、线条样式、边框样式、图案填充样式等。常见的单元格设置方法如表 5-6 所示。

表 5-6 常见的单元格设置方法

项目	设置方法	导入样式子模块
字体	cell.font＝Font()	在 Openpyxl 中有专门的子模块 styles 用于样式设置，而且子模块 styles 中又包含了 Font,Alignment, Border, Side, PatternFill, Color 等方法，都需要先导入才能使用 导入 1：from openpyxl.styles import Font, Border, Alignment, Side, PatternFill, Color (或者 *)使用示例:font＝Font() 导入 2：from openpyxl import styles(或者 *)使用示例:font＝styles.Font()
对齐	cell.alignment＝Alignment()	
线条	cell.side＝Side(style=" ", color=" ")	
边框	cell.border＝Border()	
图案填充	cell.fill＝PatternFill()	

1) Font()函数

利用 Font()函数可以创建字体样式，Font()函数创建字体样式的参数如表 5-7 所示。

表 5-7 Font()函数创建字体样式的参数及功能

函数名称及参数	功能
Font(	♯设置字体样式，注意首字母大写
name＝,	字体名称，str 格式
size＝,	字体大小，float 格式，可简写为 sz
bold＝,	是否加粗，bool 类型，可简写为 b
italic＝,	是否斜体，bool 类型，可简写为 i
color＝	字体颜色，十六进制颜色码等

【例 5-7】 利用 Font()函数设置字体样式。

```
In:
1 #(1)导入 Openpyxl 模块中的 load_workbook 方法
2 from openpyxl import load_workbook
3 from openpyxl.styles import Font
4 wb=load_workbook(r"5.1 打开文档.xlsx")
5 ws=wb["北京亚飞"]
6 #(2)设置字体样式,微软雅黑、12 号、红色
7 font_1=Font(name="微软雅黑",size-12,color-"FF0000")
8 #(3)选择"单元格 A2",设置字体样式
9 cell=ws["A2"]
10 cell.font=font_1
11 #(4)另存为副本文件
12 wb.save(r"5.1 打开文档副本.xlsx")
```

Out:

	A	B	C
1	公司	日期	管理费用
2	北京亚飞科技有限公司	2022-01-01 00:00:00	100
3	北京亚飞科技有限公司	2022-02-01 00:00:00	106
4	北京亚飞科技有限公司	2022-03-01 00:00:00	109

> **注意：**
> (1) 第 3 行：导入设置字体样式的方法，也可以用"from openpyxl.styles import *"。
> (2) 第 7 行：设置字体样式，赋值给变量。
> (3) 第 9 行：选择单元格，返回单元格对象。
> (4) 第 10 行：设置单元格对象的字体样式（属性 font 是小写）。

2) Alignment()函数

用 Alignment()函数可以创建对齐样式，通常设置的参数如表 5-8 所示。

表 5-8　Alignment()函数创建对齐样式的参数及功能

函数名称及参数	功能
Alignment(	♯设置对齐样式，注意首字母大写
horizontal＝，	水平对齐，str 格式，通常为左对齐 left、右对齐 right、居中 center
vertical＝，	垂直对齐，str 格式，通常为上对齐 top、下对齐 bottom、居中 center
wrap_text＝，	是否自动换行，bool 类型
shrink_to_fit＝	是否缩小字体适应列宽，bool 类型

【例 5-8】　利用 Alignment()函数创建对齐样式的参数。

In:
```
1 #(1)导入Openpyxl模块中的load_workbook方法
2 from openpyxl import load_workbook
3 from openpyxl.styles import Alignment
4 wb=load_workbook(r"5.1打开文档.xlsx")
5 ws=wb["北京亚飞"]
6 #(2)设置对齐样式,水平居中、垂直居中
7 alignment_1=Alignment(horizontal="center",vertical="center")
8 #(3)选择"单元格B2",设置对齐样式
9 cell=ws["B2"]
10 cell.alignment=alignment_1
11 #(4)另存为副本文件,在上方工具栏"下载"中可以查看结果
12 wb.save(r"5.1打开文档副本.xlsx")
```

Out:

	A	B	C
1	公司	日期	管理费用
2	北京亚飞科技有限公司	2022-01-01 00:00:00	100
3	北京亚飞科技有限公司	2022-02-01 00:00:00	106
4	北京亚飞科技有限公司	2022-03-01 00:00:00	109

> **注意：**
> （1）第 3 行：导入设置对齐样式的方法，也可用"from openpyxl.styles import *"。
> （2）第 7 行：设置对齐样式，赋值给变量。
> （3）第 9 行：选择单元格，返回单元格对象。
> （4）第 10 行：设置单元格对象的对齐样式（属性 alignment 是小写）。

3) Side()和 Border()函数

用 Side()函数和 Border()函数可以创建线条样式和边框样式。在设置边框类型时，需要先设置线条样式，然后才能设置边框样式。Side()和 Border()函数通常设置的参数及功能如表 5-9 和表 5-10 所示。

表 5-9　Side()函数创建线条样式的参数及功能

函数名称及参数	功能
Side(	♯设置线条样式，注意首字母大写
style=,	线条的类型，str 格式，通常为细实线 thin、粗实线 thick、虚线 hair 等。更多的线型设置参见拓展资料
color=	线条颜色，十六进制颜色码等

表 5-10　Border()函数创建边框样式的参数及功能

函数名称及参数	功能
Border(	♯设置边框样式，注意首字母大写
left 或 right=,	左、右边框类型，参数为线条对象
top 或 bottom=,	上、下边框类型，参数为线条对象
diagonal=	对角线边框类型，参数为线条对象

【例 5-9】　利用 Side()函数创建线条样式，利用 Border()函数创建边框样式。

```
In:
1 #(1)导入 Openpyxl 模块中的 load_workbook 方法
2 from openpyxl import load_workbook
3 from openpyxl.styles import Side,Border
4 wb=load_workbook(r"5.1 打开文档.xlsx")
5 ws=wb["北京亚飞"]
6 #(2)设置边框样式
7 side_1=Side(style="thin",color="FF0000")   #细实线 thin,红色
8 side_2=Side(style="thick",color="008000")  #黑粗实线,绿色
9 border_1=Border(left=side_1,right=side_1,top=side_2 bottom=side_2)
10 #(3)选择"单元格 B2",设置边框样式
11 cell=ws["B2"]
12 cell.border=border_1
13 #(4)另存为副本文件
14 wb.save(r"5.1 打开文档副本.xlsx")
```

Out:

	A	B	C
1	公司	日期	管理费用
2	北京亚飞科技有限公司	2022-01-01 00:00:00	100
3	北京亚飞科技有限公司	2022-02-01 00:00:00	106
4	北京亚飞科技有限公司	2022-03-01 00:00:00	109

> **注意：**
> （1）第 3 行：导入设置边框样式的方法，也可用"from openpyxl.styles import *"。
> （2）第 7～9 行：设置线条样式，赋值给变量；再设置边框样式，赋值给变量。
> （3）第 11 行：选择单元格，返回单元格对象。
> （4）第 12 行：设置单元格对象的边框样式（属性 border 是小写）。

4）PatternFill()函数

用 PatternFill()函数可以创建图案填充样式，通常设置的参数及功能如表 5-11 所示。

表 5-11 PatternFill()函数创建图案填充样式的参数及功能

函数名称及参数	功能
PatternFill(	#图案填充样式，注意首字母大写
patternType=,	填充的类型，str 格式，通常为纯色填充 solid 等。更多的线型设置参见拓展资料
fgColor=,	图案前景色，str 格式，填充颜色，十六进制颜色码等。注意：当选择图形为纯色填充时，只需要设置 fgColor
bgColor=	图案背景色，str 格式，填充颜色，十六进制颜色码等

【例 5-10】 利用 PatternFill()函数创建图案填充样式。

In：
```
1 #(1)导入 Openpyxl 模块中的 load_workbook 方法
2 from openpyxl import load_workbook
3 from openpyxl.styles import Font
4 wb=load_workbook(r"5.1 打开文档.xlsx")
5 ws=wb["北京亚飞"]
6 #(2)设置图案填充样式，纯色填充，红色
7 pattern_1=PatternFill(patternType="solid",fgColor="FF0000")
8 #(3)选择"单元格 B2"，设置填充样式
9 cell=ws["B2"]
10 cell.fill=pattern_1
11 #(4)另存为副本文件
12 wb.save(r"5.1 打开文档副本.xlsx")
```

Out：

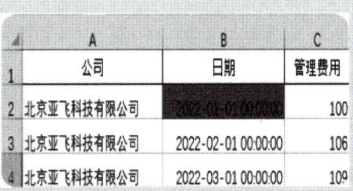

> **注意：**
> （1）第 3 行：导入设置图案填充样式的方法，也可用"from openpyxl. styles import ＊"。
> （2）第 7 行：设置图案填充样式，赋值给变量。
> （3）第 9 行：选择单元格，返回单元格对象。
> （4）第 10 行：设置单元格对象的图案填充样式（属性是 fill）。

当设置完字体、对齐、边框、填充等样式后，有时还需要设置数值的格式（小数点、千分位、日期的格式等）。这时可以使用 cell. number_format＝"♯,♯♯0.00"的方法，输入参数是 str 格式，常见的数值格式设置如表 5-12 所示。

表 5-12 常见的数值格式设置

代码符号	功能	示例
♯.00	2 位小数	10.1 显示 10.10
♯,♯♯0.00	千分位	1234.56 显示 1,234.56
¥♯,♯♯0.00	货币符号	1234.56 显示 ¥1234.56
♯,♯♯0.00;[红色]—♯,♯♯0.00	负数显示红色	－1234.56 显示－1,234.56
0.00%	百分号	0.567 显示 56.70%
yyyy 年 mm 月	＊年＊月	2022-01-01 显示 2022 年 01 月
yyyy-m-d	年-月-日	2022-01-01 显示 2022-1-1

【例 5-11】 利用 number_format 方法设置数值格式。

```
In:
1 #(1)导入 Openpyxl 模块中的 load_workbook 方法
2 from openpyxl import load_workbook
3 wb=load_workbook(r"5.1 打开文档.xlsx")
4 ws= wb["北京亚飞"]
5 #(2)设置"B2"的数值格式(yyyy 年 mm 月)
6 cell_1=(ws["B2"])
7 cell_1.number_format="yyyy 年 mm 月"
8 #(3)设置"C2"的数值格式(# ,# # 0.00)
9 cell=ws["C2"]
10 cell_2.number_format="# ,# # 0.00"
11 #(4)另存为副本文件
12 wb.save(r"5.1 打开文档副本.xlsx")
```

Out:

	A	B	C
1	公司	日期	管理费用
2	北京亚飞科技有限公司	2022年01月	100.00
3	北京亚飞科技有限公司	2022-02-01 00:00:00	106
4	北京亚飞科技有限公司	2022-03-01 00:00:00	109

> **注意：**
> （1）第 6 行：选择单元格，返回单元格对象。
> （2）第 7 行：设置单元格对象的数值格式为日期形式（原数据也是日期，修改了显示的格式）。
> （3）第 9 行：选择单元格，返回单元格对象。
> （4）第 10 行：设置单元格对象的数值格式为千分位，2 位小数。

四、思路分析

（1）获取系统文件夹中所有"*管理费用明细表.xlsx"的名称，赋值给变量 files。
（2）创建空 DataFrame 表格，赋值给 df_hz。
（3）遍历变量 files 并赋值给变量 i。
（4）读取变量 i 中的数据，存储为 DataFrame 表格 df_mx。
（5）用 concat()函数将 df_mx 纵向合并到 df_hz 中，并赋值给 df_hz。
（6）将 df_hz 写入"管理费用汇总表_初稿.xlsx"。
（7）定义单元格的样式类型（对齐、边框、字体、填充等）。
（8）将"第 7 步"定义的格式应用于"管理费用汇总表_初稿.xlsx"的对应单元格。

五、代码讲解

根据思路分析执行以下代码。

```
In:
1 #(1)导入 Pandas 模块、Glob 模块、Openpyxl 模块中的 load_workbook 方法
2 import pandas as pd
3 import glob
4 from openpyxl import load_workbook
5 #(2)从 openpyxl.styles 中导入单元格设置的各种方法
6 from openpyxl.styles import Font,Alignment,Side,Border,PatternFill
7 #(3)获取系统文件夹中所有"*管理费用明细表.xlsx 的名称"
8 files=glob.glob(r"*管理费用明细表.xlsx")
9 print(files)
```

```
Out:
['北京亚飞管理费用明细表.xlsx','厦门亚飞管理费用明细表.xlsx','天津亚飞管理费用明细表.xlsx','杭州亚飞管理费用明细表.xlsx','深圳亚飞管理费用明细表.xlsx']
```

> **注意：**
> （1）要读取各个明细表，可以使用 Glob 模块获取文件名称。
> （2）要合并管理费用明细数据，需要使用 Pandas 模块中的 concat()函数。
> （3）要打开 Excel 文件、设置单元格样式，需要导入 Openpyxl 模块。
> （4）利用 glob.glob()方法获取包含"管理费用明细表"的文件名称，并赋值给变量。

In:
```
10 #(4)创建空DataFrame表格,用于存储汇总数据
11 df_hz=pd.DataFrame()
12 #(5)遍历变量files并赋值给i,将明细数据并合并到df_hz中
13 for i in files:
14     df_mx =pd.read_excel(i)
15     print(df_mx)
```

Out:

	公司名称	期间	管理费用	职工薪酬	折旧摊销	...	差旅费	保险费	其他
0	北京亚飞科技有限公司	2022-01-01	100	40	12	...	26	0	2
1	北京亚飞科技有限公司	2022-02-01	106	38	12	...	23	0	3
2	北京亚飞科技有限公司	2022-03-01	109	36	12	...	18	0	3

……

> 注意:
> (1) 创建空表格,用于存储汇总的数据。
> (2) 遍历文件名称列表,再读取每一个文件的数据内容。

In:
```
16 df_hz=pd.concat([df_hz,df_mx],axis=0)
17 print(df_hz)
18 #(6)将df_hz写入"管理费用汇总表初稿.xlsx"
19 df_hz.to_excel(r"管理费用汇总表_初稿.xlsx",
20     sheet_name="亚飞集团",index=False)
```

Out:

	公司名称	期间	管理费用	职工薪酬	折旧摊销	...	差旅费	保险费	其他
0	北京亚飞科技有限公司	2022-01-01	100	40	12	...	26	0	2

……

| 2 | 深圳亚飞科技有限公司 | 2022-03-01 | 206 | 85 | 25 | ... | 28 | 5 | 13 |

	A	B	C	D	E	F	G	H	I	J	K
1	公司名称	期间	管理费用	职工薪酬	折旧摊销	办公费	审计咨询	修理费	差旅费	保险费	其他
2	北京亚飞科技	2022-01-01 00:00:00	100	40	12	20	0	0	26	0	2
3	北京亚飞科技	2022-02-01 00:00:00	106	38	12	28	0	2	23	0	3
4	北京亚飞科技	2022-03-01 00:00:00	109	36	12	35	5	0	18	0	3
5	厦门亚飞软件	2022-01-01 00:00:00	164	80	11	30	0	15	20	0	8
6	厦门亚飞软件	2022-02-01 00:00:00	171	90	11	33	0	12	15	0	10

> 注意:
> (1) 用concat()函数将每一个明细表的数据合并,存储在汇总表中。
> (2) 将汇总表的数据写入Excel工作簿文件。

In:
```
21 #(7)定义单元格的样式类型(对齐、边框、字体、填充等)
```

```
22 #(7.1)定义2个对齐方式,am_1(水平居中,垂直居中),am_2(水平右对齐,垂直居中)
23 am_1=Alignment(horizontal="center",vertical="center")
24 am_2=Alignment(horizontal="right",vertical="center")
25 #(7.2)定义线条和边框,线条s(细线条thin,黑色000000),边框b(线条均为s)
26 s=Side(style="thin",color="000000")
27 b=Border(left=s,right=s,top=s,bottom=s)
28 #(7.3) 设置2个字体样式,f_1(微软雅黑,14号,加粗),f_2(微软雅黑,12号)
29 f_1=Font(nane="微软雅黑",size=14,bold=True)
30 f_2=Font(name="微软雅黑",size=12)
31 #(7.4)设置图案填充样式,pattern(纯色填充solid.浅灰色D3D3D3)
32 pattern=PatternFill("solid",fgColor="D3D3D3")
```

> **注意**:设置单元格的字体、对齐、边框、填充等样式,赋值给变量,以便之后调用。
> 其中,2个字体样式(标题和正文),1个边框样式,2个对齐样式(非金额列居中,金额列右对齐),1个填充样式(标题行填充为灰色)。

In:
```
33 #(8)设置"管理费用汇总表_初稿.xlsx"的格式
34 wb=load_workbook(r"管理费用汇总表初稿.xlsx")
35 ws=wb["亚飞集团"]
36 #(8.1)设置第1列的单元格格式
37 for cell in ws["A"]:
38 cell.font=f_2
39 cell.alignment=am_1
40 cell.border=b
41 #(8.2)设置第2列的单元格格式,数值格式
42 for cell in ws["B"]:
43 cell.font=f_2
44 cell.alignment=am_1
45 cell.border=b
46 cell.number_format ="yyyy年m月"
```

> **注意**:
> (1) 因为各列单元格的格式并不相同,所以需要分别设置。
> (2) 当选择单列时,返回元组对象,通过遍历后得到单元格对象。然后调用上一步骤的格式变量,设置单元格格式。
> (3) 对于B列,需要设置日期显示的格式,保证其更加美观。

In:
```
47 #(8.3)#设置第3列之后的单元格格式,数值格式
48 end=ws.cell(ws.max.row.ws.max_column).coordinate
49 for row in ws[f"C1:{end}"]:
50 for cell in row:
```

```
51 cell.font=f_2
52 cell.alignment=am_2
53 cell.border=b
54 cell.number_format="# ,# # 0.00"
55 #(8.4)设置标题行(第1行)的格式
56 for cell in ws["1"]:
57     cell.font=f_1
58     cell.alignment=am_1
59     cell.border=b
60     cell.fill=pattern
```

> **注意：**
> （1）设置第3列之后的单元格格式，需要选择单元格区域。已知开始位置是"C1"，通过coordinate获取末尾单元格对象的坐标。
> （2）当选择单元格区域时，返回元组嵌套。遍历该元组嵌套，返回每一行数据(元组)。
> （3）再次遍历每一行数据(元组)，得到单元格对象。然后调用上一步骤的格式变量，设置单元格格式。
> （4）当选择单行时，返回元组对象，通过遍历后得到单元格对象。然后调用上一步骤的格式变量，设置单元格格式。

In:
```
61 #(8.5)将wb另存为"管理费用汇总表_终稿.xlsx"
62 wb.save(r"管理费用汇总表_终稿.xlsx")
```

Out:

公司名称	期间	管理费用	职工薪酬	折旧摊销	办公费	审计咨询	修理费	差旅费	保险费	其他
北京亚飞科技有限公司	2022年1月	10.00	40.00	12.00	20.00	0.00	0.00	26.00	0.00	2.00
北京亚飞科技有限公司	2022年2月	106.00	38.00	12.00	28.00	0.00	2.00	23.00	0.00	3.00
北京亚飞科技有限公司	2022年3月	109.00	36.00	12.00	35.00	5.00	0.00	18.00	0.00	3.00
厦门亚飞软件有限公司	2022年1月	164.00	80.00	1.00	30.00	0.00	15.00	20.00	0.00	8.00
厦门亚飞软件有限公司	2022年2月	171.00	90.00	11.00	33.00	0.00	12.00	5.00	0.00	10.00
厦门亚飞软件有限公司	2022年3月	166.00	78.00	11.00	35.00	0.00	13.00	20.00	0.00	9.00
天津亚飞教育科技有限公司	2022年1月	202.00	120.00	12.00	20.00	0.00	10.00	30.00	2.00	8.00
天津亚飞教育科技有限公司	2022年2月	236.00	140.00	12.00	25.00	6.00	13.00	27.00	2.00	11.00
天津亚飞教育科技有限公司	2022年3月	211.00	125.00	12.00	23.00	0.00	11.00	29.00	2.00	9.00
杭州亚飞有限公司	2022年1月	79.00	30.00	16.00	12.00	0.00	2.00	16.00	0.00	3.00
杭州亚飞有限公司	2022年2月	84.00	28.00	16.00	13.00	5.00	0.00	17.00	0.00	5.00
杭州亚飞有限公司	2022年3月	81.00	27.00	16.00	16.00	0.00	0.00	16.00	3.00	3.00
深圳亚飞科技有限公司	2022年1月	192.00	90.00	25.00	21.00	0.00	18.00	21.00	5.00	12.00
深圳亚飞科技有限公司	2022年2月	250.00	100.00	25.00	18.00	36.00	20.00	31.00	5.00	15.00
深圳亚飞科技有限公司	2022年3月	206.00	85.00	25.00	20.00	12.00	18.00	28.00	5.00	13.00

六、业务总结

从批量汇总期间费用模型看，Python只需要简单的几行代码就可以快速完成数据的统计汇总工作。用户还可以利用Openpyxl等第三方模块快速地设置字体、样式、对齐等单元格格式。

Python自动化操作的运用，不仅在财务数据表格的处理上，在日常办公领域也越来越多，尤其是在处理大量文件，代替重复的数据迁移、计算、整理上具有强大的生态体系。用户可以根据自己的需要，对批量汇总期间费用模型进行调整，提高工作效率，解决日常办公问题。

第二节 期间费用可视化分析

学习目的

了解期间费用可视化分析的维度；熟悉 Pyecharts 模块，掌握其常见图形(折线图、饼图、柱状图等)的基本绘制方法；运用 Pandas 模块、Pyecharts 模块等 Python 相关知识开发完成期间费用可视化分析模型。

一、业务场景

期间费用通常按照明细项目和期间列示，在费用分析时，既要关注期间费用各期间的变化趋势，也要关注各明细项目的结构，确定重点费用项目后，再进行针对性的分析。

亚飞公司各子公司按照统一格式报送期间费用明细表，集团费用会计利用 Python 搭建批量汇总期间费用模型将各子公司的数据汇总后，存储在"亚飞集团管理费用汇总表.xlsx"当中。接下来，费用会计准备继续用 Python 搭建费用可视化分析模型，对集团各公司的费用占比、集团各期间的明细项目占比及变化趋势、各子公司的明细项目占比进行可视化分析。亚飞集团管理费用汇总表如图 5-2 所示。

图 5-2 "亚飞集团管理费用汇总表.xlsx"

二、实验要求

根据亚飞公司期间费用可视化分析的方向，利用 Python 相关知识，完成期间费用可视化分析模型。

(一) 各公司费用占比饼图模型

(1) 读取"亚飞集团管理费用汇总表.xlsx"的内容，按照"公司名称"分组求和。

(2) 根据各子公司的公司名称和对应的管理费用金额，构建绘制饼图的数据。

(3) 创建饼图对象，向饼图添加数据，设置显示样式(内外径显示、玫瑰图、标题、标签等)。

(4) 将图形保存为"亚飞集团各公司管理费用.html"文件。

(二) 各期间费用明细项目占比柱状堆积图模型

(1) 读取"亚飞集团管理费用汇总表.xlsx"的内容，按照"期间"分组求和。

(2) 创建柱状图对象,添加 X 轴数据。
(3) 遍历费用明细项目并获取各期间的金额,添加 Y 轴数据。设置显示样式(标题、标签等)。
(4) 将图形保存为"亚飞集团各期间管理费用结构.html"文件。

(三) 各子公司费用明细项目占比并行饼图模型
(1) 读取"亚飞集团管理费用汇总表.xlsx"的内容,按公司名称、各费用明细项目制作数据透视表。
(2) 创建并行图对象,初始化画布大小和主题。确定各子图的位置。
(3) 遍历公司名称,获得对应的行数据,根据行数据的索引和值,构建绘制饼图的数据。
(4) 创建饼图对象,向饼图添加数据,设置显示样式(内外径显示、玫瑰图、圆心、标题、标签等)。
(5) 将绘制好的饼图添加到并行图对象。
(6) 将图形保存为"亚飞集团各公司管理费用结构.html"文件。

三、知识准备
下面将进行期间费用可视化分析的知识列表介绍和知识学习。

(一) 知识列表
(1) 列表元素的访问、切片。
(2) 格式化字符串的方法。
(3) for…in 循环的应用方法。
(4) 内置函数枚举 enumerate() 的使用方法。
(5) Pandas 模块:读取、写入 Excel 工作簿。
(7) Pandas 模块:DataFrame、Series 的索引和值。
(8) 列表推导式、zip() 函数的应用。
(9) Pyecharts 模块:导入创建图形、样式设置等方法。
(10) Pyecharts 模块:创建饼图、柱状图、折线图、并行图等的基本方法。
(11) Pyecharts 模块:设置标题、图例、工具箱等的基本方法。
(12) Pyecharts 模块:设置标签、线型、图元等的基本方法。
(13) Pyecharts 模块:设置个性化饼图、柱状堆积图等的基本方法。

(二) 知识学习
Echarts 是一个由百度开源的数据可视化,它凭借着良好的交互性、精巧的图表设计,得到了众多开发者的认可。而 Python 很适用于数据处理,当数据分析遇上数据可视化时,Pyecharts 便诞生了。

1. Pyecharts 绘图概述
作为 Python 数据可视化的第三方模块之一,Pyecharts 拥有高度灵活的配置项,可轻松搭配出精美的图表。不足之处是 Pyecharts 不支持数组作图(不能使用 Pandas/numpy 数据类型),只支持列表、元组的 Python 原生数据类型。使用 Pyecharts 作图通常有四个步骤。

1) 导入作图模块
Pyecharts 模块的 Charts 子模块包含各式各样的作图类,如 Line(折线图)等。

2) 添加图标数据
添加基础数据(列表、元组等)到对应的位置,如直角坐标系的 x 轴、y 轴等。

3）设置图标样式

Pyecharts 模块的 Options 子模块可以设置图表整体样式、系列样式等。

4）图表展示

作图完成后展示已完成的图表,可以将图表文件渲染成图片等。

2. 常见图表绘制

Pyecharts 囊括了 30 多种常见图表,如折线图、柱状图、热力图、饼图、散点图等,而且还支持地理图表。下面以折线图、柱状图、饼形图、层叠图、并行图为例进行学习。其中,为了使代码更简洁,我们将穿插介绍链式调用编码。

1）折线图

根据 Pyecharts 作图的基本步骤,绘制折线图(Line)的基本方法如下：

（1）导入作图模块：from pyecharts. charts import Line(也可以导入 *)。

（2）实例化图形对象：line_1=Line()　♯创建折线图,并赋值给变量。

（3）添加 X 轴、Y 轴数据：

line_1. add_xaxis(变量 x)　♯变量 x 是列表或元组。

line_1. add_yaxis("系列名称",变量 y)　♯变量 y 是列表或元组。

（4）图表展示：line_1. render("自定义名称. html")　♯将图形保存为 html 文件。

【例 5-12】 绘制折线图。

```
In:
1 #(1)导入 Pyecharts.charts 模块中的 Line 方法
2 from pyecharts.charts import Line
3 #(2)创建 X 轴和 Y 轴的数据
4 x_data=['Apple','Huawei','Xiaomi','Oppo','Vivo','Meizu']
5 y_data=[123,153,89,107,98,23]
6 #(3)实例化图形,添加轴数据
7 line=Line()
8 line.add_xaxis(x_data)
9 line.add_yaxis("销售额",y_data)
10 #(4)保存图形
11 line.render(r"折线图.html")
```

Out:

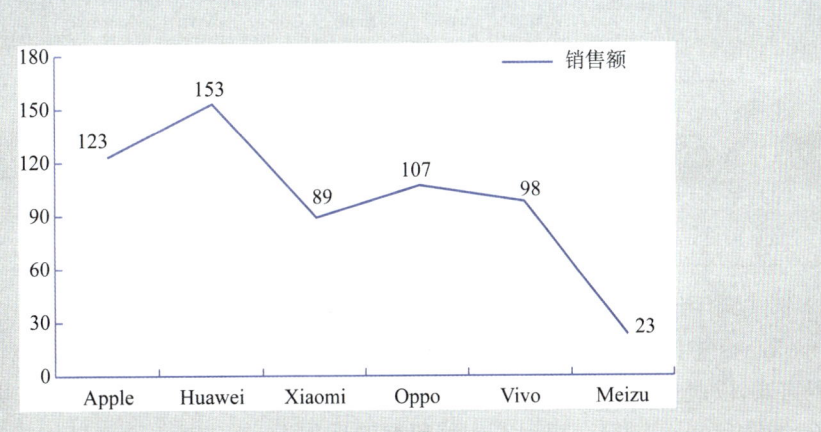

> **注意：**
> （1）第 7 行：实例化（新建）图形并命名。
> （2）第 8 行：添加 X 轴数据，输入数据变量。
> （3）第 9 行：输入 Y 轴数据，输入系列名称，系列数据变量。
> （4）第 11 行：将图形保存为 html 文件。

2）柱状图

将[例 5-12]代码中的 Line 更换为 Bar，即可以得到柱状图(Bar)。

【例 5-13】 绘制柱状图。

```
In:
1 #(1)导入 Pyecharts.charts 模块中的 Bar 方法
2 from pyecharts.charts import Bar
3 #(2)创建 X 轴和 Y 轴的数据
4 x_data=['Apple','Huawei','Xiaomi','Oppo','Vivo','Meizu']
5 y_data=[123,153,89,107,98,23]
6 #(3)实例化图形,添加轴数据
7 bar=Bar()
8 bar.add_xaxis(x_data)
9 bbar.add_yaxis("销售额",y_data)
10 #(4)保存图形
11 bar.render(r"柱状图.html")
```

Out：

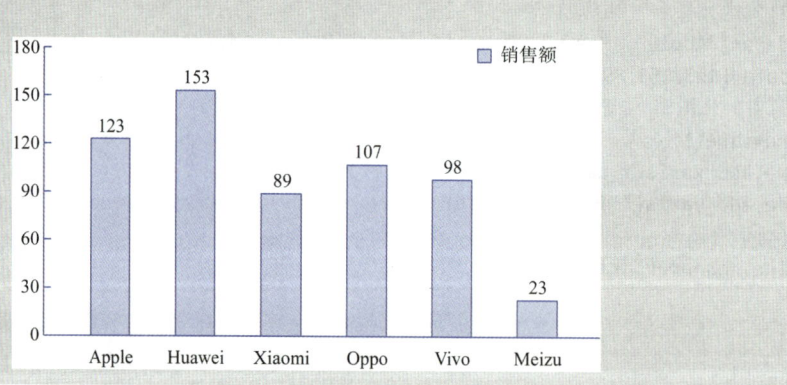

> **注意：**
> （1）第 7 行：实例化（新建）图形并命名。
> （2）第 8~9 行：添加 X 轴、Y 轴数据。
> （3）第 11 行：将图形保存为 html 文件。

3）链式调用编码

Pyecharts 中的所有方法均支持链式调用。链式调用是一种简化同一对象多次访问属性的编码方式，以避免多次重复使用同一对象，可以使代码更加简洁。其语法类似 Line().add_xaxis().add_yaxis()，将[例 5-13]中代码修改后如下。

【例5-14】 利用链式调用编码简化代码。

```
In:
1 #(1)导入Pyecharts.charts模块中的Bar方法
2 from pyecharts.charts import Bar
3 #(2)创建X轴和Y轴的数据
4 x_data=['Apple','Huawei','Xiaomi','Oppo','Vivo','Meizu']
5 y_data=[123,153,89,107,98,23]
6 #(3)实例化图形,添加轴数据,保存图形
7 bar=Bar()    #为了便于理解,变量命名为bar(可以是任何名字)
8 bar.add_xaxis(x_data).add_yaxis("销售额",y_data).render(r"柱状图.html")
```

Out:

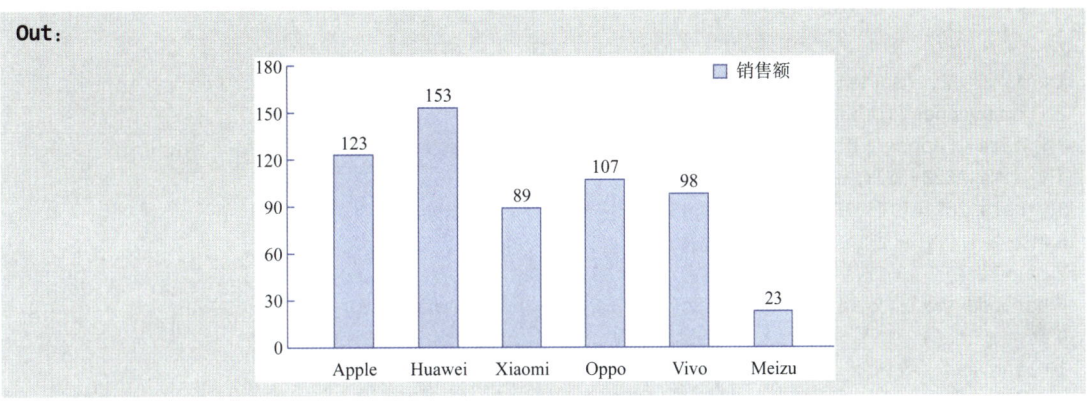

4）饼图

与柱状图和折线图不同,饼图(Pie)的基础数据使用"[(key1,value1),(key2,value2)]"的方法设置。

【例5-15】 绘制饼图。

```
In:
1 #(1)导入Pyecharts.charts模块中的Pie方法
2 from pyecharts.charts import Pie
3 #(2)创建数据
4 data=[("职工薪酬",75),("差旅费",5),("折旧摊销",10),("招待费",5)]
5 y_data=[123,153,89,107,98,23]
6 # (3)实例化图形,添加数据,保存图形
7 pie=Pie()
8 pie.add("管理费用",data).render(r"饼图.html")
```

Out:

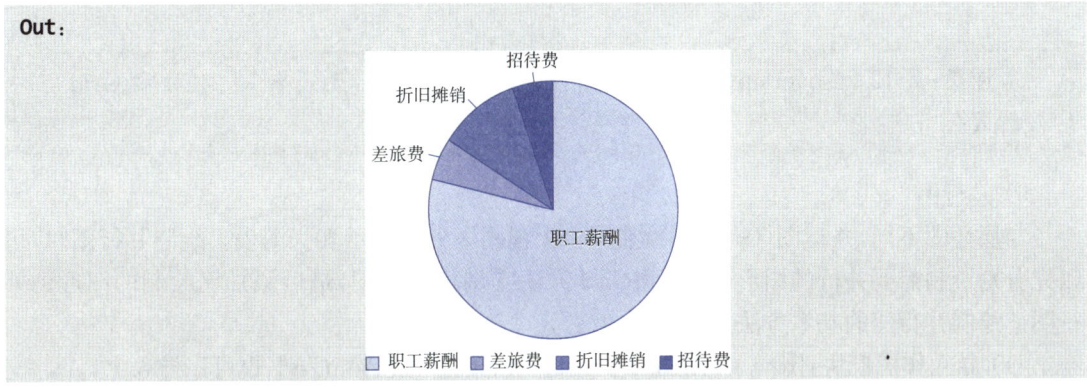

> **注意**：饼图中的数据不区分 X 轴和 Y 轴，所以使用的是.add()方法，而不是.add_xaxis()和.add_yaxis()。

5）层叠图

层叠图（Overlap）是将多个图形叠加在同一个视图区，如柱状图与折线图叠加，或者折线图与散点图叠加。在绘制层叠图时，可以先分别绘制需要叠加的图形，然后再使用 overlap() 方法将绘制好的图形叠加在一起。

【例 5-16】 绘制层叠图。

```
In:
1 #(1)导入 Pyecharts.charts 模块中的 Line,Bar 方法,创建数据
2 from pyecharts.charts import Line,Bar
3 x_data=['Apple','Huawei','Xiaomi','Oppo','Vivo','Meizu']
4 y_data_2020=[123,153,89,107,98,23]
5 y_data_2021=[145,190,105,80,85,15]
6 #(2)实例化柱状图、折线图,添加轴数据
7 bar=Bar()
8 bar.add_xaxis(x_data).add_yaxis("2020年销售额",y_data_2020)
9 line=Line()
10 line.add_xaxis(x_data).add_yaxis("2021年销售额",y_data2021)
11 #(3)使用 overlap()方法将柱状图和折线图叠加在一起,保存层叠图
12 bar.overlap(line).render(r"层叠图.html")
```

Out:

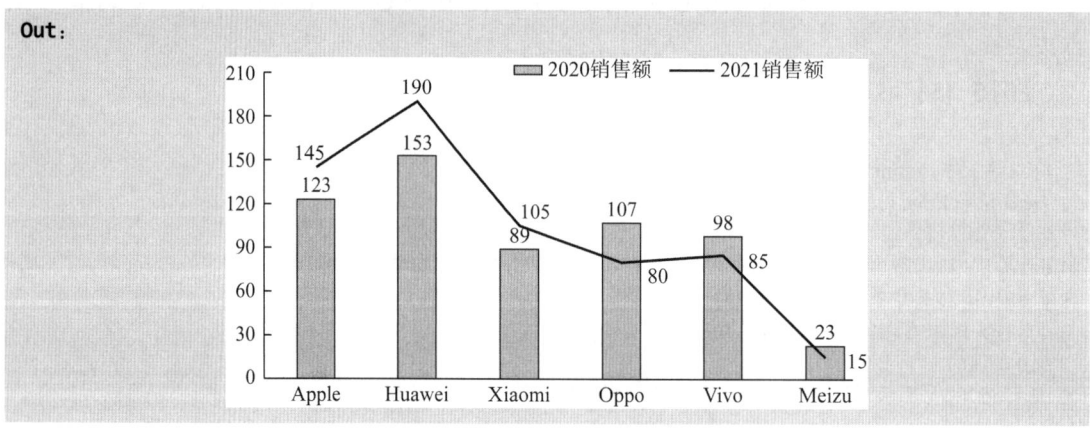

> **注意**：第 12 行：overlap()是图形的属性，可以直接使用，无须导入。注意和 Grid 方法的区别。

6）并行图

与层叠图不同，并行图（Grid）是指在同一个视图区分开显示多张图表。绘制并行图时，可以先分别绘制需要并行的图形，再使用 Grid 方法实例化并行图，最后添加已绘制的图形到并行图。绘制并行图的基本方法如下：

（1）导入作图模块：from pyecharts.charts import Line,Bar,Grid（也可以导入 * ）。

(2) 绘制基本图形：
line_1＝Line().add_xaxis().add_yaxis()　♯绘制折线图,赋值给变量。
bar_1＝Bar().add_xaxis().add_yaxis()　♯绘制柱状图,赋值给变量。
(3) 实例化图形对象：grid_1＝Grid()　♯创建并行图,并赋值给变量。
(4) 添加已绘制的图形：grid_1.add(line_1,grid_opts).add(bar_1,grid_opts)。
(5) 图表展示：输出具体图表图片。

【例 5-17】 绘制并行图。

```
In:
1 #(1)导入 Pyecharts.charts 模块中的 Line、Bar、Grid 方法,创建数据
2 from pyecharts.charts import Line,Bar,Grid
3 from pyecharts import options as opts
4 x_data=['Apple','Huawei','Xiaomi','Oppo','Vivo','Meizu']
5 y_data_2020=[123,153,89,107,98,23]
6 y_data_2021=[145,190,105,80,85,15]
7 #(2)实例化柱状图、折线图,添加轴数据
8 bar=Bar()
9 bar.add_xaxis(x_data).add_yaxis("2020年销售额",y_data_2020)
10 line=Line()
11 line.add_xaxis(x_data).add_yaxis("2021年销售额",y_data2021)
12 #(3)实例化并行图,添加折线图和柱形图,保存并行图
13 grid=Grid()
14 grid.add(bar,grid_opts=opts.Gridopts(pos_right="60%"))
15 grid.add(line,grid_opts=opts.Gridopts(pos_left="60%"))
16 grid.render(r"并行图.html")
```

Out:

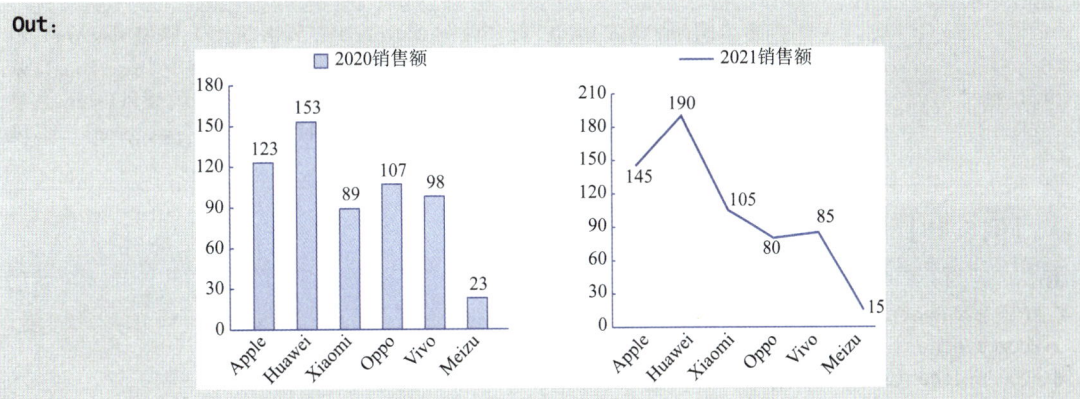

> **注意：**
> (1) 第 14 行、第 15 行：添加图形后需要设置图形的位置,否则图形将会重叠。具体设置方法在此先了解,后续再进行学习。
> (2) 当设置为上(top)下(bottom)时,图形会上下布局显示。

3. 图表格式设置

绘制图形时,除了需要选择图形类别,还需考虑图形的协调与美观,这就需要对图形的格

式进行多样化的设置。Pyecharts 中的子模块 Options 可以实现对图表样式的各种配置。常见的图表样式配置包括全局配置项、系列配置项、个性化设置。

1) 全局配置项

全局配置项是针对图表通用属性进行的配置,其设置如表 5-13 所示。

表 5-13 全局配置项的设置

类别	功能描述	示例
初始化	画布大小、主题等	Line(init opts=opts.lnitOpts())
标题	标题文本、标题位置等	Line().set global opts(title opts=opts.TitleOpts())
图例	图例是否显示、位置等	Line().set global opts(legend opts=opts.LegendOpts())
提示框	提示框的内容等	Line().set global opts(tooltip_opts=opts.TooltipOpts())
工具箱	工具箱是否显示、位置等	Line().set global opts(toolbox opts=opts.ToolboxOpts()

(1) 初始化配置项。

在绘制图形时,通常应当先初始化,即设置绘图画布的大小(宽度、高度)、图形的主题等。初始化配置项设置的函数如表 5-14 所示。

表 5-14 初始化配置项设置的函数

函数名称及参数	功能
Line(init opts = opts.lnitOpts(	#初始化图形的大小、主题
width=	画布的宽度,str 格式,可以是像素 ** px,也可以用厘米 ** cm、毫米 ** mm
height=	画布的高度,str 格式,可以是像素 ** px,也可以用厘米 ** cm、毫米 ** mm
theme=	图表主题,str 格式,默认白色风格(white)、明亮风格(light)、暗黑风(dark)、粉笔风(chalk)、厄索斯大陆(essos)、信息风(infographic)、马卡龙(macarons)、紫色风情(purple-passion)、罗马风(roma)、浪漫风(romantic)、闪耀风(shine)、复古风(vintage)、瓦尔登湖(walden)、维斯特洛大陆(westeros)、仙境(wonderland)、万圣节风(halloween)

【例 5-18】 初始化配置的设置。

```
In:
1 #(1)导入 Pyecharts.charts 模块中的方法,样式设置方法
2 from pyecharts.charts import *
3 from pyecharts import options as opts
4 x_data=['Apple','Huawei','Xiaomi','Oppo','Vivo','Meizu']
5 y_data_2020=[123,153,89,107,98,23]
6 #(2)实例化图形
7 bar= Bar(init_opts= opts.InitOpts(width="400px",
8                                  height="300px"
9                                  theme="dark"))
10 #(3)添加轴数据,保存图形
11 bar.add_xaxis(x_data)
12 bar.add_yaxis("销售额",y_data)
13 bar.render(r"样式设置_1.html")
```

Out:

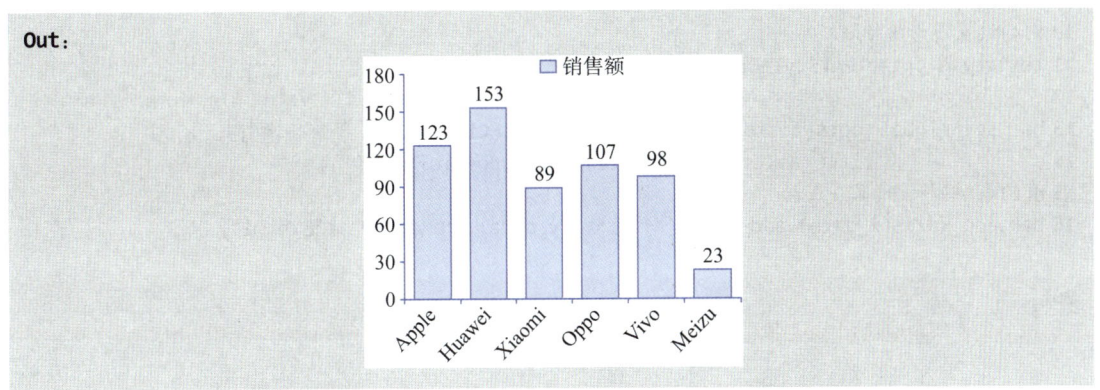

> **注意：**
> 第 8～10 行：初始化图形画布，设置宽度、高度、主题。注意参数都是 str 格式。

（2）标题配置项。

绘制图形时给图形对象添加一个标题更容易让人理解，还可以设置标题的位置等。具体的设置标题配置项的函数如表 5-15 所示。

表 5-15　设置标题配置项的函数

函数名称及参数	功能
line(). set_globalopts (title_opts = opts. TitleOpts(	♯为图形对象添加标题
title=,	主标题的文本名称，str 格式
subtitle=,	副标题的文本名称，str 格式，也可以不设置
title_textstyle opts=,	主标题字体样式配置项，文字样式配置对象 opts. TextStyleOpts()
pos_left=,	标题控件到画布左侧的距离，str 格式，可以是相对于画布宽度的百分比 2%，也可以是具体像素值 20，还可以是 left、right、center
pos_right=,	标题控件到画布右侧的距离，str 格式，和 pos left 类似
pos_top=,	标题控件到画布上侧的距离，str 格式，可以是相对于画布高度的百分比 2%，也可以是具体像素值 20，还可以是 top、bottom、center
pos_bottom=	标题控件到画布下侧的距离，str 格式，和 pos_top 类似

【例 5-19】　承［例 5-18］，给图形增加标题。

In:
```
1 #(1)导入 Pyecharts.charts 模块中的方法，样式设置方法
2 from pyecharts.charts import *
3 from pyecharts import options as opts
4 #(2)创建 X 轴和 Y 轴的数据
5 x_data=['Apple','Huawei','Xiaomi','Oppo','Vivo','Meizu']
6 y_data=[123,153,89,107,98,23]
7 #(3)实例化图形，初始化图形样式
8 bar=Bar(init_opts= opts.InitOpts(width="400px", height="300px"
9                                  theme="dark"))
```

```
10 #(4)设置图形的标题
11 textstyle=opts.TextStyleOpts(font_family="思源黑体",
12                              font_size=20,color="Green")
13 bar.set_global_opts(title_opts=opts.TitleOpts(title="2021年销售额",
14               title_textstyle_opts=textstyle,pos_left="2%"))
15 #(5)添加轴数据,保存图形
16 bar.add_xaxis(x_data).add_yaxis("销售额",y_data). render(r"标题.html")
```

Out:

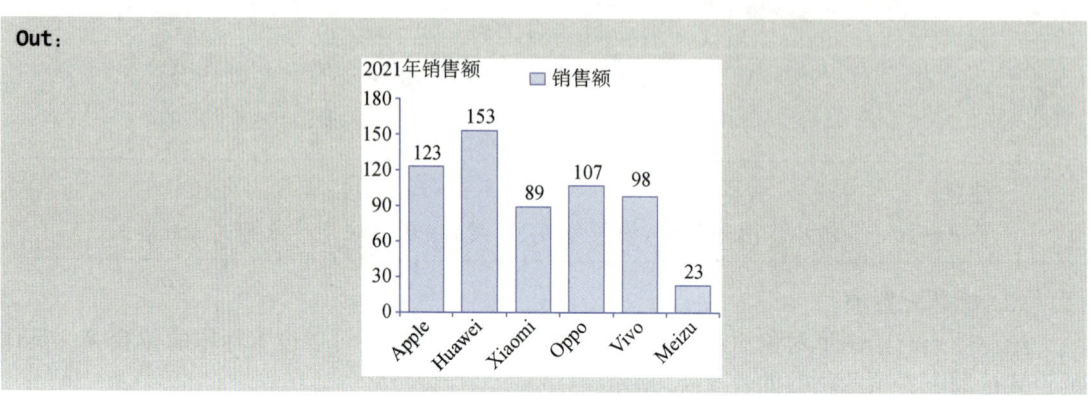

> 注意：
> (1)第 11 行、第 12 行：利用 opts.TextStyleOpts()设置文字样式，并赋值给变量。
> (2)第 13 行、第 14 行：设置标题的内容、标题的文字样式、标题的位置。

(3)图例配置项。

当在某个图形上绘制多个系列线时，给图形对象添加一个图例会令图形看起来更加清晰。具体的设置图例配置项的函数如表 5-16 所示。

表 5-16 设置图例配置项的函数

函数名称及参数	功能
line(). set_global_opts(legend_opts = opts. LegendOpts(	#为图形对象添加图例
is_show= True,	是否显示图例,bool 格式,当忽略该参数时默认显示
orient= "vertical"	图例的布局朝向,str 格式,垂直 horizontal、水平 vertical
textstyle_opts=,	图例的字体样式配置项,文字样式对象 opts.TextStyleOpts()
pos_left=, pos _right=, pos_top=, pos bottom=))	图例的位置,参数设置和标题配置相同 默认在画布的中间、靠上

(4)工具箱配置项。

设置工具箱配置项的函数如表 5-17 所示。

表 5-17 设置工具箱配置项的函数

函数名称及参数	功能
line(). set_global_opts (toolbox_opts = opts. ToolboxOpts(	#为图形对象添加工具箱

(续表)

函数名称及参数	功能
is_show= True,	是否显示工具箱,bool 格式,当忽略该参数时默认显示
orient= "horizontal"	图例的布局朝向,str 格式,垂直 horizontal、水平 vertical
pos_left=, pos right=, pos_top=, pos_bottom=))	工具箱的位置,参数设置和标题配置相同 默认在画布的右部、靠上

【例 5-20】 承[例 5-19],给图形增加图例和工具箱。

```
In:
1 #(1)导入 Pyecharts.charts 模块中的所有方法,样式设置方法
2 from pyecharts.charts import *
3 from pyecharts import options as opts
4 #(2)创建 X 轴和 Y 轴的数据
5 x_data=['Apple','Huawei','Xiaomi','Oppo','Vivo','Meizu']
6 y_data=[123,153,89,107,98,23]
7 #(3)实例化图形,初始化图形样式
8 bar=Bar(init_opts=opts.InitOpts(width="600px",height="450px",theme="dark"))
9 #(4)设置图形的标题
10 bar.set_global_opts(title_opts=opts.TitleOpts(title="2021年销售额",
11                                                pos_left="center")
12 legend_opts=opts.LegendOpts(is_show=True,pos_right="2%",pos_top="center"),
13 toolbox_opts=opts.ToolboxOpts(is_show=True,pos_right="right"))
14 #(5)添加轴数据,保存图形
15 bar.add_xaxis(x_data).add_yaxis("销售额",y_data).render(r"图例和工具箱.html")
```

Out:

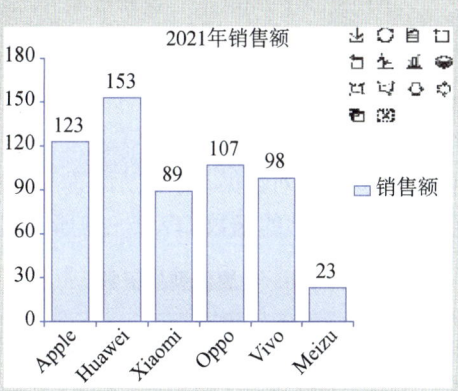

> **注意:**
> 第 10~13 行:在 set_global_opts()中设置行标题、图例、工具箱。3 个项目也可以分别设置,即调用 3 次 set_global_opts()。

2) 系列配置项

系列配置项是针对图表特定元素属性的配置,包括标签、线型、图元样式等,如表 5-18 所示。

表 5-18　系列配置项

类别	功能描述	示例
标签	是否显示、颜色、字体等	Line().set_series_opts(label_opts=opts.LabelOpts())
线型	线型、线宽、类型、颜色等	Line().set_series_opts(linestyle_opts=opts.LineStyleOpts())
图元样式	颜色、边框等	Bar().set_series_opts(itemstyle_opts=opts.ltemStyleOpts())

（1）标签。

在绘制图形时,给图形对象添加一个标签会使图形更加直观清晰,还可以设置标签的字体、颜色等。设置标签的函数如表 5-19 所示。

表 5-19　设置标签的函数

函数名称及参数	功能
line().set_series_opts(label_opts=opts.Labelopts(	设置图形的标签
is_show=True,	是否显示标签,bool 格式,当忽略该参数时默认显示
position="top",	标签的位置,st 格式,默认为 top,可以是 inside,left,right 等
font_family=,	标签的字体,str 格式,如"Microsoft YaHei""宋体"等
font_size=,	字体的大小,float 格式
font_weight=,	字体的粗细,st 格式,如 'normal','bold','bolder','lighter'
color=,	标签字体的颜色,str 格式,英文名称、十六进制颜色码等
formatter=))	标签内容格式器,str 格式,如"{a}:{b}"等。不同图表类型下{a}{b}{c}{d}代表的含义不一样。通常情况下,{a}代表系列名称,{b}代表数据名称,{c}代表数值,在饼图中{d}代表百分比。在字符串中可以使用\n 或\010 换行

（2）线型。

在绘制折线图时,如果要添加多个系列数据,则可以设置不同的线型予以区分,还可以设置线型的宽度、颜色、透明度等。设置线型的函数如表 5-20 所示。

表 5-20　设置线型的函数

函数名称及参数	功能
line().setseries_opts(linestyle_opts=opts.LineStyleOpts(	设置图形的线型
is_show=True,	是否显示线条,bool 格式,当忽略该参数时默认显示
width=,	线条的宽度,float 格式
opacity=,	线条的透明度,float 格式,数值为 0~1,当设置为 0 时,线条不显示
type_="solid",	线条的类型,str 格式,可设置为实线 solid、虚线 dashed、点线 dotted
color=))	线条的颜色,str 格式,英文名称、十六进制颜色码等

【例5-21】 给图形设置标签和线型。

```
In:
1 #(1)导入Pyecharts.charts模块中的所有方法,样式设置方法
2 from pyecharts.charts import *
3 from pyecharts import options as opts
4 #(2)创建X轴和Y轴的数据
5 x_data=['Apple','Huawei','Xiaomi','Oppo','Vivo','Meizu']
6 y_data=[123,153,89,107,98,23]
7 #(3)实例化图形,初始化图形样式
8 line=Line(init_opts=opts.InitOpts(width="500px",height="300px",theme="dark"))
9 line.add_xaxis(x_data).add_yaxis("销售额",y_data)
10 #(4)设置标签字体、颜色等,线型
11 line.set_series_opts(label_opts=opts.LabelOpts(font_family="楷体",
12 font_size=14,font_weight="bold",color="Red",formatter="{c}"))
13 line.set_series_opts(linestyle_opts=opts.LineStyleOpts(width=2,
14 type_="dashed",color="White"))
15 #(5)保存图形
16 render(r"标签和线型.html")
```

Out:

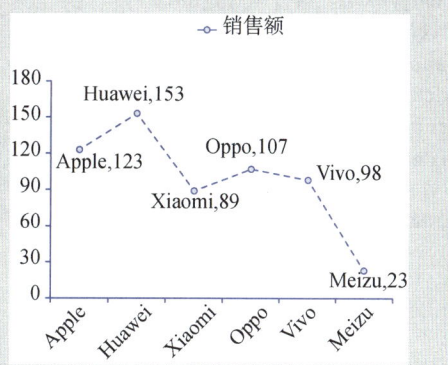

> **注意:**
> (1) 第11行、第12行:设置标签的样式,字体可以使用中文,颜色可以使用英文名称。
> (2) 第13行、第14行:设置线条的类型,颜色等。

(3) 图元样式。

在绘制柱状图或条形图时,除了可以设置标签样式,还可以设置图形的颜色、边框等。设置图元样式的函数如表5-21所示。

表5-21 设置图元样式的函数

函数名称及参数	作用
line(). set_series_opts(itemstyle_opts=opts.ItemStyleOpts(	设置图形的图元样式
color=,	图形的颜色,str格式,英文名称、十六进制颜色码等

(续表)

函数名称及参数	作用
border_color=,	图形边框的颜色,str 格式,英文名称、十六进制颜色码等
border_width=,	图形边框的宽度,float 格式
bordertype=,	图形边框的类型,str 格式,可设置为实线 solid、虚线 dashed、点线 dotted
opacity=))	图形的透明度,float 格式,数值为 0~1,当设置为 0 时,线条不显示

【例5-22】 给图形设置图元样式。

In:
```
1 #(1)导入 Pyecharts.charts 模块中的所有方法,样式设置方法
2 from pyecharts.charts import *
3 from pyecharts import options as opts
4 #(2)创建 X 轴和 Y 轴的数据
5 x_data=['Apple','Huawei','Xiaomi','Oppo','Vivo','Meizu']
6 y_data=[123,153,89,107,98,23]
7 # (3)实例化图形,初始化图形样式,添加轴数据
8 bar=Bar(init_opts=opts.InitOpts(width="600px",height="450px",
9                                 theme="macarons"))
10 bar.add_xaxis(x_data).add_yaxis("销售额",y_data)
11 #(4)设置标签字体、颜色等,图元样式
12 line.set_series_opts(label_opts=opts.LabelOpts(font_family="楷体",
13 font_size=l4,color="Black",formatter="{b},{c}"))
14 line.set_series_opts(linestyle_opts=opts.ItemStyleOpts(color="Orange",
15 border_type="solid",border_color="Red"))
16 #(5)保存图形
17 bar.render(r"标签和图元.html")
```

Out:

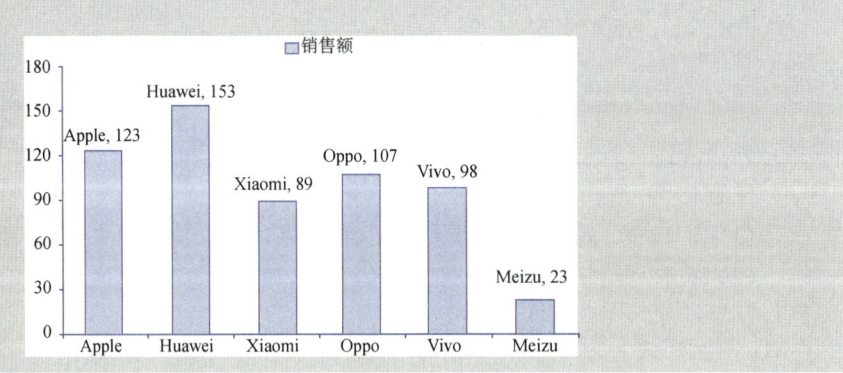

> **注意:**
> 第 14 行、第 15 行:设置图元的样式,通常只需要设置颜色即可。或者在初始化时选择合适的主题。

3)个性化配置项
(1)饼图个性化配置项。

除了全局配置项和系列配置项,用户也可以针对不同类型的图表进行个性化设置。例如,

对饼图的半径、中心坐标等进行设置,使图表更加美观和清晰,其设置方法如表 5-22 所示。

表 5-22 设置饼图个性化配置项的函数

函数名称及参数	功能
Pie().add(	添加饼图的数据内容,设置图形的展示格式
series_name=,	系列名称,str 格式
data_pair=,	系列数据项,list 格式,列表的每个元素是元组(key1,value1)
center=,	饼图圆心坐标,list 格式,第 1 个元素是横坐标,第 2 个元素是纵坐标,百分比格式
radius=,	饼图的半径,str 格式或者 list 格式。输入百分比格式的参数。当设置为 list 时,第 1 个元素是内半径,第 2 个元素是外半径
rosetype=)	是否展示成南丁格尔玫瑰图(通过半径区分数据大小),str 格式 ① radius:扇区圆心角展示数据百分比,半径展示数据大小 ② area:所有扇区圆心角相同,仅通过半径展示数据大小

【例 5-23】 设置饼图个性化配置项。

```
In:
1 #(1)导入 Pyecharts.charts 模块中的方法,样式设置方法
2 from pyecharts.charts import *
3 from pyecharts import options as opts
4 #(2)创建数据
5 data=[("职工薪酬",75),("差旅费",5),("折旧摊销",10),("招待费",5)]
6 #(3)实例化图形,初始化设置
7 pie=Pie(init_opts=opts.InitOpts(width="400px",height="400px",
8                                 theme="macarons"))
9 #(4)添加数据,个性化设置图形,设置图例、标题、标签的内容格式
10 pie.add(series_name="管理费用",data_pair=data,radius=["30%","60%"],
11         rosetype="radius")
12 pie.set_global_opts(title_opts=opts.TitleOpts(title="管理费用结构图",
13 pos_left="center"),legend_opts=opts.LegendOpts(is_show=False))
14 pie.set_series_opts(label_opts=opts.LabelOpts(font_size=10,
15                     formatter="{b}\n{c}万元,{d}%"))
16 #(5)保存图形
17 pie.render(r"饼图个性化.html")
```

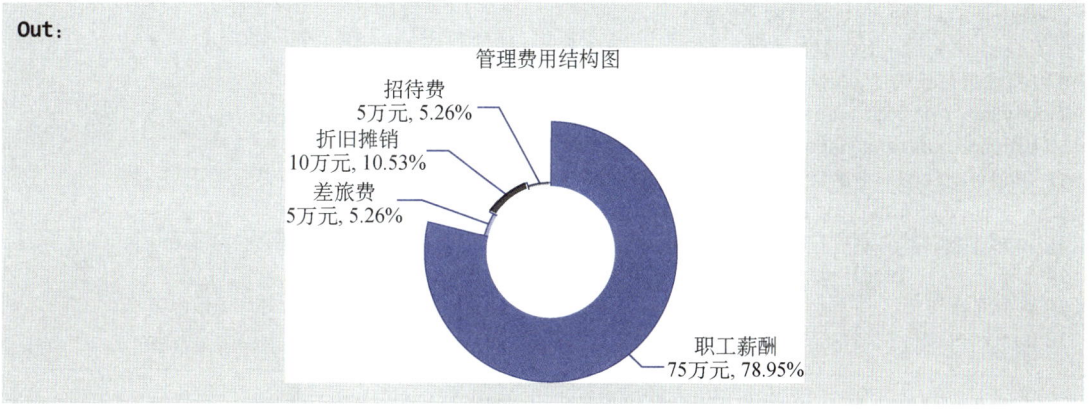

> **注意：**
> （1）第 10 行、第 11 行：在添加数据时，可以使用位置传参的方式，直接输入"管理费用"、变量 data 等。
> （2）第 14 行、第 15 行：设置标签的显示格式，类似于格式化字符串的方法。

（2）柱状图、折线图个性化配置项。

对柱状图、折线图等，也可以在添加 Y 轴数据时，对柱状图的宽度、间距、颜色、数据堆叠等进行设置。此外，还可以在添加 Y 轴数据时直接设置标签配置项、标记点配置项、提示框组件配置项、图元配置项等。以柱状图为例，设置柱状图个性化配置项的函数如表 5-23 所示。

表 5-23 设置柱状图个性化配置项的函数

函数名称及参数	功能
Bar().add_yaxis(	添加柱状图的数据内容，设置图形显示格式
series_name=,	系列名称，str 格式
y_axis=,	系列数据项，list 格式
color=,	图形的颜色，str 格式，英文名称、十六进制颜色码等
stack=,	数据堆叠，str 格式，同个类目轴上配置相同的 stack 值堆叠显示
label_opts=, markpoint_opts=, tooltip_opts=)	可以直接在添加 Y 轴数据时设置标签、标记点等，样式设置对象格式[如 opts.LabelOpts()等] 和 Bar().set_series_opts(label_opts=opts.LabelOpts())效果相同

【例 5-24】 设置柱状图个性化配置项。

```
In:
1 #(1)导入 pyecharts.charts 模块中的所有方法，样式设置方法
2 from pyecharts.charts import *
3 from pyecharts import options as opts
4 #(2)创建 X 轴和 Y 轴的数据
5 x_data=['Apple','Huawei','Xiaomi','Oppo','Vivo','Meizu']
6 y_data_q1=[123,153,89,107,98,23]
7 y_data_q2=[145,190,105,80,85,15]
8 #(3)实例化柱状图，添加轴数据
9 bar=Bar(init_opts=opts.InitOpts(width="600px",height="400px"))
10 bar.add_xaxis(x_data)\
11 .add_yaxis("一季度销售额",y_data_q1,stack="销售额",
12         label_opts=opts.LabelOpts(position="inside"))\
13 .add_yaxis("二季度销售额",y_data_q2,stack="销售额",
14         label_opts=opts.LabelOpts(position="inside"))
15 #(4)保存图形
16 bar.render(r"柱状堆积图.html")
```

Out:

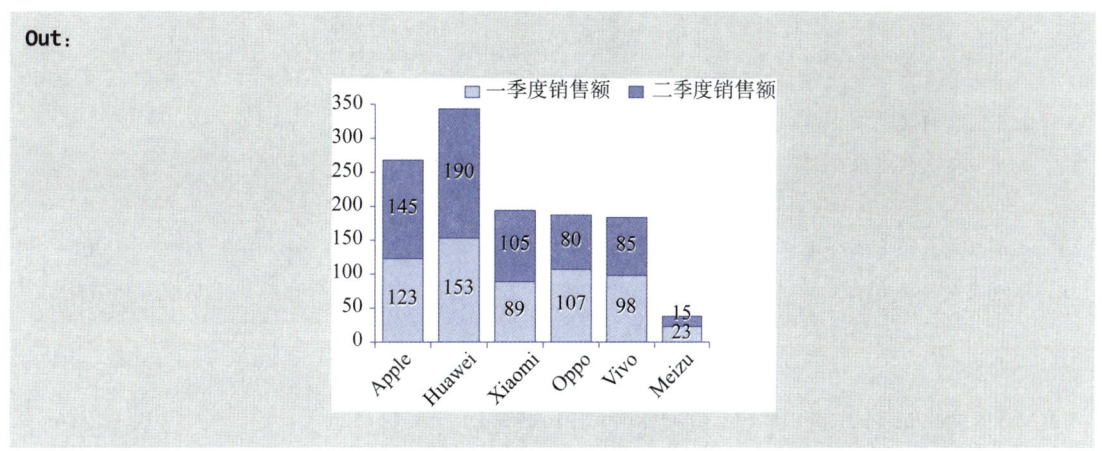

> **注意：**
> 第 11～14 行：分别添加 2 个系列数据；并设置标签显示位置；同时设置堆叠图形的参数（只要 stack 的参数值相同，可以是任何字符串）。

四、思路分析及代码讲解

下面将对期间费用可视化分析案例进行思路分析和代码讲解。

（一）思路分析 1：整理各公司期间费用数据

为了清晰地呈现各子公司在管理费用上的占比情况，我们必须获取每家公司的名称及其对应的管理费用金额。接下来，我们将通过代码详细阐述如何系统地整理和计算这些关键数据，以便准确地反映各公司在特定期间内的费用情况。

（1）读取"亚飞集团管理费用汇总表.xlsx"的内容，赋值给变量 df。

（2）以"公司名称"为依据，对变量 df 分组、求和，赋值给 df1。

（3）从变量 df1 中获取公司名称列表，管理费用数据列表，压缩列表形成饼图数据，赋值给 data。

（4）创建饼图并赋值给 pie，设置宽度、高度、主题。

（5）向饼图 pie 添加数据，设置圆半径、展示格式等。

（6）设置饼图 pie 的标题名称、标题位置、是否显示图例等。

（7）设置饼图 pie 的标签样式、标签的文本格式等。

（8）保存饼图 pie 到"亚飞集团各公司管理费用.html"文件。

根据思路分析执行以下代码。

In:
```
1 #(1)导入 Pandas 模块、pyecharts.charts 中的 Pie 方法、子模块 Options
2 import pand as pd
3 from pyecharts.charts import Pie
4 from pyecharts import options as opts
5 #(2)读取"亚飞集团管理费用汇总表.xlsx"的内容
6 df=pd.read_excel(r"5.2亚飞集团管理费用汇总表.xlsx")
7 print(df)
```

Out:
	公司名称	期间	管理费用	职工薪酬	...	保险费	其他
0	北京亚飞科技有限公司	2022年1月	100	40	...	0	2
1	北京亚飞科技有限公司	2022年2月	106	38	...	0	3
	......						
13	深圳亚飞科技有限公司	2022年2月	250	100	...	5	15
14	深圳亚飞科技有限公司	2022年3月	206	85	...	5	13

In:
```
8  #(3)导入 Pandas 模块、pyecharts.charts 中的 Pie 方法、子模块 Options
9  import pand as pd
10 from pyecharts.charts import Pie
```

Out:
公司名称	管理费用	职工薪酬	折旧摊销	办公费	审计咨询	修理费	差旅费	保险费	其他
北京亚飞科技有限公司	315	114	36	83	5	2	67	0	8
厦门亚飞软件有限公司	501	248	33	98	0	40	55	0	27
天津亚飞教育科技有限公司	649	385	36	68	6	34	86	6	28
杭州亚飞有限公司	244	85	48	41	5	2	49	3	11
深圳亚飞科技有限公司	648	275	75	59	48	56	80	15	4

> **注意：**
> 这里可视化分析目的是要展示各子公司的管理费用占比，需要得到各子公司名称、各子公司的管理费用金额。因此，以"公司名称"为依据进行分组、求和。

In:
```
11 #(4)创建饼图数据
12 amount=df1["管理费用"].values.tolist()
13 print(amount)
14 print("-- "* 20)
15 names=[i[0:4]for I in df1["管理费用"].index.tolist()]
16 print(names)
17 print("-- "* 20)
18 data=list(zip(names,amount))
19 print(data)
```

Out:
[315,501,649,244,648]

['北京亚飞','厦门亚飞','天津亚飞','杭州亚飞','深圳亚飞']

[('北京亚飞',315),('厦门亚飞',501),('天津亚飞',649),('杭州亚飞',244),('深圳亚飞',648)]

> **注意：**
> （1）选择"管理费用"列，将其值转换为列表，作为饼图数据项的值。
> （2）选择"管理费用"列，将其索引转换为列表；再利用列表推导式，截取列表中每一个元素的前 4 个字符，再组成新的列表。作为饼图数据项的名称。
> （3）利用 zip()函数压缩上述 2 个列表，并将其转换为列表格式，作为饼图的数据。

（二）思路分析 2：各期间费用明细项目占比柱状堆积图模型

（1）读取"亚飞集团管理费用汇总表.xlsx"的内容，赋值给变量 df。
（2）以"期间"为依据，对变量 df 分组、求和，赋值给 df1。
（3）创建柱状图并赋值给 bar，设置宽度、高度、主题。
（4）从变量 df1 中获取行索引名称列表，作为 X 轴数据添加到柱状图 bar 当中。
（5）遍历 df1 的列索引名称列表，赋值给 col。
（6）根据变量 col 从变量 df1 中获取对应列的值，作为 Y 轴数据添加到柱状图 bar 当中。
（7）设置柱状图 bar 的标签样式、位置、字体、颜色、文本格式等。
（8）设置柱状图 bar 的标题名称、标题位置、图例位置等。
（9）保存柱状图 bar 到"亚飞集团各期间管理费用结构.html"文件。
根据思路分析执行以下代码。

```
In:
1 #(1)导入 Pandas 模块、pyecharts.charts 中的 Bar 方法、子模块 Options
2 import pand as pd
3 from pyecharts.charts import Bar
4 from pyecharts import options as opts
5 #(2)读取"亚飞集团管理费用汇总表.xlsx"的内容
6 df=pd.read_excel(r"亚飞集团管理费用汇总表.xlsx")
7 #(3)运用 groupby()以"期间"为依据分组、求和
8 df1=df.groupby(by="期间").sum()
9 print(df1)
```

```
Out:
期间        管理费用  职工薪酬  折旧摊销  办公费  审计咨询  修理费  差旅费  保险费  其他
2022年1月   737   360   76    103  0     45   113  7    33
2022年2月   847   396   76    117  47    47   113  7    44
2022年3月   773   351   76    129  17    42   111  0    37
```

> **注意：**
> 这里可视化分析目的是要展示各期间的管理费用明细项目结构，需要得到各期间名称、各期间的管理费用明细项目金额。因此，以"期间"为依据进行分组、求和。

```
In:
10 #(4)创建柱状图并赋值给 bar
11 bar=Bar(init_opts=opts.InitOpts(width="800px",
12                 height="800px",theme="dark"))
```

```
13 #(5)获取df1的行索引并转换为列表
14 x_data=df1.index.tolist()
15 print(x_data)
16 #(6)向图形bar添加x轴数据(x_data)
17 bar.add_xaxis(x_data)
```

Out:
['2022年1月','2022年2月','2022年3月']

> **注意:**
> (1) 创建柱状图,可以设置画布大小、主题。
> (2) 要展示各期间的管理费用明细项目,需要将期间名称作为X轴数据,即获取df1的行索引列表。

In:
```
18 #(7)向图形bar添加Y轴数据,并设置标签样式
19 cols=df1.columns.tolist()[1:]
20 print(cols)
21 for col in cols:
22     y_data=df1[col].values.tolist()
23     bar.add_yaxis(col,y_data,stack="金额")
24     bar.set_series_opts(label_opts=opts.LabelOpts(
25         is_show=True,position= "inside"
26         color="Black",font_size=8,
27         formatter="{a}:{c}万元"))
```

Out:
['职工薪酬','折旧摊销','办公费','审计咨询','修理费','差旅费','保险费','其他']

> **注意:**
> (1) 获得df1的列索引名称列表。
> (2) 遍历列索引名称列表,根据列索引名称选择对应的列,并获取对应列的金额列表。
> (3) 将金额列表作为Y轴数据添加到bar中。注意设置图形堆积参数。
> (4) 设置bar的标签位置、字体、颜色、文本格式等,循环添加,直至完成。

In:
```
28 #(8)设置标题、图例
29 bar.set_global_opts(
30     title_opts=opts.TitleOpts(
31     title="亚飞集团各期间管理费用结构"
32     pos_left="center"),
33     legend_opts=opts.LegendOpts(
34     pos_left="center",pos_top="4% "))
35 #(9)保存饼图bar
36 bar.render(r"亚飞集团各期间管理费用结构.html")
```

Out:

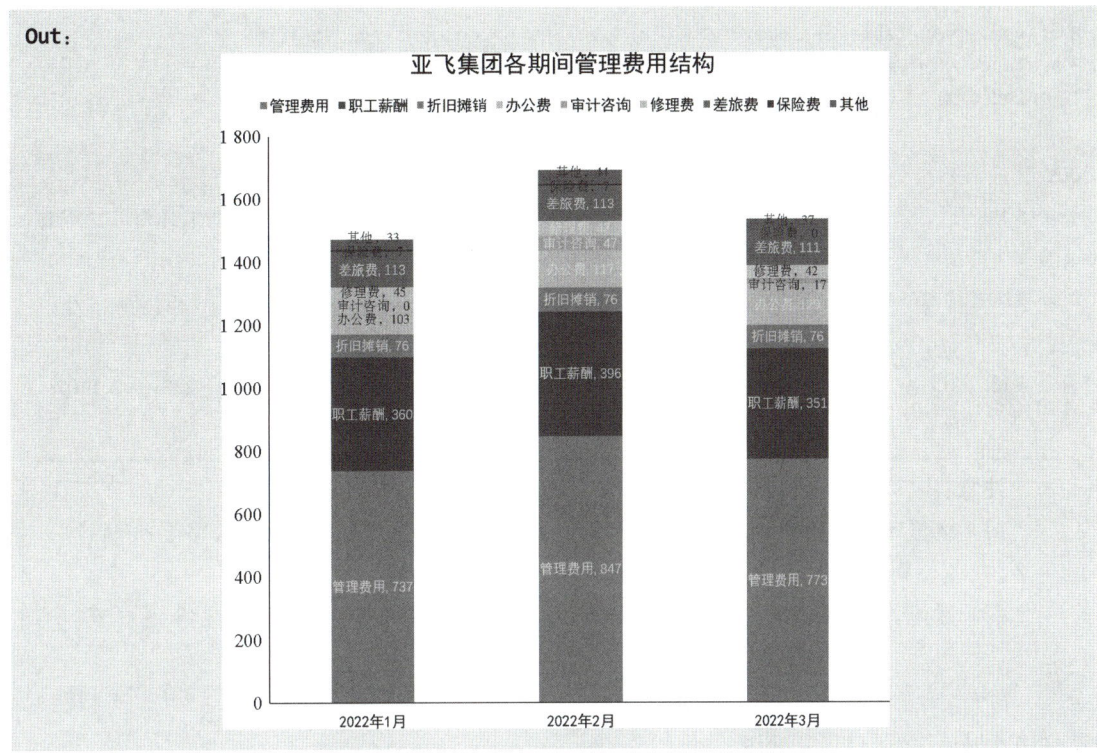

(三) 思路分析 3：各子公司费用明细项目占比并行饼图模型

(1) 读取"亚飞集团管理费用汇总表.xlsx"的内容,赋值给变量 df。

(2) 依据变量 df 编制数据透视表,汇总各公司的费用明细项目数据并添加合计项,赋值给 df1。

(3) 创建并行图并赋值给 grid,设置宽度、高度、主题。

(4) 设置子图的圆心位置、标题位置,存储为列表 list。

(5) 遍历枚举对象(枚举行索引列表,即公司名称),并分别赋值给 num 和 name。

(6) 根据变量 name 从变量 df1 中获取行数据,赋值给变量 row。

(7) 从变量 row 中获取索引列表、值列表,压缩列表形成饼图数据,赋值给 data。

(8) 创建饼图 pie,添加数据,设置图形样式、圆心位置、标题位置、图例样式、标签文本格式等。

(9) 将饼图 pie 添加到并行图 grid 中。

(10) 保存并行图 grid 到"亚飞集团各公司管理费用结构.html"文件。

根据思路分析执行以下代码。

In:
```
1 #(1)导入 Pandas 模块、pyecharts.charts 中的 Pie 方法和 Grid 方法、子模块 Options
2 import pand as pd
3 from pyecharts.charts import Pie,Grid
4 from pyecharts import options as opts
5 #(2)读取"亚飞集团管理费用汇总表.xlsx"的内容
6 df=pd.read_excel(r"亚飞集团管理费用汇总表.xlsx")
7 #(3)依据 df 制作数据透视表
```

```
 8 df1=pd.pivot_table(df,index="公司名称",values=df.columns.tolist()[3:]
 9 aggfunc="sum",margins=True,margins_name="亚飞集团")
10 print(df1)
```

Out:

公司名称	保险费	修理费	其他	办公费	审计咨询	差旅费	折旧摊销	职工薪酬
北京亚飞科技有限公司	0	2	8	83	5	67	36	114
深圳亚飞科技有限公司	15	56	40	59	48	80	75	275
……								
亚飞集团	24	134	114	349	64	337	228	1107

> **注意:**
> （1）这里可视化分析目的是要展示各公司的管理费用明细项目结构,需要得到各公司名称、各公司的明细项目金额,同时展示亚飞集团的金额。
> （2）因此,编制数据透视表并显示合计项。同时,设置 values 时无须前 3 列内容。

In:
```
11 #(4)创建并行图并赋值给 grid
12 grid=Grid(init_opts=opts.InitOpts(width="800px",height="1200p",
13                                    theme="macarons"))
14 #(5)假设 6 个子图(3 行* 2 列),设置子图的圆心位置、标题位置
15 list1=[ ["200","200""130""10"],["600","200","530","10"],
16         ["200","600","130","410"],["600","600","530","410"],
17         ["200","1000","130","810"],["600","1000","530","810"]]
18 #(6)调用对应数据绘制饼图 pie,添加到并行图 grid 中
19 names=df1.index.tolist()
20 print(names)
```

Out:
['北京亚飞科技有限公司','厦门亚飞软件有限公司','天津亚飞教育科技有限公司','杭州亚飞有限公司','深圳亚飞科技有限公司','亚飞集团']

> **注意:**
> （1）创建并行图 grid,用于存放各个子图。注意设置画布大小,以便确定各个子图的坐标。
> （2）要使用 for…in 循环批量添加子图,需要将子图的位置、标题的位置存储在列表 list_1 当中,以便调用。
> （3）要对每个子公司绘制一个饼图,需要遍历公司名称列表,通过 df1 的行索引列表获得。

In:
```
21 for nun,name in enumerate(names):
22     row=df1.loc[name,:]
23     data=list(zip(row.index.tolist(),row.values.tolist()))
24     print(data)
```

Out:
[('保险费',0),('修理费',2),('其他',8),('办公费',83),('审计咨询',5),('差旅费',67),('折旧摊销',36),('职工薪酬',114)]
……
[('保险费',24),('修理费',134),('其他',114),('办公费',349),('审计咨询',64),('差旅费',337),('折旧摊销',228),('职工薪酬',1107)]

> **注意：**
> （1）遍历公司名称列表，利用 loc 索引器选择对应的行，每行数据即为每一个公司的管理费用明细数据（每行数据是 1 个 series）。
> （2）在添加子图时需要考虑子图位置、子图标题的位置，根据索引可以获得 list_1 中对应的值。
> （3）遍历枚举对象，即可以得到每个公司的名称和相对应的索引（枚举对象可以同时获得索引和值）。
> （4）利用 zip()函数压缩每一行数据的索引列表和对应的值列表，得到用于创建饼图的数据。

In:
```
25 pie=Pie()
26 pie.add("管理费用",data,radius=["50","100"],rosetype="radius"
27         center=list_1[nun][0:2]
28 pie.set_global_opts(title_opts =opts.TitleOpts(title=f"{name[:4]}管理费用",
29                                 pos_left=list_1[num][2],pos_top=list_1[num][3]),
30                     legend_opts=opts.LegendOpts(is_show=False))
31 pie.set_series_opts(label_opts=opts.LabelOpts(formatter="{b}\n{c}万元\n{d}%"))
32 grid.add(pie,grid_opts=opts.GridOpts())
```

> **注意：**
> （1）创建饼图 pie，添加数据 data；设置半径（根据占据画布的大小）；设置显示样式为玫瑰图；通过圆心坐标设置饼图 pie 在并行图 grid 中的位置，圆心坐标通过变量 list_1[索引]来获取。
> （2）添加饼图 pie 的标题，设置标题位置（通过变量 list_1[索引]来获取）。设置不显示图例。设置标签的文本显示格式（参照实验 1）。
> （3）将饼图 pie 添加到并行图 grid 中。因为已经通过圆心坐标设置了饼图 pie 的位置，并行图 grid 的位置选项无须再进行设置（但是需要保留参数，输入值为空即可）。

In:
33 #(7)保存并行图 grid 为"亚飞集团各期间管理费用结构.html"
34 grid.render(f"亚飞集团各公司管理费用结构.html")

Out:

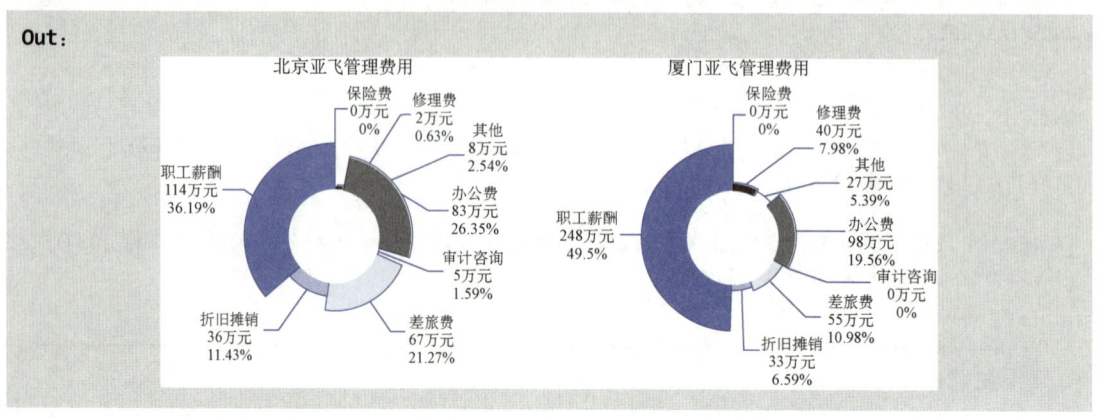

五、业务总结

亚飞公司费用可视化分析模型主要通过 Pyecharts 不同的图表类型和配置项来搭建。Python 中除了 Pyecharts 模块，还有 Matplotlib 等模块支持数据的可视化。数据可视化可以将财务报表、经营等数据拆解并以多样化的图表展示数据内在规律，帮助管理层了解公司经营和发展情况。

但需注意的是，数据可视化工具是大数据财务分析的辅助工具，更重要的是要明确数据分析的目标和数据使用者的需求，结合原始数据的特征和结构，选择合适的绘图模块和合适的图表类型加以呈现，以便数据分析结果的应用和数据价值挖掘。

 本章小结

本章主要阐述了运用 Python 中的 Pandas 模块、Openpyxl 模块和 Pyecharts 模块来解决期间费用的汇总统计和可视化分析问题。

DataFrame 是 Pandas 最常用的数据结构之一，每个 DataFrame 对象可以看作一个二维表格，由索引（index）、列名（columns）和值（values）三部分组成。在分析数据时，有时需要查看数据的数量、平均值、标准差、最大值、最小值、四分位数等特征，DataFrame 结构对于这些操作都提供了良好的支持。

扩展 Pandas 支持使用不同的方式创建 DataFrame 结构，也支持使用 read_csv()、read_excel()、read_json()、read_hdf()、read_html()、read_gbq()、read_pickle()、read_sql_table()、read_sql_query() 等函数从不同的数据源读取数据创建 DataFrame 结构，同时也提供对应的 to_excel()、to_csv() 等系列方法将数据写入不同类型的文件。

Python 提供了非常多样的绘图功能，通过工具 Pyecharts 模块绘制二维、三维图形，以便我们进一步构建更加复杂的可视化、完成复杂财务业务。

 **实践环节**

为进一步加强专业综合实践教学环节中的社会实践部分,培养和提高学生综合运用所学的基本理论、基本知识和基本技能分析和解决实际问题的能力,培养学生的应用能力和创造能力,学生将通过线上实际操作巩固知识,熟悉 Python 操作。

学生应通过线上 Python 财务应用平台进行相应实践,灵活运用 Pandas 模块、Openpyxl 模块和 Pyecharts 模块完成财务业务,并根据所学内容修改代码进行练习,达到熟练掌握的目的。

多方面的实践可以增强学生的感性认知,激发学生的学习兴趣,从而实现课堂教育与财务工作的零距离对接。

 复习思考题

超市营业额.xlsx

一、操作题

请扫描旁边二维码,根据附件文件"超市营业额.xlsx",执行以下操作。

(1) 根据附件文件"超市营业额.xlsx",查看单日交易总额最小的 3 天的交易数据,并查看这 3 天分别是周几。

(2) 查阅资料,根据附件文件"超市营业额.xlsx",在所有员工的工号前面增加一位数字,增加的数字和原工号最后一位相同,把修改后的数据写入新文件"超市营业额修改工号.xlsx"。例如,把工号 1001 变为 11001,把 1003 变为 31003。

(3) 查阅资料,根据附件文件"超市营业额.xlsx",把每个员工的交易额数据写入文件"各员工数据 xlsx"每个员工的数据占一个 worksheet,结构和"超市营业额 xlsx"一样,并以员工姓名作为 worksheet 的标题。

(4) 查阅资料,根据附件文件"超市营业额.xlsx",绘制折线图展示一个月内各柜台营业额每天的变化趋势。

(5) 查阅资料,根据附件文件"超市营业额.xlsx",绘制饼状图展示该月各柜台营业额在交易总额中的占比。

(6) 查阅资料,根据附件文件"超市营业额.xlsx",绘制柱状图展示张三在不同柜台的交易总额。

二、实战作业

对本章例题中的数据文件,使用 Python 的绘图功能重新操作一遍。

第六章

往来核算与管理的实战应用

第一节 划分往来款项账龄期间

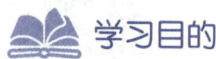
学习目的

了解账龄划分的方法,理解计算原理;运用 Pandas 模块等 Python 相关知识开发完成应收款项账龄划分模型。

一、业务场景

赊销是企业最为重要的促销手段,它能够增加产品的销售量和销售收入,从而增加利润总额。为了更好地留住客户,亚飞公司提供了不同的信用政策,但随着信贷销售规模的不断扩大,应收账款也相应增多。

为了对企业的应收款项进行有效管理,降低坏账损失的风险,提高资金利用效率,亚飞公司整理了近 3 年的应收款项数据,通过自动进行账龄分析并开展定期清查、全面清查,助力保障及优化企业现金流管理。

(1)近 3 年的应收账款科目余额表存放在"账龄分析底稿.xlsx"中,每年单独形成一张表。注意这里判断账龄时当下的时间是在 2022 年。

(2)工作簿中的"人工计算结果"记录了使用 Excel 公式计算的账龄划分结果。账龄分析底稿.xlsx 如图 6-1 所示。

图 6-1 "账龄分析底稿.xlsx"

应收账款的账龄是指从销售实现、产生应收账款之日起,至资产负债表日止经历的时间间隔,简言之,就是应收账款账面上未收回的时间。应收账款的账龄越长,发生坏账损失的可能性就越大,资产的流动性就越差。因此,账龄划分是应收账款管理的重要工作。

根据《公开发行证券的公司信息披露内容与格式准则第 2 号——年度报告的内容与格式》,将应收账款的账龄划分为四段,即 1 年以内、1~2 年、2~3 年、3 年以上。而对于如何计算各账龄期间的金额,实际工作中有不同的方法。常见的有以下 2 种方法:

(1) 通过销售订单管理系统中的应收确认时间、实际收款时间等,直接计算每一个合同的账龄,然后再汇总所有订单,得到各期间的账龄金额。

(2) 在没有销售订单系统或者收款无法准确划分至每一笔订单时,可以通过应收账款科目余额表计算各账龄期间的金额。此时,通常采用先进先出法处理,即收到的款项先冲减早期的应收账款。实务工作中如财务年审等,通常采用此方法。

目前,亚飞公司按照应收账款科目余额表计算各期间的账龄(第(2)种方法),而且财务中未设置预收账款科目(当应收账款余额为负数时代表预收账款)。财务人员采用 Excel 方式进行定期的账龄统计,通过手动方式去完成各年度数据的汇总和重算。

一方面,虽然往来款项数据汇总以重复性的复制、粘贴为主,操作难度系数不大,但是随着企业财务管理的精细化,定期分析应收账款的频率在不断增加,会耗费不必要的人力资源。

另一方面,随着客户数量的增加,基础数据量越来越大,将导致 Excel 运行缓慢。而 Excel 计算公式也比较复杂,不利于在不同财务人员之间的推广和应用,而且人工操作容易产生人为错误。

因此,亚飞公司利用 Python 开发往来款项账龄分析模型,将更多的人力投放在如何催收账款分析账龄,以及如何改善应收账款结构,控制应收账款的风险上。

(一) 应收账款账龄期间的划分

应收账款账龄期间的具体计算公式如下:

3 年以上账龄的金额＝3 年以上账龄的金额

2~3 年账龄的金额＝2 年账龄以上的金额－3 年账龄以上的金额

1~2 年账龄的金额＝1 年账龄以上的金额－2 年账龄以上的金额

0~1 年账龄的金额＝0 年账龄以上的金额(期末余额)－1 年账龄以上的金额

(二) 3 年以上账龄的金额计算

财务人员在计算应收账款的账龄时,需强调一项假设前提,即:收取的款项先冲减最早的应收账款。期间在 3 年以上账龄金额的计算思路如下。

1. 借方发生额、贷方发生额的重分类

当借方发生额＜0 时,视同发生收款,应重分类为贷方发生额,此时借方发生额视为 0;同理,当贷方发生额＜0 时,视同发生应收账款,应重分类为借方发生额,此时贷方发生额视为 0。

2. 2019 年期初余额＞0

2019 年期初余额＞0 时,以后各期间的收款会减少应收账款。

当 2019 年期初余额－累计收款(贷方)发生额＞0 时,代表 2019 年之前的应收账款尚未全部收取,3 年以上账龄金额＝2019 年期初余额－累计收款(贷方)发生额。否则,2019 年之前的应收账款已全部收取,3 年以上账龄金额为 0。

3. 2019 年期初余额≤0

2019 年期初余额≤0 时,实际为预收账款,以后发生的应收账款将会减少预收账款。

当 2019 年期初余额＋累计应收(借方)发生额＜0 时,代表 2019 年之前的预收账款尚未全部结算,3 年以上账龄金额＝2019 年期初余额＋累计应收(借方)发生额,即仍然为预收账款。否则,2019 年之前的预收账款已经全部结算,3 年以上账龄金额为 0。

综上同理,期间在 2 年以上账龄、期间在 1 年以上账龄的金额计算同上。

二、实验要求

根据亚飞公司应收账款账龄计算方法,利用 Python 相关知识,完成应收账款账龄划分模型。

(1) 将"账龄分析底稿.xlsx"中同一客户各年的应收款项余额表数据横向连接汇总。

(2) 根据应收账款账龄分期方法,区分应收账款和预收账款,首先,对借方和贷方发生额进行重分类;其次,计算各账龄期间的金额;最后,进行账龄期间划分。

(3) 判断各账龄期间金额(该期间总额)和对应的"人工计算结果"是否相等。

(4) 将计算结果写入"账龄分析结果.xlsx"中(包含原工作簿中的数据和账龄计算结果)。

三、知识准备

(1) 应收账款账龄计算方法(先进先出法)。

(2) Pandas 模块:读取 Excel 工作簿。

(3) Pandas 模块:merge()函数合并表格。

(4) Pandas 模块:缺失值填充函数 fillna()。

(5) Pandas 模块:修改列名称、删除数据列、增加数据列。

(6) Pandas 模块:数据的选取、数据的运算。

(7) Pandas 模块:利用写入对象 pandas.ExcelWriter()向工作簿写入数据。

四、思路分析

(1) 读取"账龄分析底稿.xlsx"的数据,存储为 DataFrame 表格。

(2) 按照"客户名称"汇总各年余额表的数据,将缺失值填充为 0,存储为表格 df_hz。

(3) 重命名列名称;删除多余数据列;增加需要的数据列。

(4) for…in 循环遍历表格 df_hz 的每一行数据,赋值给变量 row,用于重分类各年的借方、贷方发生额:

借方＜0 时,贷方＝贷方＋abs(借方),借方＝0。

贷方＜0 时,借方＝借方＋abs(贷方),贷方＝0。

(5) 检验重分类的结果是否正确(各年发生额是否都不小于 0)。

(6) for…in 循环遍历表格 df_hz 的每一行数据,赋值给变量 row,用于计算各账龄期间的金额:

年初余额≥0 时(应收款项):

年初余额－累计收款＞0:该期间账龄金额＝年初余额－累计收款

否则(年初余额－累计收款≤0):该期间账龄金额＝0

否则(年初余额＜0)时(预收款项):

年初余额＋累计应收＜0:该期间账龄金额＝年初余额＋累计应收

否则(年初余额＋累计应收≥0):该期间账龄金额＝0

(7) 计算各账龄分段金额,如"1—2年"金额＝1年以上账龄金额－2年以上账龄金额。

(8) 判断计算结果是否正确,并将判断结果存储在列表中:

计算结果(1年以内等)＝＝人工结果(1年以内等):["1年以内正确"]

否则:["1年以内错误"]

(9) 将计算完成的账龄划分表格、原始数据表格写入 Excel 工作簿中。

五、代码讲解

根据思路分析执行以下代码。

```
In:
1 #(1)导入 Pandas 模块并命名为 pd
2 import pandas as pd
3 #(2)读取"账龄分析底稿.xlsx"的数据
4 df_19=pd.read_excel(r"账龄分析底稿.xlsx",sheet_name="19年余额表")
5 df_20=pd.read_excel(r"账龄分析底稿.xlsx",sheet_name="20年余额表")
6 df_21=pd.read_excel(r"账龄分析底稿.xlsx",sheet_name="21年余额表")
7 df_rg=pd.read_excel(r"账龄分析底稿.xlsx",sheet_name="人工计算结果")
8 print(df_21)
```

```
Out:
      客户名称                      年初余额         借方金额        贷方金额       年末余额
0    北京爱酷智能科技有限公司            1131422.25    64083.79    10000.00    1185506.04
1    深圳神州泰业科技发展有限公司          4000.00       38400.00    0.00        42400.00
..   ...                         ...          ...         ...         ...
291  东营齐成置业有限公司              0.00          7348.00     907348.00   - 900000.00
292  深圳众享互动传媒科技股份有限公司        0.00          2945133.14  0.00        2945133.14
[293 rows x5 columns]
```

> **注意:**
> (1) 分别读取 2019—2021 年的应收账款科目余额表,对应每个客户有年初余额、借方金额、贷方金额和年末余额 4 列金额信息。
> (2) 以 2021 年数据为例显示在结果区,可以看出,亚飞公司没有依照客户的信用评级对应收账款进行分类管理。

```
In:
9  #(3)根据"客户名称"列汇总余额表数据,将缺省值填充为 0
10 df_hz=pd.merge(df_19,df_20,on="客户名称",how="outer").fillna(0)
11 df_hz=pd.merge(df_hz,df_21,on="客户名称",how="outer").fillna(0)
12 print(df_hz)
```

```
Out:
      客户名称                      年初余额_x      借方金额_x       借方金额       贷方金额     年末余额
0    北京爱酷智能科技有限公司            1131422.25  1208657.74  64083.79   10000.0  1185506.04
1    深圳神州泰业科技发展有限公司          4000.00     18000.00    38400.00   0.0      42400.00
```

	客户名称				
2	深圳众鸿天信息技术有限公司	-2770.00	0.00	0.00	0.0	-2770.00
...	...	...	...	...	...	...
291	东营齐成置业有限公司	0.00	0.00	7348.00	907348.0	-900000.00
292	深圳众享互动传媒科技股份有限公司	0.00	0.00	2945133.14	0.00	2945133.14

> **注意：**
> 将 2019—2021 年的应收账款的数据，按照"客户名称"进行了连接。为了后续账龄的计算，需要将缺省值填充为 0。通过观察可以发现，重复的列名称增加了"_x"用于区分。

```
In:
13 #(4)重命名列名称,删除多余的列,增加需要的列
14 df_hz.columns=["客户名称","年初 19","借方 19","贷方 19","年末 19","年初 20",
15      "借方 20","贷方 20","年末 20","年初 21","借方 21","贷方 21","年末 21"]
16 del df_hz["年末 19"]
17 del df_hz["年末 20"]
18 df_hz["1 年以内"]=0
19 df_hz["1-2 年"]=0
20 df_hz["2-3 年"]=0
21 df_hz["3 年以上"]=0
22 print(df_hz)
```

Out:

	客户名称	年初 19	借方 19	贷方 19	1 年以内	1-2 年	2-3 年	3 年以上
0	北京爱酷智能科技有限公司	770754.04	1208657.74	725851.48	0.00	0.00	0.00	0.00
...	...	...	...	...	...	...	...	...
292	深圳众享互动传媒科技股份有限公司	0.00	0.00	0.00	0.00	0.00	0.00	0.00

> **注意：**
> （1）因为 2019 年、2020 年的年末数据和次年初的数据重复，通过 del 语句删除 2 列数据。
> （2）新增了 4 列数据并赋值为 0，便于后续的账龄分析。

```
In:
23 #(5)重分类各年借方发生额、贷方发生额
24 for i in df_hz.index.tolist():
25     row=df_hz.loc[I,:].copy()    #读取每一行数据并创建副本
26     if row["借方 19"]<0:
27         row["贷方 19"]=abs(row["借方 19"])+ row["贷方 19"]
28         row["借方 19"]=0
29     if row["借方 20"]<0:
30         row["贷方 20"]=abs(row["借方 20"])+ row["贷方 20"]
```

```
31      row["借方 20"]=0
32    if row["借方 21"]<0
33      row["贷方 21"]=abs(row["借方 21"])+ row["贷方 21"]
34      row["借方 21"]=0
```

> **注意**：
> （1）遍历表格 df_hz 的行索引，通过索引器 loc 获取对应索引的行数据（结果为 Series）。在此处，为了避免链式调用带来的错误提示，使用 copy()函数创建副本进行操作。
> （2）将 2019—2021 年应收款项的借方、贷方发生额进行了重分类计算。基本思路是：如果借方金额＜0，则将金额放入贷方，即贷方＝贷方＋abs(借方)，借方＝0；如果贷方金额＜0，则将金额放入借方，即借方＝借方＋abs(贷方)，贷方＝0。

In:
```
35    if row["贷方 19"]<0:
36      row["借方 19"]=abs(row["贷方 19"])+ row["借方 19"]
37      row["贷方 19"]=0
38    if row["贷方 20"]<0:
39      row["借方 20"]=abs(row["贷方 20"])+ row["借方 20"]
40      row["贷方 20"]=0
41    if row["贷方 21"]<0
42      row["借方 21"]=abs(row["贷方 21"])+ row["借方 21"]
43      row["贷方 21"]=0
44  df_hz.loc[i,:]=row    #将变量 row 赋值给当前行数据
```

> **注意**：
> 按照上述规则重分类后，需要将重分类后的数据再赋值给表格 df_hz 对应的行。这是因为在进行重分类计算时，是对副本进行的操作，表格 df_hz 的值并未发生变化，需要再次赋值。

In:
```
45  #(6)按照"发生额<0"筛选 df_hz(输出空表格为正确)
46  print(df_hz[df_hz["借方 19"]<0])
47  print(df_hz[df_hz["贷方 19"]<0])
48  print(df_hz[df_hz["借方 20"]<0])
49  print(df_hz[df_hz["贷方 20"]<0])
50  print(df_hz[df_hz["借方 21"]<0])
51  print(df_hz[df_hz["贷方 21"]<0])
```

Out:
```
Empty   DataFrame
Columns:[客户名称,年初 19,借方 19,贷方 19,年初 20,借方 20,贷方 20,年初 21,借方 21,贷方 21,年末 21,1 年以内,1-2 年,2-3 年,3 年以上]
Index:[ ]
……
```

> **注意:**
> 借方和贷方发生额重分类后,所有金额都大于或等于 0,通过筛选表格,检查重分类结果是否正确。

In:
```
52  #(7)计算(3年以上,2-3年,1-2年,1年以内)各账龄段的金额
53  for i in df_hz.index.tolist():
54      row=df_hz.loc[i,:].copy()    #读取每一行数据并创建副本
55      #(7.1)计算3年以上账龄期间的金额,赋值给变量t3
56      if row["年初 19"]>=0:
57          if row["年初 19"]-row["贷方 19"]-row["贷方 20"]-row["贷方 21"]>0:
58              t3=row["年初 19"]-row["贷方 19"]-row["贷方 20"]-row["贷方 21"]
59          else:
60              t3=0
61      else:
62          if row["年初 19"]+ row["借方 19"]+ row["借方 20"]+ row["借方 21"]<0:
63              t3=row["年初 19"]+ row["借方 19"]+ row["借方 20"]+ row["借方 21"]
64          else:
65              t3=0
```

> **注意:**
> (1)再次遍历表格 df_hz 的行索引,通过索引器 loc 获取对应索引的行数据。
> (2)计算3年以上账龄的金额。如果"年初 19"≥0,代表是应收账款;当扣除累计收款后的余额仍大于 0,代表"年初 19"仍未被全部收回,差额即为 3 年以上账龄金额。否则,代表"年初 19"全部收回,3 年以上账龄金额为 0。

In:
```
66  #(7.2)计算2年以上账龄期间的金额,赋值给变量t2
67      if row["年初 20"]>=0:
68          if row["年初 20"]-row["贷方 20"]-row["贷方 21"]>0:
69              t2=row["年初 20"]-row["贷方 20"]-row["贷方 21"]
70          else:
71              t2=0
72      else:
73          if row["年初 20"]+ row["借方 20"]+ row["借方 21"]<0:
74              t2=row["年初 20"]+ row["借方 20"]+ row["借方 21"]
75          else:
76              t2=0
77      #(7.3)计算1年以上账龄期间的金额,赋值给变量t1
78      if row["年初 21"]>=0:
79          if row["年初 21"]-row["贷方 21"]>0:
80              t1=row["年初 21"]-row["贷方 21"]
81          else:
82              t1=0
83      else:
```

```
84      if row["年初 21"]+ row["借方 21"]<0:
85          t1=row["年初 21"]+ row["借方 21"]
86      else:
87          t1= 0
```

按照上述方法，依次计算 2 年以上账龄的金额、1 年以上账龄的金额。

```
In:
88  #(7.4)计算各账龄分段的金额
89  row["3 年以上"]=t3
90  row["2-3 年"]=t2-t3
91  row["1-2 年"]=t1-t2
92  row["1 年以内"]=row["年末 21"]-t1
93  #(7.5)将更新后的 row 赋值给当前行数据
94  df_hz.loc[i,:]=row
95  print(df_hz)
```

Out:

	客户名称	年初 19	借方 19	1-2 年	2-3 年	3 年以上
0	北京爱酷智能科技有限公司	770754.04	1208657.74	807861.95	313560.30	0.00
...	...	...	...	...	...	...
292	深圳众享互动传媒科技股份有限公司	0.00	0.00	0.00	0.00	0.00

> **注意：**
> （1）根据计算出来的 3 年以上账龄金额、2 年以上账龄金额、1 年以上账龄金额、期末余额，计算分段账龄的金额，并修改对应位置的值。
> （2）将计算后的数据再赋值给表格 df_hz 对应的行。

```
In:
96  #(8)与人工计算结果对比,判断账龄分段结果是否正确
97  result=[]
98  if df_hz["1 年以内"].sum()==dfz_rg["1 年以内"].sum():
99      result.append("1 年以内正确")
100 else:
101     result.append("1 年以内错误")
102 if df_hz["1-2 年"].sum()==df_rg["1-2 年"].sum():
103     result.append("1-2 年正确")
104 else:
105     result.append("1-2 年错误")
106 if df_hz["2-3 年"].sum()==df_rg["2-3 年"].sum():
107     result.append("2-3 年正确")
108 else:
109     result.append("2-3 年错误")
110 if df_hz["3 年以上"].sum()==df_rg["3 年以上"].sum():
111     result.append("3 年以上正确")
112 else:
113     result.append("3 年以上错误")
114 print(result)
```

Out:
['1年以内正确','1-2年正确','2-3年正确','3年以上正确']

以上代码是为了进行检验,比较各账龄段的计算结果(累计金额)与人工计算结果是否相等:如果相等,添加"**金额正确"到列表中,否则,添加"**金额错误"到列表中。

In:
```
115 #(9)计算应收账款各账龄段金额占总额的比例
116 amount_total=df_hz["年末21"].sum()
117 amount_1年内=df_hz["1年以内"].sum()
118 amount_1_2年内=df_hz["1-2年"].sum()
119 amount_2_3年内=df_hz["2-3年"].sum()
120 amount_3年以上=df_hz["3年以上"].sum()
121 print(f"1年以内应收账款{amount_1年内}元,占总额比{amount_1年内/amount_total*100:.2f}%。")
122 print(f"1-2年应收账款{amount_1_2年}元,占总额比{amount_1_2年/amount_total*100:.2f}%。")
123 print(f"2-3年应收账款{amount_2_3年}元,占总额比{amount_2_3年/amount_total*100:.2f}%。")
124 print(f"3年以上应收账款{amount_3年以上}元,占总额比{amount_3年以上/amount_total*100:.2f}%。")
```

Out:
1年以内应收账款 33767552.54 元,占总额比 92.38%。
1-2年应收账款 1952152.93 元,占总额比 5.34%。
2-3年应收账款 531625.3 元,占总额比 1.45%。
3年以上应收账款 300036.0 元,占总额比 0.82%。

通过结果可以看出,各账龄期间金额与应收账款/主营业务收入等指标,企业可以对账龄及相关指标分析来衡量应收账款质量。

In:
```
125 #(10)将计算完成的表格写入"账龄分析计算结果.xlsx"中
126 with pd.ExcelWriter(r"账龄分析计算结果.xlsx")as writer:
127     df_19.to_excel(writer,sheet_name="19年余额表",index=False)
128     df_20.to_excel(writer,sheet_name="20年余额表",index=False)
129     df_21.to_excel(writer,sheet_name="21年余额表",index=False)
130     df_hz.to_excel(writer,sheet_name="汇总结果",index=False)
131     df_rg.to_excel(writer,sheet_name="人工计算结果",index=False)
```

Out:

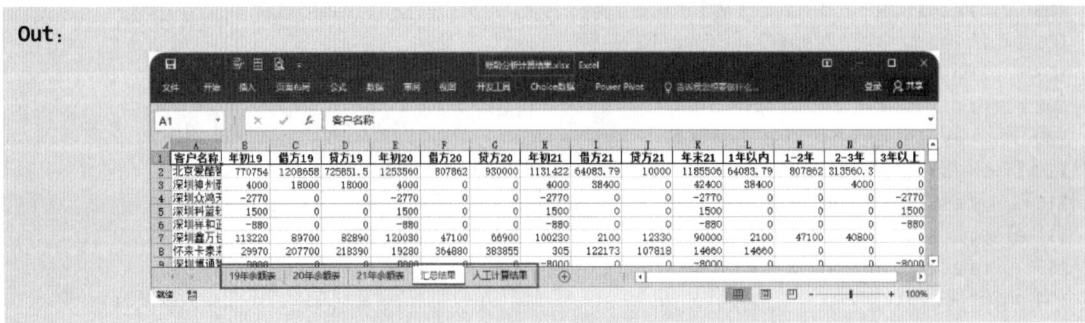

六、业务总结

管理应收账款是企业财务管理目标之一,亚飞公司通过建立账龄分析模型,完善应收账款管理体系,进一步通过应收账款占流动资产的比例来衡量企业的资金占用情况,该比例越大表示企业资金周转就越困难,相反则表明资金周转越快。同时,建立该模型也有助于加强应收账款的事后监管,如对 3 年以上账龄的应收账款进行重点关注,加紧催收。最终,企业能逐渐提高管理应收账款、信用等级和预防风险的意识,以达到提高应收账款周转速度和增加公司销售额的目的。

根据上述账龄划分模型,当将基础数据替换为月度或季度区间时,也可以计算各期间的金额,如 30 天以内、30～60 天、60～90 天、90 天以上等。

第二节 批量编制并发送往来对账单

学习目的

了解往来款项对账单管理的方法;运用 Pandas 模块、Yagmail 模块、Openpyxl 模块等 Python 相关知识开发完成批量编制并发送往来对账单模型。

一、业务场景

往来款项管理是企业财务工作的重要组成部分,通常涉及信用政策的调整、往来款项账龄的划分、定期核对账目等工作。在日常管理中,及时进行往来款项的核对是非常重要的一项工作,既可以保证往来账目的清晰,还可以及时发现账务风险并督促业务人员跟踪处理,减少坏账的发生。

亚飞公司财务制度规定,往来会计至少在每季度终了后 20 日内给所有往来单位发送往来款项对账单,并及时跟踪获得回单。由于亚飞公司的往来业务由集团统一核算,往来单位数量众多,在利用明细账数据填写对账单时经常发生错误,经常不能按时发送对账单,给企业带来了非常不好的影响。

为了解决这一问题,往来会计小王计划采用 Python 开发批量编制并发送往来对账单模型,用于提高编制对账单的正确率,避免数据迁移过程中再次发生错误;并且该模型能自动将编制好的对账单发送到客户邮箱,提高工作效率,以便能够将更多精力投入到往来款项的风险控制和检查中。

(1) 应收账款数据存放在"往来款项明细. xlsx"的"应收款项"表和"客户档案"中。亚飞公司应收和预收款项统一由"应收账款"科目核算,借方余额代表应收金额,贷方余额代表预收金额。

亚飞公司还整理了客户档案工作簿(往来款项明细 2. xlsx),客户档案中存储了联系人、往来单位地址、联系电话、邮箱等信息。

应收账款明细(往来款项明细. xlsx)如图 6-2 所示,客户档案(往来款项明细 2. xlsx)如图 6-3 所示。

	A	B	C	D	E	F	G	H
1	客户编码	客户名称	期初借方金额	期初贷方金额	本年累计借方金额	本年累计贷方金额	期末借方金额	期末贷方金额
2	112202	厦门亦城实业有限公司	916,568.05		6,558,703.84	6,326,603.79	1,148,668.10	
3	112206	福建信荣进出口有限公司	866,799.18		12,127,315.24	11,710,818.29	1,283,296.13	
4	112258	北京晶弘实业有限公司				500,000.00		500,000.00

图 6-2 "往来款项明细.xlsx"

	A	B	C	D	E	F
1	客户编码	客户名称	联系人	地址	电话	邮箱
2	112202	厦门亦城实业有限公司	马一云	中国-杭州	131********	马一云@qq.om
3	112206	福建信荣进出口有限公司	马二腾	中国-深圳	138********	马二腾@qq.om
4	112258	北京晶弘实业有限公司	李三宏	中国-北京	181********	李三宏@qq.om

图 6-3 "往来款项明细 2.xlsx"

（2）对账单模板存放在"往来账项对账单模板.xlsx"的"对账单模板"表中。需要替换填写的有以下几项：往来单位名称、编号、截止日期、贵公司欠、欠贵公司。往来账项对账单模板如图 6-4 所示。

图 6-4 "往来账项对账单模板.xlsx"

二、实验要求

根据亚飞公司往来对账单的编制方法，利用 Python 相关知识，完成批量编制并发送往来对账单模型。

（1）创建 SMTP 发送邮件的服务实例。

（2）读取"往来款项明细.xlsx"的 sheet"应收款项"和"客户档案"到 DataFrame 表格。

（3）根据客户档案中的"客户名称"和"邮箱"2 列，转换为字典并修改收件人邮箱地址。

（4）遍历应收款项中的客户名称，打开"往来账项对账单模板.xlsx"文件，填写对账单所需要的几项数据，将其另存为对账单文件。

(5) 给往来单位发送邮件,并将对账单文件作为附件。

三、知识准备

下面将进行批量编制并发送往来对账单的知识列表介绍和知识学习。

(一) 知识列表

(1) 字典的创建、字典值的修改。
(2) 格式化字符串的方法。
(3) for…in 循环的应用方法。
(4) 内置函数枚举 enumerate()的使用方法。
(5) Pandas 模块:读取 Excel 工作簿。
(6) 内置函数 zip()的应用。
(7) Openpyxl 模块:加载工作簿、修改单元格的值等方法。
(8) Yagmail 模块:创建 SMTP 服务实例、发送邮件的基本方法。

(二) 知识学习

在日常办公中,发邮件是经常要做的一件事。当我们利用 Python 处理好数据后,如果通过手工把邮件发送给信息需求者,在流程上就没有完全实现自动化。而 Python 的第三方模块 Yagmail 提供了自动发送邮件的功能,非常易于使用。

1. 发送邮件的准备工作

我们经常使用的网页 Email 与邮件客户端之间通过传输协议连接,通常涉及以下协议:

(1) SMTP(Simple Mail Transfer Protocol),简单邮件传输协议,用于发送 Email 的协议。

(2) POP3(Post Office Protocol-Verion3),邮局传输协议,用于接收 Email 的协议。

(3) IMAP(Internet Message Access Protocol),Internet 邮件访问协议,用于接收 Email 的协议。

出于安全等因素考虑,绝大多数 Email 服务商会在用户开通账户时,默认地关闭这些协议。Python 中的 Yagmail 模块就相当于一种客户端,用户在使用前必须先开启这些协议。

下面以 QQ 邮箱为例,演示如何开启 POP3/SMTP 服务,其他邮箱服务商的开通思路基本类似。

第一步:打开 QQ 邮箱首页(https://mail.qq.com/),输入账号密码,登录邮箱。

第二步:点击上方"设置—账户",向下拖动界面至"POP3/IMAP/SMTP/Exchange/CardDAV/CalDAV 服务"的位置,有关界面如图 6-5 和图 6-6 所示。

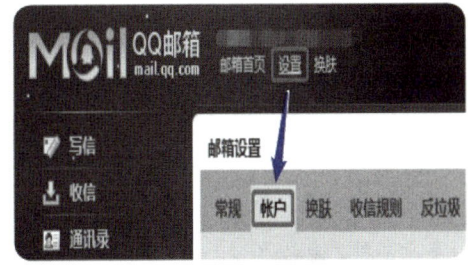

图 6-5 设置账户 1

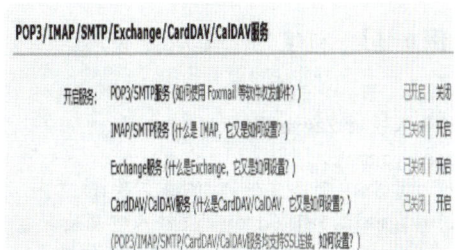

图 6-6 设置账户 2

第三步：选择 POP3/SMTP 服务，点击"开启"。然后系统将弹出如下窗口，用户可以通过绑定的密保手机编辑短信："配置邮件客户端"，发送至 1069070069，开启 POP3/SMTP 服务。有关界面分别如图 6-7 和图 6-8 所示。

图 6-7　开启 POP3/SMTP 服务 1　　　　图 6-8　开启 POP3/SMTP 服务 2

和人工发送邮件类似，利用 Yagmail 自动发送邮件通常经过 3 个步骤（可简化理解为登录、发送、关闭）：

（1）创建 SMTP 服务实例：调用 SMTP() 方法，创建 SMTP 服务实例。
（2）执行发送邮件操作：对 SMTP 服务实例调用 send() 方法，执行发送邮件操作。
（3）断开链接：对 SMTP 服务实例调用 close() 方法，断开邮件链接。

2．创建 SMTP 服务实例

要想利用 Python 自动发送邮件，就要使用 Yagmail 模块中的 SMTP() 方法创建服务实例（类似于登录邮箱），其常用的参数设置如表 6-1 所示。

表 6-1　SMTP() 方法的常用参数设置

函数名称及参数	功能
yagmail.SMTP(	#创建 SMTP 服务实例。使用前先导入 Yagmail 模块（import yagmail）
user=,	发件人的邮箱地址，str 格式，例如"88888@qq.com"
password=,	发件人的邮箱授权码，str 格式。注意：不是登录密码，而是授权码
host=)	发件人邮箱服务器，str 格式，"smtp.**.com"，代表不同的邮箱。 QQ 邮箱：smtp.qq.com；126 邮箱：smtp.126.com； 163 邮箱：smtp.163.com；谷歌邮箱：smtp.gmail.com

上述 3 个参数依次处于前 3 个位置，因此，可以采用位置传参的方式。

【例 6-1】　创建 SMTP 服务实例。

```
In:
1 #(1)导入模块 Yagmail
2 import yagmail
3 #(2)创建 SMTP 服务实例,赋值给变量 mail
4 mail=yagmail.SMTP(user="发件人邮箱地址",
5                   password="发件人邮箱授权码(注意不是登录密码)",
6                   host="发件人邮箱服务器名称,如 smtp.**.com")
```

> **注意：**
> 第2行：导入 Yagmail 模块。也可以直接导入 SMTP 方法（from yagmail import SMTP）
> 第4～6行：创建 SMTP 服务实例，并赋值给变量 mail。在输入参数时，也可以使用位置传参，即不输入 user，password，host 等参数名，直接输入值。

3. 自动发送邮件及断开链接

创建 SMTP 服务实例后，就可以调用 send()方法发送邮件。send()方法常用的参数设置如表6-2所示。

表6-2 send()方法的常用参数设置

函数名称及参数	功能
mail.send(	♯发送邮件。变量 mail 是已创建的 SMTP 服务实例
to=，	收件人的邮箱地址，str 格式（单个收件人）或 list 格式（多个收件人）
subject=，	邮件的主题，str 格式
contents=，	邮件的正文，str 格式 注意：由于邮件正文在网页中展示，遵循 html 的文档编辑结构。可以使用换行符（\n 或 ）；空格符（ ）等
attachments=，	邮件的附件，参数值是附件文件的路径 str 格式（单个附件文件）或 list 格式（多个附件文件）
cc/bcc=）	抄送人/密送人的邮箱地址，str 格式

【例6-2】 执行发送邮件操作并断开邮件链接。

```
In:
1 #(1)导入模块 Yagmail
2 import yagmail
3 #(2)创建 SMTP 服务实例,赋值给变量 mail
4 mail= yagmail.SMTP(user="发件人邮箱地址",
5                    password="发件人邮箱授权码(注意不是登录密码)",
6                    host="发件人邮箱服务器名称,如 smtp.**.com")
7 #(3)发送邮件,当添加多个收件人时,参数 to 的值是 list 格式的内容
8 to_list= ["收件人1的邮箱地址","收件人2的邮箱地址"]  #注意替换值为邮箱
9 mail.send(to=to_list,subject="这是由 Python 发送的邮件!",
10          contents="您好:<br>       请查收附件文件!",
11          attachments=r"6.2往来款项明细.xlsx")
12 #(4)断开邮件链接
13 mail.close()
```

> **注意：**
> 第8行：先将多个收件人的邮箱地址存储在 list 中。

第 9 行:在输入收件人参数时,使用 list 向多人发送邮件(也可以输入 str 格式向单人发送)。

第 10 行:在输入正文参数时,使用"
"对字符串换行,使用" "在行首增加空格。

第 11 行:在输入附件参数时,输入 str 格式的单个文件路径用于发送单个附件(也可以输入 list 格式发送多个附件文件)。

第 13 行:断开邮件链接,不可以省略。

四、思路分析

(1) 创建 SMTP 服务实例,赋值给变量 mail。
(2) 读取"往来款项明细.xlsx"的表"应收款项"并赋值给 df1、"客户档案"赋值给 df2。
(3) 获取 df2 中的"客户名称"和"邮箱"2 列的值,将其存储为字典,赋值给 dict_email。
(4) 遍历往来单位名称(从 df1 中获得),赋值给变量 name。
(5) 打开"往来账项对账单模板.xlsx"工作簿,根据 df1 填写对账单需要的信息。
(6) 将其另存为"{name}_对账单.xlsx"文件。
(7) 利用 mail 发送邮件,根据 dict_email 填写收件人,添加"{name}_对账单.xlsx"为附件文件。
(8) 断开邮件链接。

五、代码讲解

根据思路分析执行以下代码。

```
In:
1 #(1)导入 Pandas 模块并命名为 pd,Openpyxl 模块中的 load_workbook 方法,Yagmail 模块
2 import pandas as pd
3 from openpyxl import load_workbook
4 import yagmail
5 #(2)创建 SMTP 服务实例,赋值给变量 mail
6 mail= yagmail.SMTP(user="发件人邮箱地址",
7         password="发件人邮箱授权码(注意不是登录密码)",
8         host="发件人邮箱服务器名称,如 smtp.**.com")
```

注意:
(1) 第 6~8 行:创建 SMTP 服务实例,并赋值给变量 mail。
(2) 将参数 user,password,host 的值替换为发件人的邮箱,然后才能运行。

```
In:
9 #(3)读取"往来款项明细.xlsx"中的"应收款项"表和"客户档案"表
10 df1=pd.read_excel(r"往来款项明细.xlsx",sheet_name="应收款项",index_col=1).fillna(0)
11 print(df1)
12 df2=pd.read_excel(r"6.2往来款项明细.xlsx",sheet_name="客户档案")
13 print(df2)
```

```
Out:
客户名称             客户编码 期初借方金额    ···    本年累计贷方金额   期末借方金额   期末贷方金额
厦门亦城实业有限公司   112202  916568.05   ···    6326603.79     1148668.10    0
......
              客户编码 客户名称        联系人   地址       电话         邮箱
0             0112202 厦门亦城实业    马一云   中国-杭州   131********  马一云
                      有限公司                                      @qq.om
......
```

```
In:
14 #(4)压缩 df2 中"客户名称"和"邮箱"2 列的值;转换为字典
15 zip1=zip(df2["客户名称"].values.tolist(),
16         df2["邮箱"].values.tolist())
17 dict_email=dict(zip1)
18 print(dict_email)
19 #(5)将字典 dict_email 中的值修改为收件人的邮箱地址
20 dict_email["厦门亦城实业有限公司"]="28753462@qq.com"
21 dict_email["福建信荣进出口有限公司"]="28753462@qq.com"
22 dict_email["北京晶弘实业有限公司门"]="28753462@qq.com"
23 print(dict_email)
```

```
Out:
{'厦门亦城实业有限公司':'马一云@qq.om','福建信荣进出口有限公司':'马二腾@qq.om','北京晶弘实业有限公司':'李三宏@qq.om'}
{'厦门亦城实业有限公司':'28753462@qq.com','福建信荣进出口有限公司':'28753462@qq.com','北京晶弘实业有限公司':'28753462@qq.com'}
```

> **注意:**
> (1)将客户的邮箱地址存储在字典中(key 是客户名称),通过客户名称调用邮箱地址,自动给每位客户发送邮件。
> (2)第 15 行和第 16 行:用 zip()函数压缩 df2 中 2 列数据的值,再用函数 dict()将其转换为字典。
> (3)第 19~21 行:出于教学目的,Excel 中存储的是虚拟邮箱地址,需要修改为真实的邮箱地址才能发送。

```
In:
24 #(6)获取 df1 的行索引并转换为列表,赋值给变量 names
25 names=df1.index.values.tolist()
26 print(names)
27 #(7)获取每个客户的应收账款信息,填写对账单,保存并发送邮件
28 for num,name in enumerate(names):
29     print(num,name)
```

```
Out:
['厦门亦城实业有限公司','福建信荣进出口有限公司','北京晶弘实业有限公司']
0    '厦门亦城实业有限公司'
1    '福建信荣进出口有限公司'
2    '北京晶弘实业有限公司'
```

> **注意:**
> （1）第 25 行:想要填写每一个客户的对账单并发送邮件,需要遍历客户名称列表,可以根据 df1 获取。
> （2）第 28 行:遍历客户名称列表,可以得到每一个客户名称。同时,想要给对账单编号（如 001 等）,可以依据当前遍历的客户名称的顺序号。因此,使用枚举函数 enumerate() 可以同时得到当前遍历客户的顺序号和客户名称。

```
In:
30 wb=load_workbook(r"往来账项对账单模板.xlsx")
31 ws=wb["对账单模板"]
32 ws["C3"].value=name
33 ws["I3"].value=f"{num+ 1:03d}"
34 ws["B16"].value="2022 年 06 月 30 日"
35 row=df1.loc[name,:]
36 print(row)
```

```
Out:
客户编码              112202.00
期初借方金额            916568.05
期初贷方金额            0.00
本年累计借方金额          6558703.84
本年累计贷方金额          6326603.79
期末借方金额            1148668.10
期末贷方金额            0.00
……………………
```

> **注意:**
> （1）第 30 行和第 31 行:加载工作簿文件,选择"对账单模板"表,以便填写对账单的内容信息。
> （2）第 32 行:填写对应的客户名称,即当前遍历得到的客户名称（变量 name）。注意:选择单元格之后要调用 value。
> （3）第 33 行:填写对账单编号,通过格式化字符串获得（设置宽度 3,不足补 0）,num＋1 表示从 001 开始。
> （4）第 35 行:通过 loc 索引器,依据变量 name,可以获取当前客户的明细数据行（series）,从中可以选择期末金额等。

```
In:
37 ws["D16"].value=row["期末借方金额"]
38 ws["F16"].value=row["期末贷方金额"]
39 wb.save(f"6.2{name}对账单.xlsx")
40 #(8)用变量mail发送邮件
41 mail.send(to=dict_email[name],subject="往来款项对账单",contents=
42     "尊敬的客户,您好:<br>       请查收附件文档!",
43     attachments=f"6.2{name}_对账单.xlsx")
44 #(9)断开邮件链接
45 mail.close()
```

> **注意:**
> (1) 第37行和第38行:根据选择的行数据row,利用索引名称,获得并填写对账单中的金额信息。
> (2) 第39行:将编制完成的对账单文件另存为Excel工作簿,以当前客户名称命名(格式化字符串方法)。
> (3) 第41~43行:发送邮件,从字典dict_mail中获得收件人地址;正文中用"
"换行,在行首用" "增加空格;添加附件文件(上一步中存储的对账单文件)。

六、业务总结

通过批量编制并发送往来对账单模型可以看出,合理运用该模型不仅能够提高编制对账单的正确率,避免数据迁移过程中再次发生错误;并且自动将编制好的对账单发送到客户邮箱,有助于提高工作的效率。

在财务工作过程中,类似编制对账单的工作内容很常见。例如,标准的销售合同、采购合同、审计业务中的询证函等。它们共同的特点是都有固定的模板,修改部分信息后即可以完成;但是由于数量众多,占据了很多工作时间,导致工作产出的价值较低。按照本模型的原理,也可以利用Python编制对应的模型,进行自动化的业务处理。

本章小结

本章主要阐述了运用Python中的Pandas模块、Openpyxl模块和Yagmail模块,通过读取操作Excel文件来解决财务工作中往来核算与管理的问题。

文件被组织在目录(文件夹)中,路径描述了一个文件的位置。运行在计算机上的每个程序都有一个当前工作目录,它让用户相对于当前的位置指定文件路径,而并不是总需要绝对路径。而Python扩展库的Openpyxl提供了操作Excel文件的功能。

当我们利用Python处理好数据后,如果手动把邮件发送给信息需求者,在流程上就没有完全实现自动化。而Python的第三方模块Yagmail提供了自动发送邮件的功能,非常易于使用。

本章也介绍了许多操作文件及文件夹的函数,但还有大量的相关函数未提及,用户需要时可查阅Python学习系统。

 实践环节

为进一步加强专业综合实践教学环节中的社会实践部分，培养和提高学生综合运用所学的基本理论和基本技能分析和解决实际问题的能力，培养学生的应用能力和创造能力，学生将通过线上实际操作巩固知识，熟悉 Python 操作。

学生应通过线上 Python 财务应用平台进行相应实践，灵活运用 Pandas 模块、Openpyxl 模块和 Yagmail 模块来读取和操作 Excel 文件，完成往来核算与管理业务，并根据所学内容修改代码进行练习，达到熟练掌握的目的。

多方面的实践可以增强学生的感性认知，激发学生的学习兴趣，从而实现课堂教育与财务工作的零距离对接。

 复习思考题

一、操作题

1. 请扫描旁边二维码，根据附件文件"超市营业额.xlsx"，执行以下操作。

已知文件"超市营业额.xlsx"中记录了某超市 3 月 1 日至 3 月 5 日各员在不同时段、不同柜台的销售额。

（1）编写程序，读取该文件中的数据，并统计每个员工的销售总额、每个时段的销售总额、每个柜台的销售总额。

（2）查阅资料，编写程序操作 Excel 文件。已知当前文件夹中文件"每个人的爱好.xlsx"的内容如图 6-9 中 A 列到 H 列所示，要求追加一列，并如图 6-9 中方框所示按行进行汇总。

图 6-9 按行汇总

2. 使用字典来创建程序，提示用户输入电话号码，并用英文单词形式显示数字。例如，输入 138 显示为"one three eight"。

二、实战作业

对本章例题中的数据文件，参考亚飞公司往来对账单的编制方法，利用 Python 相关知识，重新操作完成应收账款账龄划分模型和批量编制并发送往来对账单模型。

第七章

成本核算与管理的实战应用

第一节 标准成本差异分析

了解标准成本差异分析的方法;理解成本核算的计算原理,运用 Pandas 模块等 Python 相关知识,完成标准成本差异分析模型。

一、业务场景

在日常财务工作中,除了对产品的成本进行基础计算,还需要根据管理要求进行标准成本的差异分析。2022 年 3 月,亚飞公司拓展了一条新的生产线,经过 3 个月的运营,其 6 月的预算损益与实际损益对比(弹性预算根据销售量及标准成本计算)如表 7-1 所示。成本会计需要对影响营业利润的成本因素进一步分析。

表 7-1　6 月亚飞公司预算损益与实际损益对比　　　　　　　　金额单位:元

项目	预算数	实际数	差异
销售量(件)	5 000	5 000	0
单价	260	270	10
销售额	1 300 000	1 350 000	50 000
变动成本	779 500	806 000	26 500
边际贡献	520 500	544 000	23 500
变动制造费用	460 000	470 000	10 000
营业利润	60 500	74 000	13 500

亚飞公司单位产品标准成本与实际成本数据存放在"产品成本表.xlsx"的"成本数据"表中,成本会计需要利用标准成本法对直接材料、直接人工、变动制造费用的差异进行分析,为后期成本管理提供支持。亚飞公司产品成本表如图 7-1 所示。

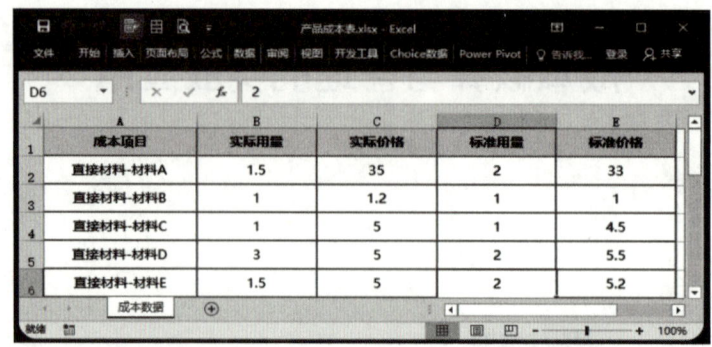

图 7-1 "产品成本表.xlsx"

二、实验要求

根据标准成本和成本差异的计算方法,利用 Python 相关知识,完成标准成本差异分析模型。
(1) 读取"产品成本表.xlsx"中的成本数据。
(2) 分别计算实际成本、标准成本、成本差异、价格差异、用量差异,并新增列存储对应的数据。
(3) 按照实际产量 5 000 件,计算成本差异总额、价格差异总额、用量差异总额,并新增列存储对应的数据。
(4) 在末尾增加一行,计算各列的合计金额。
(5) 将计算结果写入"成本差异计算结果.xlsx"中。

三、知识准备

(1) 标准成本差异分析方法。
(2) Pandas 模块:读取、写入 Excel 工作簿。
(3) Pandas 模块:用缺失的值填充函数 fillna()。
(4) Pandas 模块:数据的选取、数据的运算。
(5) 匿名函数 lambda 的应用。
(6) Pandas 模块:函数 apply() 的应用方法。

四、思路分析

(1) 读取"产品成本表.xlsx"的数据并将缺省值填充为 0,存储为 Data 表格。
(2) 计算实际成本、标准成本,新增列存储对应的数据内容。
(3) 计算成本差异、价格差异、用量差异,新增列存储对应的数据内容。
(4) 根据产量,计算成本差异总额、价格差异总额、用量差异总额,新增列存储对应的数据内容。
(5) 获取表格的行数,并将其赋值给变量 num。
(6) 用 apply() 函数与匿名函数 lambda,计算各列的合计数,并赋值给该行(利用 loc 索引器选取行)。

(7) 将计算完成的表格写入 Excel 工作簿中。

五、代码讲解

根据思路分析执行以下代码。

```
In:
1 #(1)导入 Pandas 模块并命名为 pd
2 import pandas as pd
3 #(2)读取"产品成本表.xlsx"的数据并用 0 填充缺失数值
4 cost= pd.read_excel(r."产品成本表.xlsx",
5                    sheet_name="成本数据").fillna(0)
6 print(cost)
```

Out:

	成本项目	实际用量	实际价格	标准用量	标准价格
0	直接材料-材料 A	1.5	35.0	2	33.00
1	直接材料-材料 B	1.0	1.2	1	1.00
2	直接材料-材料 C	1.0	5.0	1	4.50
……					
7	变动制造费用-水	80.0	0.6	70	0.50
8	变动制造费用-维修	2.0	20.0	2	25.00

> **注意**：读取 Excel 余额表的数据到 Data 表格，为了避免后续计算错误，用 0 填充缺省值。通过结果区可以看出，亚飞公司的成本项目划分为直接材料、直接人工、变动制造费用等，已经提供了实际用量和标准用量，实际价格和标准价格的信息。

```
In:
7 #(3)在 cost 中增加"实际成本""标准成本"列，并计算金额
8 cost["实际成本"] =cost["实际用量"]*cost["实际价格"]
9 cost["标准成本"] =cost["标准用量"]*cost["标准价格"]
10 #(4)在 cost 中增加"成本差异"，"价格差异"，"用量差异"列，计算金额，打印结果
11 cost["成本差异"] =cost["实际成本"]-cost["标准成本"]
12 cost["价格差异"] =(cost["实际价格"]-cost["标准价格"])*cost["实际用量"]
13 cost["用量差异"] =(cost["实际用量"]-cost["标准用量"])*cost["标准价格"]
14 print(cost)
```

Out:

	成本项目	实际成本	标准成本	成本差异	价格差异	用量差异
0	直接材料-材料 A	52.5	66.0	-13.5	33.00	-16.5
1	直接材料-材料 B	1.2	1.0	0.2	1.00	0.0
2	直接材料-材料 C	5.0	4.5	0.5	4.50	0.0
……						
7	变动制造费用-水	48.0	35.0	8.0	0.50	5.0
8	变动制造费用-维修	40.0	5.0	-10.0	25.00	0.0

> **注意**：可以根据标准成本差异计算方法，分别计算成本差异，用量差异、价格差异的金额，并在表格中增加列，对应的进行保存。

In:
```
15 #(5)产量 5000,计算"成本差异总额","价格差异总额","用量差异总额"的金额
16 cost["成本差异总额"] = cost["成本差异"]*5000
17 cost["价格差异总额"] = cost["价格差异"]*5000
18 cost["用量差异总额"] = cost["用量差异"]*5000
19 print(cost)
```

Out:

	成本项目	价格差异	用量差异	成本差异总额	价格差异总额	用量差异总额
0	直接材料-材料 A	3.0	-16.5	-67500.0	15000.0	-82500.0
1	直接材料-材料 B	0.2	0.0	1000.0	1000.0	0.0
……						
5	直接人工	10.0	7.0	85000.0	50000.0	35000.0
6	变动制造费用-电	-1.0	0.0	-5000.0	-5000.0	0.0
7	变动制造费用-水	8.0	5.0	65000.0	40000.0	25000.0
8	变动制造费用-维修	-10.0	0.0	-50000.0.	-50000.0	0.0

> **注意**：此处假设产量为 5 000 件,计算各项成本差异的总额,在表格中增加列,对应进行保存。

In:
```
20 #(6)在末尾添加一行,显示各列合计
21 #(6.1)获取行数,赋值给变量 num
22 num1=len(cost)
23 print(num1)
24 num2=cost.shape
25 print=(num2)
26 num3=cost.shape[0]
27 print(num3)
```

Out:
```
9
(9,13)
9
```

> **注意**：
> （1）为了在表格的末尾增加一行,要先获取表格的行数,再确定下一行的行索引,最后用 loc 选取器选取下行数据。
> （2）用 len()函数可以获得表格的行数。
> （3）用 DataFrame.shape 可以获取行数和列数组成的元组(行数,列数)。
> （4）通过第 3 步的元组,使用元组[0]获得表格的行数。

In:
```
28 #(6.2)用函数apply()和匿名函数lambda对各列求和
29 s1=cost.apply(lambda x:x.sum(),axis=0)
30 print(s1)
```

Out:
```
成本项目            直接材料-材料A
                直接材料-材料B...
实际用量           120.0
实际价格           80.1
标准用量           109
标准价格           82.05
实际成本           255.2
标准成本           247.9
成本差异           7.3
价格差异           8.9
用量差异           -1.6
成本差异总额         36500.0
价格差异总额用        44500.0
量差异总额          -8000.0
```

> **注意：**
> （1）将匿名函数lambda应用于DataFrame的每一行或每一列（Series类型），返回Series类型的结果，赋值给s1。
> （2）匿名函数lambda，设置参数x，x代表每一列（Series类型）。
> （3）匿名函数lambda的函数体中，计算并返回参数x的累计和[利用sum()函数对Series求和]。
> （4）"成本项目"列中是str类型的数据，因此合并为长字符串。

在上述代码中，使用apply()函数将匿名函数lambda应用于DataFrame的每一行或每一列（默认Series类型）默认返回Series类型的结果，apply()函数的常用语法规则如表7-2所示。

表7-2 apply()函数的常用语法规则

函数名称及参数	功能
DataFrame.apply(	#将指定的函数应用于DataFrame的每一行或每一列（Series）
Function,	函数，要应用于每一列或每一行的函数。必填项
axis=0	默认为0，将函数应用于每一列；axis=1表示将函数应用于每一行。选填项
agrs=(),	元组，除了每一行或列（Series），要传递给函数的位置参数。选填项
**kwargs	传递给函数的关键字参数。选填项

【例7-1】 apply()函数的应用。

In:
```
1 import pandas as pd
```

```
2 df1=pd.DataFrame([[10, 13,15,11, 14,16],[20,23,25, 21,24,26],
3                   [30,33,35,31,34,36]],columns=["1月","2月",
4                   "3月","4月","5月","6月"])
5 #(1)用for…in循环每一行,并计算累计和,形成一个Series
6 list=[]
7 for i in df1.values. tolist ():
8     list.append(sum(i))
9 print (pd.Series(list))
10 #(2)用apply()函数计算每一行的累计和,形成一个Series
11 print (df1.apply(lambda x:x. sum(), axis=1))
12 #(3)用apply()函数计算每一列的累计和,形成一个Series
13 print(df1.apply(lambda x:x.sum(),axis=0))
```

Out:

0	79	1月	60
1	139	2月	69
2	199	3月	75
0	79	4月	63
1	139	5月	72
2	199	6月	78

> **注意:**
> (1) 使用函数 apply() 可以将某函数应用于 DataFrame 的每一行或每一列并返回 Series 类型的结果之外。
> (2) 使用函数 apply map() 可以将某函数应用于 DataFrame 的每一个值返回 DataFrame 类型的结果。
> (3) 使用函数 map() 可以将某函数应用于可迭代对象(列表、元组 Series 等)。

现在我们继续构建标准成本差异分析模型。

In:
```
31 #(6.3)利用 1oc 索引器选择下一行,并对其赋值
32 cost.loc[num1:]=cost.apply(1ambda x:x.sum(), axis=0)
33 #(6.4)修改"成本项目"列对应的值为"合计金额"
34 cost.loc[num1, "成本项目"]="合计金额"
35 print(cost)
```

Out:

	成本项目	价格差异	用量差异	成本差异总额	价格差异总额	用量差异总额
0	直接材料-材料A	3.0	-16.5	-67500.0	15000.0	-82500.0
1	直接材料-材料	0.2	0.0	1000.0	1000.0	0.0
……						
7	变动制造费用-水	8.0	5.0	65000.0	40000.0	25000.0
8	变动制造费用-维修	-10.0	0.0	-50000.0.	-50000.0	0.0
9	合计金额	8.9	-1.6	36500.00	44500.00	-8000.00

> **注意：**
> (1) 需要写入的行是第 10 行即行索引是 9(num1)，通过 loc 索引器选取该行。
> (2) 把计算好的合计数(Series)赋值给该行。
> (3) 修改"成本项目"列对应的值为"合计金额"。

In:
36 #(7)将 cost 写入"成本差异计算结果.xlsx",sheet 名称为"成本差异",不写入行索引
37 cost.to_excel(r 成本差异计算结果.xlsx sheet_name="成本差异",index=False)

Out:

成本项目	实际用量	实际价格	标准用量	标准价格	实际成本	标准成本	成本差异	价格差异	用量差异	本差异总计	价差异总计	量差异总计
直接材料一	1.5	35	2	33	52.5	66	-13.5	3	-16.5	-67500	15000	-82500
直接材料一	1	1.2	1	1	1.2	1	0.2	0.2	0	1000	1000	0
直接材料一	1	5	1	4.5	5	4.5	0.5	0.5	0	2500	2500	0
直接材料一	3	5	2	5.5	15	11	4	-1.5	5.5	20000	-7500	27500
直接材料一	1.5	5	2	5.2	7.5	10.4	-2.9	-0.3	-2.6	-14500	-1500	-13000
直接人工	10	8	9	7	80	63	17	10	7	85000	50000	35000
变动制造费	20	0.3	20	0.35	6	7	-1	-1	0	-5000	-5000	0
变动制造费	80	0.6	70	0.5	48	35	13	8	5	65000	40000	25000
变动制造费	2	20	2	25	40	50	-10	-10	0	-50000	-50000	0
合计金额	120	80.1	109	82.05	255.2	247.9	7.3	8.9	-1.6	36500	44500	-8000

六、业务总结

通过标准成本差异分析模型可以看出，本方法能够高效地对比实际成本与标准成本，揭示成本控制的问题和优化空间，从而提高成本控制的准确性和效率。利用 Pandas 库进行数据处理，企业可以更加便捷地进行大量数据的成本差异分析，为后续的决策提供支持。

在企业管理中，成本控制是至关重要的环节，而类似成本差异分析的工作也很常见。例如，对各项费用的预算与实际支出的对比分析、销售业绩的实际与预算的对比分析等。这些工作都需要对大量数据进行高效的处理和分析。按照本模型的原理，企业可以利用 Python 等编程语言和数据处理工具，编制对应的自动化处理模型，提高工作效率和准确性，为企业的管理和决策提供有力支持。

第二节　本量利计算与分析

学习目的

了解本量利分析基本模型、各项变动因素的计算方法、敏感性分析的计算方法等；运用

Pandas 模块等 Python 相关知识开发完成本量利指标计算的基本模型；运用 Pandas 模块等 Python 相关知识开发完成利润敏感性分析的基本模型。

一、认识本量利分析

企业可以合理利用本量利关系，建立直观可靠的盈亏平衡模型，通过对未来成本收益进行分析和预测，实现成本控制和提高效益的经营目标，这一过程一般称为本量利分析。

（一）本量利分析模型概念

随着社会经济的快速发展与大数据时代的全面到来，大部分基础财务工作将来都可能实现自动化，从而使财务人员的工作性质发生改变，由财务会计向管理会计的有效转型是必然的趋势。本量利分析模型作为经典的管理会计模型，在帮助企业降低成本、实现到期收益中发挥着重要作用。

（二）成本性态分析

进行本量利分析前，需要对产品成本性态进行分析。成本性态，是指成本与业务量之间的相互依存关系，可划分为固定成本、变动成本和混合成本三种类型。

（1）固定成本是指在一定范围内，其总额不随业务量变动而增减变动，但单位成本随着业务量增加而相对减少的成本。

（2）变动成本是指在一定范围内，其总额随业务量变动而发生同方向的比例变动，而单位成本保持不变的成本。

（3）混合成本是指总额随着业务量变动而发生同方向的但不成比例变动的成本。

二、实际业务中本量利的计算与分析

实际业务中，本量利分析一般指"成本—业务量—利润"分析，用于研究产品价格、销量或产量、单位变动成本、固定成本总额、产品利润等因素之间的相互关系，帮助企业制定产品结构、定价、促销策略以及生产资源利用等决策的成本管理方法。

（一）业务场景

亚飞公司旗下子公司生产销售 A-D 系列户外产品，欲借助本量利分析模型评估收益并制定销售策略。

A-D 系列户外产品的基础数据存放在"本量利数据表.xlsx"的各个表中，包括名为"A 产品""B 产品""C 产品""D 产品"的表，如图 7-2 所示。

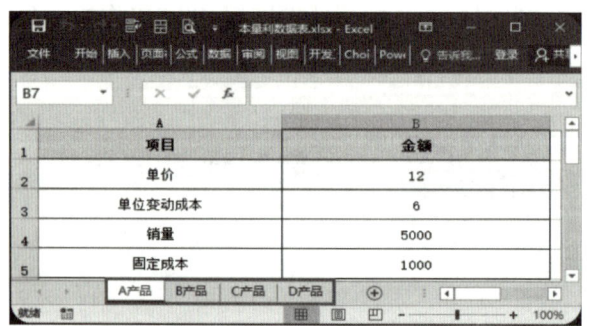

图 7-2 "本量利数据表.xlsx"

(二)实验要求

根据本量利分析的基本模型和利润敏感性分析的方法,利用 Python 相关知识,分别完成本量利指标计算模型和利润敏感性分析模型。

1. 实验要求 1:完成本量利指标计算模型

(1) 自定义函数,根据单价、单位变动成本、销量、固定成本 4 项因素,计算并返回列表[单价,单位变动成本,单位边际贡献,销售量,销售额,变动成本,边际贡献,固定成本,利润]。

(2) 读取"本量利数据表.xlsx"中各表的基本数据并存储在变量中。

(3) 遍历访问每个表格,调用自定义函数,计算各公司相关指标并存储在新表格中。

(4) 计算保本销售量,再次调用自定义函数,计算各公司盈亏平衡时的相关指标,并在新表格中增加列,然后进行存储。

(5) 计算各公司的安全边际销售量或销售额,并在新表格中增加列,然后进行存储。

(6) 设定目标利润为 100 000 元,计算目标销售量,再次调用自定义函数,计算各公司达到目标利润时的相关指标,并在新表格中增加列,然后进行存储。

(7) 将计算结果写入"本量利计算结果.xlsx"工作簿中。

2. 实验要求 2:完成利润敏感性分析模型

(1) 自定义函数,根据单价变动比、单位变动成本变动比、销量变动比、固定成本变动比 4 项因素,计算返回利润变动比。

(2) 生成-100 和 100 之间的变动比,间隔为 10,创建 DataFrame 并将其保存为列"变动百分比"。

(3) 读取"本量利数据表.xlsx"中各表的基本数据并存储在变量中。

(4) 遍历访问每个表格,调用自定义函数,依次将"变动百分比"作为单价变动比、单位变动成本变动比、销量变动比、固定成本变动比,计算对应的利润变动比,并在第 2 步的表格中增加列。

(5) 将计算结果写入"敏感性分析计算结果.xlsx"(包含原始基础数据)。

(三)知识准备

(1) 本量利的计算模型和利润敏感性分析方法。

(2) 字典的访问、获取字典键集合等。

(3) range()函数的使用方法。

(4) 自定义函数的应用方法。

(5) for…in 循环的应用方法。

(6) Pandas 模块:读取 Excel 工作簿。

(7) Pandas 模块:向 Excel 写入对象写入多张表。

(8) Pandas 模块:创建 DataFrame 对象。

(9) Pandas 模块:数据的选取、数据的运算。

(10) 匿名函数 lambda、map()函数的应用。

(11) DataFrame 中浮点数格式化显示的设置方法。

(四)本量利指标计算模型思路分析

(1) 自定义函数,根据单价、单位变动成本、销量、固定成本 4 项因素,计算并返回要求的列表。

(2) 读取"本量利数据表.xlsx"各表的基本数据,并存储在变量 dict_dfs 中。

(3) 创建 Excel 写入对象,文件路径为"本量利计算结果.xlsx",并命名为 writer。
(4) 遍历 dict_dfs 变量的键集合,并将遍历结果赋值给 i。
(5) 获取 i 对应的值(df1),通过索引器 iloc 获取单价、单位变动成本、销量、固定成本。
(6) 调用自定义函数计算,并将计算结果作为数据列,并创建表格 df2。
(7) 计算保本销售量,调用自定义函数计算,并将计算结果增加 df2 的数据列。
(8) 计算安全边际,并将计算结果增加 df2 的数据列。
(9) 根据目标利润计算目标销售量调用自定义函数计算,并将计算结果增加 df2 的数据列。
(10) 将 df2 写入 writer,表名称为 i,不写入行索引。

(五)本量利计算与分析代码讲解

根据本量利指标计算模型思路分析执行以下代码。

```
In:
1 #(1)导入 Pandas 模块并命名为 pd,将表格中浮点数的格式设置为 2 位小数
2 import pandas as pd
3 pd.options.display.float_format='{:.2f}'.format
4 #(2)自定义函数 CVP,设置形参 p,uvc,q,fc,返回一个列表
5 def CVP (p,uvc, q, fc):
6   s=p*Q #销售额=单价*销售量
7   umc=p-uvc#单位边际贡献=单价-单位变动成本
8   mC=umc*q#边际贡献= 单位边际贡献*销售量
9   vc=uvc*q#变动成本=单位变动成本*销售量
10  pro=(p-uvc)*q-fc#利润=(单价-变动成本)*销售量-固定成本
11  return [p,uvc, umc, q, s, vc, me, fc, pro]
12 #(3)传入参数,验证函数的计算结果(非必要步骤)
13 print(CVP(5,3,1000,400))

Out:
[3,2,1000.5000 3000,2000,400, 1600]
```

> **注意:**
> (1) 格式化显示仅适用于浮点数,对于其他数据类型,必须将它们转换为浮点数才可以。
> (2) 在格式化字符串时(2.3.4),也可以使用类似的方法设置浮点数的显示格式。

在上述第 3 行代码中的"{:.2f}",作用是将浮点数设置为保存 2 位小数。该设置通常放置在代码的开头,以便应用于所有表格。在 DataFrame 表格中对浮点数进行存储时,除了默认的显示格式,也可以以通过一定的方法设置浮点数显示的格式,来应用于表格中所有的浮点数。常用的浮点数显示格式如表 7-3 所示。

表 7-3 常用的浮点数显示格式

常用的格式化方式	作用	示例(2156711.5782)
{:.2f}	保留 2 位小数	{:.2f}→2156711.578

(续表)

常用的格式化方式	作用	示例(2156711.5782)
{:}	设置千分位分隔符	{:,.2f}→2,156,711.58
{:}%	添加百分号	{:,.2f}%→2,156,711.58%
¥{:}	增加币种符号	¥{:,.2f}→¥2,156,711.58

【例7-2】 设置浮点数显示格式。

```
In:
1 #(1)导入Pandas模块并命名为pd
2 import pandas as pd
3 #(2)设置表格中浮点数的小数点后保留3位
4 pd.options.display.Float_format='{:.2f}'.format
5 #(3)读取"9.2本量利数据表.xlsx"中的"A产品"表
6 df=pdread_excel(r"8.2本量利数据表.xlsx",sheet_name=A产品")
7 print (df)
8 #(4)查看df的数据类型
9 print (df.dtypes)
10 #(5)修改"金额"列的类型为浮点数
11 df["金额"]=df["金额"].astype("float")
12 print (df)
```

```
Out:
            项目        金额
   0        单价         12
   1      单位变动成本        6
   2        销量        5000
   3       固定成本       1000
   项目 object
   金额 int64
   dtype:object
            项目        金额
   0        单价       12.00
   1      单位变动成本     6.00
   2        销量       5000.00
   3       固定成本     1000.00
```

现在我们继续构建本量利指标计算类型。

```
In:
14 #(4)读取"本量利数据表.xlsx"中所有表数据
15 dict_dfs=pd.read_excel (r"本量利数据表.xlsx",
16                        sheet_name=None)
17 print(type(dict_dfs))
18 print(dict_dfs.keys ())
19 print(dict_dfs)
```

> **注意**：读取 Excel 工作簿，当设置"sheet_name=None"时，返回字典类型的结果 {sheet1 名称：sheet1 数据, sheet2 名称：sheet2 数据}。

```
Out:
<class 'dict'>
Dict_keys(["A 产品","B 产品","C 产品","D 产品"])
    'A 产品'         :       项目              金额
                            单价              12
                            单位变动成本       6
                            销量              5000
                            固定成本          1000
    ......................

    'D 产品'         :       项目              金额
                       0    单价              33
                       1    单位变动成本       23
                       2    销量              18000
                       3    固定成本          10000
```

```
In:
20  #(5)创建 Excel 写入对象 writer
21  with pd.ExcelWriter("本量利计算结果.xlsx") as writer:
22      #(6)访问 dict_dfs 中每个值，调用函数 CVP 计算
23      for i in dict_dfs.keys():
24          df1=dict_dfs[i]
25          p=df1.iloc[0,1]
26          uvc=df1.iloc[1, 1]
27          q=df1.iloc[2,1]
28          fc=df1.iloc[3,1]
29          print(p,uvc,q,fc)
```

```
Out:
12      6       5000     1000
50      20      3800     50000
16      9       25000    1500
33      23      18000    10000
```

> **注意**：
> (1) 因为要写入多张表，所以先创建 Excel 写入对象，并命名 writer。
> (2) 遍历 dict_dfs 的键集合，根据键获取对应的值（df1）。
> (3) 根据 iloc 索引器，获取单价、单位变动成本、销量、固定成本的值，为调用函数做准备。

In:
```
30 df2=pd.DataFrame(CVP(p,uvc,q,fc), index=["单价","单位变动成本",
31 "单位边际贡献","销售量","销售额","变动成本",
32 "边际贡献","固定成本","利润"],
33 columns=["实际数"])
34 print(df2)
```

Out:

	实际数
单价	12
单位变动成本	6
单位边际贡献	6
销售量	5000
销售额	60000
变动成本	30000
边际贡献	30000
固定成本	1000
利润	29000

....

> **注意**：新创建 DataFrame 并赋值给 df2，数据内容是调用函数 CVP 的计算结果（根据前述可知，函数的结果是一个列表），行索引名称即为各个字母代表的含义（对应数据内容的结果），列所引名称命名为"实际数"。

In:
```
35    BEP=fc/(p- uvc)
36    df2["盈亏平衡分析"]=CVP(p,uvc,BEP,fc)
37    df2["安全边际分析"]=df2["实际数"]-df2["盈亏平衡分析"]
38    top=(100000 + fc)/(p-uvc)
39    df2["目标利润分析"]=CVP(p,uvc,top,fc)
40    print(df2)
```

Out:

	实际数	盈亏平衡分析	安全边际分析	目标利润分析
单价	12	12.00	0.00	12.00
单位变动成本	6	6.00	0.00	6.00
....				
销售量	5000	166.67	4833.33	16833.33
销售额	60000	2000.00	58000.00	202000.00
固定成本	1000	1000.00	0.00	1000.00
利润	29000	0.00	29000.00	100000.00

> **注意**：
> （1）计算保本销售量，此时为盈亏平衡点，调用函数 CVP 计算各项指标，增加列"盈亏平衡分析"保存该结果。

> （2）计算安全边际，增加列"安全边际分析"保存该结果。
> （3）假设目标利润为 100 000 元，计算目标销售量，调用函数 CVP 计算各项指标，增加列"目标利润分析"保存该结果。

In:
41 #(6.7)将 df2 写入 writer,sheet 表名称为 i,写入行索引
42 df2.to_excel(writer,sheet_name=i)

Out:

	实际数	盈亏平衡分析	安全边际分析	目标利润分析
单价	12	12	0	12
单位变动成本	6	6	0	6
单位边际贡献	6	6	0	6
销售量	5000	166.6666667	4833.333333	16833.33333
销售额	60000	2000	58000	202000
变动成本	30000	1000	29000	101000
边际贡献	30000	1000	29000	101000
固定成本	1000	1000	0	1000
利润	29000	0	29000	100000

（六）本量利计算与分析业务总结

在企业的日常运营中，成本控制是至关重要的一环，涉及多个环节与多种成本项目。如同往来对账单、销售合同、采购合同等常见工作内容，成本控制分析同样具有固定的模板与流程，只需根据实际情况调整部分参数即可完成。然而，由于成本项目众多，数据处理量大，传统的手工处理方式不仅效率低下，而且容易出错。

因此，利用 Python 等编程工具构建的成本差异分析的自动化模型能够根据预设的规则与模板自动完成数据的收集、处理、分析与报表生成，实现了成本控制的自动化与智能化。这不仅提高了工作效率，降低了人力成本，更为企业的成本控制与决策提供了及时、准确的数据支持。

（七）利润敏感性分析模型思路分析

（1）自定义函数，根据单价、单位变动成本、销量、固定成本的变动比因素，计算并返回利润变动比。

（2）使用 range()函数生成－100 至 100(步长为 10)的变动比，并将结果作为数据列，创建表格 df_sens。

（3）读取"本量利数据表.xlsx"各 sheet 表的基本数据，并存储在变量 dict_dfs 中。

（4）创建 Excel 写入对象，文件路径为"敏感性分析计算结果.xlsx"，并命名为 writer。

（5）遍历 dict_dfs 变量的键集合，并将遍历结果赋值给 i。

（6）获取 i 对应的值(df1)，通过索引器 iloc 获取单价、单位变动成本、销量、固定成本。

（7）将 df1 写入 writer,sheet 名称为(i＋"基础数据")，不写入行索引。

（8）将 df_sens 中"变动百分比(％)"列的数据依次作为单价、单位变动成本、销量、固定成本变动比，调用自定义函数计算，并分别将计算结果增加 df_sens 的数据列。

(9) 将 df_sens 写入 writer,sheet 名称为(i+"敏感系数"),不写入行索引。

构建利润敏感性分析模型整体思路为:定义函数—读取数据—创建写入对象—循环调用函数—保存文件。

(八) 利润敏感性分析代码讲解

根据利润敏感性分析模型思路分析执行以下代码。

```
In:
1  #(1)导入 Pandas 模块并命名为 pd
2  import pandas as pd
3
4  #(2)自定义函数 sens,设置形参 ratio_p,ratio_uvc,ratio_q,ratio_fc
5  def sens(ratio_p,ratio_uvc,ratio_q, ratio_fc):
6      p2=p*(1 + ratio_p/100)           #计算变动后单价
7      uvc2=uvc*(1 + ratio_uvc/100)     #计算变动单位变动成本
8      q2=q*(1 + ratio_q/100)           #计算变动后销售量
9      fc2=fc*(1 + ratio_fc/100)        #计算变动后固定成本
10     pro=(p-uvc)*q-fc                 #计算变动前利润
11     pro2=(p2-uvc2)*q2-fc2            #计算变动后利润
12     return round((pro2/pro-1)*100,0) #返回利润变动百分比
13
14 #(3)定义变量,传入参数,验证函数的计算结果 (非必要步骤)
15 p,uvc,q,fc=10,6,50,100
16 print (sens(30,0,0, 0))
```

```
Out:
150
```

> **注意**:
> (1) 自定义函数,设置单价、单位变动成本、销量、固定成本变动比(例如,单价变动10%,则 ratio_p=10)。
> (2) 计算并返回利润变动比(取整数,如利润变动 15%,则返回 15)。
> (3) 定义变量,调用函数测试结果是否正确。

```
In:
17 #(4)使用 range()函数生成-100 至 100 的变动比(步长为 10),创建表格
18 list1=list(range(-100, 110,10))
19 df_sens= pd.DataFrame(list1, columns=["变动百分比(%)"])
20 print(df_sens)
21 #(5)读取"本量利数据表.xlsx"所有 sheet 表数据,赋值给变量 dict_dfs
22 dict_dfs=pd.read_excel(r"本量利数据表.xsx",sheet_name=None)
23 #(6)创建 Excel 写入对象 writer,工作簿名称为"敏感性分析计算结果.xlsx"
```

```
Out:
    变动百分比%
0   -100
```

1	-90
2	-80
3	-70
4	-60
......	
15	50
16	60
17	70
18	80
19	90
20	100

> 注意：
> （1）通过 range() 函数生成列表，作为数据创建 DataFrame 表格。
> （2）读取工作簿所有 sheet 表的数据（结果是字典格式）。
> （3）创建 Excel 写入对象（因为要写入多张表）。

In:
```
24 #(7)访问 dict_dfs 中每个值，调用函数 sens 计算各项敏感系数
25 for i in dict_dfs.keys():
26     df1=dict_dfs[i]
27     p=df1.iloc[0,1]
28     uvc=df1.iloc[1,1]
29     q=df1.iloc[2,1]
30     fc=df1.iloc[3,1]
31     df1.to_excel(writer,sheet_name=f'{i}基础数据',index=False)
32     df_sens["利润&单价(%)"]=df_sens["变动百分比(%)"].map(lambda x:sens(x, 0,0,0))
33     df_sens["利润&变动成本(%)"]=df_sens["变动百分比(%)"].map(lambda x:sens(0,x, 0,0))
34     df_sens["利润&销量(%)"]=df_sens["变动百分比(%)"].map(lambda x:sens(0,0,x, 0))
35     df_sens["利润&固定成本(%)"]=df_sens["变动百分比(%)"].map(lambda x:sens(0,0,0, x))
36     print(df_sens)
```

Out:

	变动百分比(%)	利润&单价(%)	利润&变动成本(%)	利润&销量(%)	利润&固定成本(%)
0	-100	-207.00	103.00	-103.00	3.00
1	-90	-186.00	93.00	-93.00	3.00
2	-80	-166.00	83.00	-83.00	3.00
3	-70	-145.00	72.00	-72.00	2.00
4	-60	-124.00	62.00	-62.00	2.00
......					
17	70	145.00	-72.00	72.00	-2.00
18	80	166.00	-83.00	83.00	-3.00
19	90	186.00	-93.00	93.00	-3.00
D	100	207.00	-103.00	103.00	-3.00
......					

```
In:
37 #(8)将 df_sens 写入 writer,表名称为(i +"敏感系数"),不写入行索引
38 df_sens.to_excel(writer,sheet_name= f"{i}敏感系数",index=False)
```

Out:

	A	B	C	D	E
1	变动百分比(%)	利润&单价(%)	利润&变动成本(%)	利润&销量(%)	利润&固定成本(%)
2	-100	-207	103	-103	3
3	-90	-186	93	-93	3
4	-80	-166	83	-83	3
5	-70	-145	72	-72	2
6	-60	-124	62	-62	2
7	-50	-103	52	-52	2
8	-40	-83	41	-41	1
9	-30	-62	31	-31	1

> **注意：**
> （1）通过 iloc 索引器获取基础数据（单价、单位变动成本、销量、固定成本），用于函数 sens 的计算。
> （2）通过 map()函数映射变动百分比,调用匿名函数 lambda(函数体：sens)计算利润变动比,增加列,然后进行储存。

（九）利润敏感性分析业务总结

利润敏感性分析模型可以帮助企业深入研究产品价格、销量、单位变动成本、固定成本总额以及产品利润等关键因素之间的内在联系,企业能够根据单价、单位变动成本、销量和固定成本的动态变化,精确地计算出利润变动比,从而全面分析利润的敏感性。这一模型为企业制定产品结构、定价策略、促销方案以及优化生产资源配置提供了重要的成本管理手段。

同时,Python 等编程语言可以批量处理不同变动比下的数据,使企业能够更直观地观察到各个要素对利润的具体影响,为企业的经营决策提供强有力的数据支撑。这不仅大幅提高了财务工作的效率和精准度,还有效降低了人力资源成本,显著提升了整体工作的价值。

 本章小结

本章主要阐述了标准成本差异分析与本量利计算与分析的实际应用。通过深入剖析标准成本与实际成本的差异,揭示了企业在成本控制方面存在的问题以及可优化的空间,从而显著提升了成本控制的精准度和效率。

同时,本章还探讨了本量利分析在决策支持中的重要作用。通过构建盈亏平衡模型,本量利分析为企业制定产品结构、定价策略、促销活动以及生产资源分配等关键决策提供了有力依据。值得一提的是,这两种分析方法均借助 Python 的 Pandas 数据处理模块,不仅简化了复杂的计算过程,还为企业带来了极大的便利。

综上所述,通过熟练运用这些方法,企业能够实现对成本更为有效的控制,进而提升整体经济效益。

实践环节

为深入强化专业综合实践教学中的实务操作部分,切实提升学生将理论知识应用于实际问题的能力,锻炼其解决实际财务问题的技巧,学生可通过线下及线上相结合的学习模式,完成以下实践任务:

(1) 线下实践环节中,学生应灵活利用 Python 相关知识,如 Pandas 模块、Glob 模块、自定义函数、for…in 循环语句等,完成固定预算和弹性预算差异分析模型的编写。学生同时应学习如何根据定期预算和滚动预算的编制方法,利用 Python 相关知识,完成批量编制定期预算和滚动预算模型的搭建。

(2) 线上实践环节则要求学生据实际业务场景,将模型应用于具体的产品预算分析中,对比实际执行数与预算数,分析预算执行差异。同时根据滚动预算的特点,对原有预算方案进行调整和补充,逐期滚动,实现预算的动态管理。

通过线上实践,学生能够掌握 Python 在预算编制中的应用,提高预算编制的效率和准确性。线下实践将理论知识应用于实际业务中,能够增强学生的实践能力,使学生更加深入地理解了预算编制的方法和技巧,为今后的工作打下坚实基础。

复习思考题

一、选择题

1. 在进行标准成本差异分析时,(　　)不是其分析的重点。
   A. 分析成本差异 B. 制定标准成本
   C. 找到成本差异原因 D. 跟踪处理成本差异

2. 在进行本量利分析时,(　　)不是其分析的基本模型。
   A. 成本性态分析 B. 利润敏感性分析
   C. 盈亏平衡分析 D. 变动成本分析

3. 使用 Pandas 模块读取 Excel 文件时,用于指定要读取的工作表名称的参数是(　　)。
   A. sheet_name B. worksheet
   C. table_name D. data_sheet

4. Pandas 中,用于将缺失值填充为指定值的函数是(　　)。
   A. fillna() B. replace()
   C. dropna() D. interpolate()

5. 在使用 Pandas 进行数据计算时,为了应用自定义的计算函数到 DataFrame 的每一列或每一行,通常使用(　　)函数。
   A. transform() B. map()
   C. lambda D. apply()

二、简答题

1. 简述利润敏感性分析思路。
2. 简述成本形态分析类型。

三、实战作业

1. 根据提供的成本数据,利用 Python 函数计算出实际成本、标准成本、成本差异、价格差异、用量差异,并分析各指标对利润的影响。

2. 针对不同成本形态(直接材料、直接人工、变动制造费用),进行详细的成本分析,并利用图表展示各类成本形态的构成比例及变化趋势。

第八章 全面预算管理的实战应用

第一节 固定预算和弹性预算

 学习目的

了解全面预算的内容体系、各种预算方法的特点；了解固定预算和弹性预算的编制方法；运用 Pandas 模块、Glob 模块、自定义函数、for…in 循环语句等 Python 相关知识开发完成固定预算和弹性预算差异分析模型。

一、全面预算管理概述

全面预算是指以企业经营目标为出发点，通过市场需求的研究和预测，以销售预算为起点，进而延伸到生产、成本费用及资金收支等各方面的预算，最后编制预计财务报表的预算体系。全面预算的基本内容主要由业务预算、专门决策预算、财务预算三部分组成。

（一）全面预算管理的概念

全面预算管理是财务管理的重要工作之一，涉及销售预算、生产预算、成本费用预算、利润预算等内容。预算编制可以采用固定预算和弹性预算、零基预算和增量预算、定期预算和滚动预算等方法。

（二）全面预算管理的具体架构

全面预算管理体系包括业务预算、专门决策预算、财务预算三个方面。

（1）业务预算是全面预算管理体系的基础，包括销售、生产、直接材料、直接人工、制造费用、产品成本、销售费用、管理费用等预算。

（2）专门决策预算是指企业不经常发生的重要决策预算，包括固定资产购置、更新、改造等资本支出预算，资源开发、新产品研发等生产经营决策预算。

（3）财务预算一般分为现金预算和预计财务报表两个方面：现金预算包括计划现金收入、计划现金支出、现金盈余或不足；预计财务报表包括预计资产负债表和预计利润表。

二、实际业务中的全面预算管理

亚飞公司按照固定预算和弹性预算的方法编制 2021 年度的销售预算。

（一）业务场景

A－D 系列产品 2021 年年初预算的销量、单价、单位变动成本、固定成本数据，以及 2021 年

年末核算的实际数据存放在"产品预算基础数据.xlsx"中,亚飞公司需要据此做固定预算和弹性预算的差异分析。2021 年 A－D 系列产品的预算数与实际数的比较如表 8-1 至表 8-4 所示。

表 8-1　2021 年 A 产品预算数与实际数

A 产品	预算数	实际数
单价	12	15
单位变动成本	6	7
销量	5 000	6 000
固定成本	1 000	1 800

表 8-2　2021 年 B 产品预算数与实际数

B 产品	预算数	实际数
单价	50	60
单位变动成本	20	30
销量	3 800	5 000
固定成本	50 000	50 000

表 8-3　2021 年 C 产品预算数与实际数

C 产品	预算数	实际数
单价	16	16
单位变动成本	9	10
销量	25 000	30 000
固定成本	1 500	3 000

表 8-4　2021 年 D 产品预算数与实际数

D 产品	预算数	实际数
单价	33	30
单位变动成本	23	25
销量	18 000	25 000
固定成本	10 000	8 000

根据需求,亚飞公司财务人员需要根据各产品的数据信息,编制对应的固定预算数、弹性预算数再与实际数据对比,分析预算执行差异。固定预算和弹性预算的对比如表 8-5 所示。

表 8-5　固定预算和弹性预算的对比

项目	固定预算	弹性预算
概念	以预算期内正常的、最可能实现的某一业务量水平为固定基础,不考虑可能发生的变动的预算编制方法	在分析业务量与预算项目之间数量依存关系的基础上,分别确定不同业务量及其相应预算项目所消耗资源的预算编制方法

(续表)

项目	固定预算	弹性预算
特征	业务量固定在某一预计水平上	分别按一系列可能达到的预计业务量水平编制，能适应多种情况的预算
优点	工作量小，简单易行	考虑预算期不同业务量水平，贴近企业实际
缺点	过于机械呆板，可比性差	工作量大，受预测准确性影响
适用范围	业务量水平较为稳定的企业	市场、产能等存在较大不确定性的企业

(二) 实验要求

根据固定预算和弹性预算的编制方法，利用 Python 相关知识，完成固定预算和弹性预算差异分析模型。

(1) 自定义函数 CVP，根据单价、单位变动成本、销量、固定成本，计算并返回列表[单价，单位变动成本，单位边际贡献，销售量，销售额，变动成本，边际贡献，固定成本，利润]。

(2) 通过 Glob 模块获取系统文件夹中存储产品预算基础数据的所有文件名称。

(3) 读取每一个文件的数据，获取单价、单位变动成本、销量、固定成本的预算数和实际数。

(4) 调用函数 CVP 计算实际执行数、固定预算数、弹性预算数，再计算预算差异，并新增列存储对应的数据。

(5) 将计算结果写入"预算差异分析结果.xlsx"中，表名称为"产品名称＋预算差异"。

(三) 知识准备

固定预算和弹性预算的编制方法。

(1) 自定义函数的方法。

(2) Glob 模块：Glob 方法的应用。

(3) 利用写入对象向 Excel 写入多张表。

(4) for…in 循环的应用方法。

(5) Pandas 模块：创建 DataFrame 表格的方法。

(6) Pandas 模块：读取、写入 Excel 工作簿。

(7) Pandas 模块：数据的选取、数据的运算。

(8) 字符串切片、格式化字符串的方法。

(四) 思路分析

(1) 自定义函数 CVP，设置形参 p,uvc,q,fc，计算并返回结果列表。

(2) 获取系统文件夹中所有"﹡产品预算基础数据.xlsx"的名称，赋值给变量 files。

(3) 创建 Excel 写入对象 writer，工作簿路径为"预算差异分析结果.xlsx。

(4) 遍历变量 files 并赋值给变量 i。

(5) 读取变量中的数据，存储为 DataFrame 表格 df1。

(6) 从 df1 中获取单价、单位变动成本、销量、固定成本的实际数、预算数，并存储为变量。

(7) 创建 DataFrame 表格 df2，用于存储计算结果。

(8) 调用函数 CVP，计算实际执行数、固定预算数、弹性预算数，在 df2 中新增列存储数据。

(9) 计算固定预算执行差异、弹性预算执行差异,在 df2 中新增列存储对应的数据。

(10) 从变量 i 中获取该文件名称中的产品名称(如 A 产品)。

(11) 将计算完成的表格 df2 写入 Excel 写入对象 writer,表名称为"产品名称+预算差异。

(五) 代码讲解

根据思路分析执行以下代码。

```
In:
1 #(1)导入 Pandas 模块并命名为 pd,导入 Glob 模块中的 glob 方法
2 import pandas as pd
3 from glob import glob
4 ' '#(2)自定义函数 CVP,设置形参 p,uvc,q,fc(单价、单位变动成本、销量、固定成本)、
5    计算销售额 s、单位边际贡献 umc、边际贡献 mc、变动成本 vc、利润 pro,返回一个列表
6    [单价,单位变动成本,单位边际贡献,销售量,销售额,变动成本,边际贡献,固定成本,利润]。
7 def CVP(p,uvc, q, fc):
8     s=p*q                      #销售额=单价*销售量
9     umc=p-uvc                  #单位边际贡献=单价-单位变动成本
10    mc=umc*q                   #边际贡献=单位边际贡献*销售量
11    vc=uvc*q                   #变动成本=单位变动成本*销售量
12    pro=(p-uvc)*q-fc           #利润=(单价-变动成本)*销售量-固定成本
13    return[p,uvc,umc,q,s,vc,mc,fc,pro]
14 #(3)调用函数 CVP 计算 (用于验证函数的正确性,非必要步骤)
15 print(CVP(10,4,300.1000))
```

```
Out:
10,4,6,300,3000,1200,1800,1000,800
```

```
In:
16 #(4)获取系统文件夹中所有"*产品预算基础数据.xlsx"的名称,赋值给变量 files
17 files=glob(r"*产品预算基础数据 xlsx")
18 print(files)
```

```
Out:
['A 产品预算基础数据.xlsx','B 产品预算基础数据.xlsx','C 产品预算基础数据.xlsx','D 产品预算基础数据.xlsx']
```

> **注意:**
> (1) 因为第 3 行代码直接导入了 glob 方法,第 17 行代码可以直接使用 glob()获取符合条件的文件名称,并返回列表格式的结果。
> (2) 其中,*代表通配符,可以匹配 0 个及以上的任意字符
> (3) 如果导入 Glob 模块,应当使用 glob.glob()的方法。

```
In:
19    p_budget=df1.1oc["单价","预算数"]
20    uvc_budget=df1.loc["单位变动成本","预算数"]
21    q_budget=df1.loc["销量","预算数"]
```

```
22    fc_budget=df1.loc["固定成本","预算数"]
23    p_real=df1.loc["单价","实际数"]
24    uvc_real=df1.loc["单位变动成本","实际数"]
25    q_real=df1.loc["销量","实际数"]
26    fe_real=df1.loc["固定成本","实际数"]
27    print(p_budget,uvc_budget,q_budget,fc_budget
28          p_real,uvc_real,q_real,fc_real)
```

Out:
12 6 5000 1000 15 7 6000 1800
....
33 23 18000 10000 30 25 25000 8000

> **注意**：在此代码中，使用 loc 索引器获取 df1 中的预算单价、预算单位变动成本、预算销售量预算固定成本、实际单价、实际单位变动成本、实际销售量、实际固定成本的金额，并将其赋值给变量。以便后续调用函数 CVP，计算实际执行数据与预算数据。

In:
```
29 df2=pd.DataFrame(["单价","单位变动成本","单位边际贡献","销售量","销售额",
30                  "变动成本","边际贡献","固定成本","利润"],columns=["项目"])
31 df2["实际执行数"]=CVP(p_real,uvc_real,q_real,fc_real)
32 df2["固定预算数"]=CVP(p_budget,uvc_budget,q_budget,fc_budget)
33 df2["固定预算差异"]=df2["实际执行数"]-df2["固定预算数"]
34 df2["弹性预算数"]=CVP(p_budget,uvc_budget,q_real,fc_budget)
35 df2["弹性预算差异"]=df2["实际执行数"]-df2["弹性预算数"]
36 print(df2)
```

Out:

	项目	实际执行数	固定预算数	固定预算差异	弹性预算数	弹性预算差异
0	单价	15	12	3	12	3
1	单位变动成本	7	6	1	6	1
2	单位边际贡献	8	6	2	6	2
3	销售量	6000	5000	1000	6000	0
4	销售额	90000	60000	30000	72000	18000
5	变动成本	42000	30000	12000	36000	6000
6	边际贡献	48000	30000	18000	36000	12000
7	固定成本	1800	1000	800	1000	800
8	利润	46200	29000	17200	35000	11200

....

> **注意**：
> （1）创建表格 df2，根据自定义函数返回的列表顺序，定义"项目"列，标明各行的数据内容。
> （2）调用函数 CVP，计算实际执行数，并添加新列到 df2 当中。
> （3）按同样的方法，再计算固定预算数、弹性预算数。
> （4）比较固定预算执行差异、弹性预算执行差异，并添加新列到 df2 当中。

In:
```
37  #(6)根据变量i获取其中的产品名称(如A产品)
38  name=i[0:3]
39  print (name)
40  #(7)将变量df2写入writer
41  df2.to_excel(writer,sheet name-f (name]"预算差异",index-False)
```

Out:
A产品
B产品
C产品
D产品

> 注意：
> (1) 变量i是字符串,通过字符串切片的方法获得产品名称。
> (2) 通过格式化字符串的方法,定义表的名称

(六) 业务总结

在企业的日常运营中,成本控制是至关重要的一环,涉及多个环节与多种成本项目。如同往来对账单、销售合同、采购合同等常见工作内容,成本控制分析同样具有固定的模板与流程,只需根据实际情况调整部分参数即可完成。然而,由于成本项目众多,数据处理量大,传统的手工处理方式不仅效率低下,而且容易出错。

因此,利用Python等编程工具构建的成本差异分析的自动化模型能够根据预设的规则与模板自动完成数据的收集、处理、分析与报表生成,实现了成本控制的自动化与智能化。这不仅提高了工作效率,降低了人力成本,更为企业的成本控制与决策提供了及时、准确的数据支持。

第二节　定期预算和滚动预算

学习目的

了解定期预算和滚动预算的编制方法;运用Pandas模块、Glob模块、自定义函数、for…in循环语句等Python相关知识开发完成批量编制定期预算和滚动预算模型。

一、认识预算编制

通过编制全面预算,企业可以将战略规划和经营目标细化分解为各预算执行单位的具体工作目标和行动计划。此外,编制全面预算还能够改善组织内部的沟通,如企业总目标与子目标的协调,部门之间目标的协调,实现企业可持续健康发展。

(一）预算编制的概念

全面预算管理是财务管理的重要工作之一，涉及销售预算、生产预算、成本费用预算利润预算等内容。预算编制是指对以上预算计划的拟订、确定及其组织过程。预算编制可以采用固定预算和弹性预算、零基预算和增量预算、定期预算和滚动预算等方法。

（二）定期预算和滚动预算的区别

定期预算和滚动预算的区别如表 8-6 所示。

表 8-6　定期预算与滚动预算的区别

项目	定期预算	滚动预算
方法	在编制预算时，以不变的会计期间（如日历年度）作为预算期	企业根据上一期预算执行情况和新的预测结果按既定的预测编制周期和滚动频率，对原有的预持续推进的算方案进行调整和补充，逐期滚动
特征	以不变的会计期间作为预算期	将预算期与会计年度脱离，逐期向后滚动
优点	与会计年度相配合，便于考核和评价	预算比较精确，连续性好
缺点	盲目性、滞后性、间断性	工作量大
适用范围	一般适用于年度预算的编制	一般适用于季度预算的编制

二、实际业务中的定期预算和滚动预算

滚动预算虽然能够保持预算的完整性和连续性，并更具灵活性，有助于企业通过动态预算对未来一定时期的生产经营活动有更准确的把握，但也大大增加了预算编制的工作量。

为简化预算编制工作，亚飞公司拟采用 Python 搭建批量编制定期预算和滚动预算模型，帮助企业管理人员快速完成预算的编制工作，以便将更多的时间投入在预算差异的分析中。

（一）业务场景

亚飞公司将 A-D 系列产品"2022-04"至"2022-06"的单价、单位变动成本、销量、固定成本数据[①]存放在"产品预算基础数据.xlsx"中，据此编制 4～6 月的定期预算和未来 6 个月的滚动预算。已知 A-D 系列产品 2022 年 4～6 月产品预算数据如表 8-7 至表 8-10 所示。

表 8-7　2022 年 4～6 月 A 产品预算数据

A 产品	2022-04	2022-05	2022-06
单价	12	15	16
单位变动成本	6	7	7
销量	5 000	6 000	8 000
固定成本	1 000	1 800	1 600

---

① 本节数据仅作示例展示预算编制的过程，不列明单位仅用数字表示。

表 8-8 2022 年 4～6 月 B 产品预算数据

B 产品	2022-04	2022-05	2022-06
单价	50	60	60
单位变动成本	20	30	25
销量	3 800	5 000	4 000
固定成本	50 000	50 000	45 000

表 8-9 2022 年 4～6 月 C 产品预算数据

C 产品	2022-04	2022-05	2022-06
单价	16	16	20
单位变动成本	9	10	12
销量	25 000	30 000	50 000
固定成本	1 500	3 000	4 000

表 8-10 2022 年 4～6 月 D 产品预算数据

D 产品	2022-04	2022-05	2022-06
单价	33	30	35
单位变动成本	23	25	26
销量	18 000	25 000	20 000
固定成本	10 000	8 000	10 000

(1) 预算目标数据：根据单价、单位变动成本、销量、固定成本 4 项因素，计算单位边际贡献、销售额、变动成本、边际贡献、利润的金额。

(2) 以基础数据表中最后一期为基准，滚动预测未来 6 个月的数据（这里以"2022-06"期为基准，预测 7～12 月的数据）。

(3) 各项因素的月增长率：单价 0.3%，单位变动成本 0.2%，销量 0.2%，固定成本 0.1%。

(4) 各项因素的基期数据：单价与单位变动成本以最后一期为基准（计算 7 月时以 6 月的金额为基准，依次类推），销量与固定成本以最后三期的平均金额为基准（计算 7 月时，以 4～6 月的平均金额为基准，依次类推）。

例如，计算 2022 年 7 月、2022 年 8 月的基础数据：

$$7 月单价 = 6 月单价 \times (1 + 0.3\%)$$
$$8 月单价 = 7 月单价 \times (1 + 0.3\%)$$
$$7 月销量 = (4 月销量 + 5 月销量 + 6 月销量) \div 3 \times (1 + 0.2\%)$$
$$8 月销量 = (5 月销量 + 6 月销量 + 7 月销量) \div 3 \times (1 + 0.2\%)$$

(二) 实验要求

根据定期预算和滚动预算的编制方法，利用 Python 相关知识，完成批量编制定期预算和滚动预算模型。

（1）自定义函数 month add，设置形参起始月份和滚动期，计算并返回预测期间的月份列表。

（2）自定义函数 CVP，设置形参 DataFrame 表格和列索引名称，通过 loc 索引器获取单价、单位变动成本、销量、固定成本，计算并返回本量利计算结果列表。

（3）通过 Glob 模块获取系统文件夹中存储产品预算基础数据的所有文件名称。

（4）读取每一个文件的数据，假设滚动期为 6 个月，调用函数 month add 计算预测期间的月份列表。

（5）定义列表，存储各项因素的月份增长率（4 项基本因素）。

（6）遍历预测期间的月份列表，计算对应预测月份的基期数据（4 项基本因素），并存储在列表中。再利用 map() 函数和匿名函数 lambda，计算对应预测月份的预测数据，并增加新列保存。最后将计算结果写入定期和滚动预算计算结果.xlsx 中，表名称为"产品名称＋基础数据"。

（7）遍历基础数据表的列索引名称，调用函数 CVP 计算预算数，并在新表格中存储对应的数据。再将预算结果写入定期和滚动预算计算结果.xlsx 中，表名称为"产品名称＋预算结果"。

（三）知识准备

（1）固定预算和滚动预算的编制方法。

（2）自定义函数的方法。

（3）字符串切片、格式化字符串的方法。

（4）数值的取余数、整除等计算方法。

（5）创建列表、列表索引或切片的方法。

（6）Glob 模块：glob 方法的应用。

（7）利用写入对象向 Excel 写入多张表。

（8）for…in 循环、if…else 语句的应用方法。

（9）Pandas 模块：创建表格、获取表格索引的方法。

（10）Pandas 模块：读取、写入 Excel 工作簿。

（11）Pandas 模块：数据的选取、数据的运算。

（12）Pandas 模块：浮点数格式化显示的方法。

（13）map() 函数和匿名函数 lambda 的使用方法。

（四）思路分析

（1）自定义函数 month add，设置形参 date star，n，计算并返回递增后的期间列表。

（2）自定义函数 CVP，设置形参 df，col，计算并返回本量利的结果列表。

（3）获取系统文件夹中所有＊产品预算基础数据.xlsx 的名称，赋值给变量 files。

（4）创建 Excel 写入对象 writer，工作簿路径为"定期和滚动预算计算结果.xlsx"。

（5）遍历变量 files 并赋值给变量 i。

（6）读取变量 i 中的数据，存储为 DataFrame 表格 df1。

（7）基于 df1 中最后期间，调用函数 month add 计算 6 个月预测期，赋值给 list add cols。

（8）定义列表 list rate rise，存储各因素月增长率。

（9）遍历变量 list add cols 并赋值给 col。

（10）从 df1 中获取数据，计算对应预测月份的基期数据，存储在列表 list base 中。

(11) 依据变量 list base 和 list rate rise,用 map()计算预测期的数据,在 df1 中增加新列。

(12) 根据变量 i,利用字符串切片方法获取其中的产品名称,赋值给变量 name。

(13) 将更新后的 df1 写入 writer,表名称是(name+"基础数据")。

(14) 创建 DataFrame 表格 df2,用于存储定期预算和滚动预算的计算结果。

(15) 遍历变量 df1 的列名称列表,并赋值给 col。

(16) 调用函数 CVP 计算对应期间的预算数据,在 df2 中增加新列。

(17) 将更新后的 df2 写入 writer,表名称是(name+"预算结果")。

(五) 代码讲解

根据思路分析执行以下代码。

```
In:
1 #(1)导入 Pandas 模块并命名为 pd,导入 Glob 模块中的 glob 方法
2 import pandas as pd
3 from glob import glob
4 #(2)将 Pandas 模块中的浮点数格式化显示(保留2位小数)
5 pd.options.display.float_format='{:.2f}'.format
6 #(3)自定义函数 month_add,计算并返回递增后的日期列表
7 def month_add(date_star, n) :
8     list1=[]
9     for i in range(1,n+1)
10        year=int(date_star[0:4])
11        month=int(date_star[-2:])
12     if (month+i) % 12!=0:
13        year=year+(month+i)//12
14        month=month+i-(month+ i)//12*12
15     else:
16        year=year+(month+i)//12-1
17        month= month+i-((month+i) //12-1)*12
18     date_str=f'{year}-"+f'{month:02d}'
19     list1.append(date_str)
20   return list1
21 print (month_add("2022-06",12))    #传入参数验证(非必要步骤)
```

```
Out:
['2022-07','2022-08','2022-09','2022-10','2022-11','2022-12','2023-01',
'2023-02','2023-03','2023-04','2023-05','2023-06']
```

> **注意:**
> (1) 因为需要批量编制预算,而每个产品的基础数据单独一个文件,要使用 Glob 模块中的 glob 方法,获取所有文件的名称,以便后续逐个访问。
> (2) 在计算过程中涉及多种数学运算,设置 DataFrame 表格中的浮点数显示2位小数,可以保证数据预览时的整洁。
> (3) 设置形参(起始日期,递增数量)。
> (4) 每次递增一个会计期间,用循环访问一个数字序列的方法可以实现。
> (5) 获得起始"年"和"月"并存储。

> (6) 计算增加后的年数、月数(注意增加后月份是12月的特殊情形)。
> (7) 将年份和月份组合成规定的格式,并增加到列表中。
> (8) 返回计算后的结果(列表)。

In:
```
22 # (4)自定义函数CVP,返回本量利计算结果的列表
23 def CP(df, col):
24     p=df.loc["单价",col]              # 使用1oc索引器,获取df中的单价
25     uve=df1.loc["单位变动成本",col]     # 使用c索引器,获取d中的单位变动成本
26     q=df1.oc["销量",co1]              # 使用1oc索引器,获取df中的销量
27     fc=df1.1oc["固定成本"col]          # 使用1oc索引器,获取df中的固定成本
28     s=p* q                            # 销售额=单价*销售量
29     umc=p-uvc                         # 单位边际贡献=单价-单位变动成本
30     mc=umc * a                        # 边际贡献=单位边际贡献*销售量
31     vc=uvc*q                          # 变动成本=单位变动成本*销售量
32     pro=(p-uvc)*q-fc                  # 利润=(单价-变动成本)*销售量-固定成本
33     return lp, uvc, umc, q, s, vc, mc, fc, pro.
34 df_test=pd.read_excel(r"A产品预算基础数据xlsx",index_col=0)
35 print (CVP(df_test,"2022-04"))       # 传入参数验证(非必要步骤)
```

Out:
[12,6,6,5000,60000,30000, 300001000,29000]

> **注意:**
> (1) 在之前的学习中,本量利函数CVP应设置形参p,uvc,q,fc,每计算一组数据就要调用一次函数。
> (2) 本模型中需要计算多组数据,要优化自定义函数:传入形参df,col,可以根据loc索引器获取4项基本因素;通过不断变更col,就可以自动计算多组数据,返回每一组数据的结果。

In:
```
36 # (5)获取系统文件夹中所有"*产品预算基础数据.xlsx"的名称
37 files=glob(r"*产品预算基础数据.xlsx")
38 print(files)
39 # (6)创建Excel写入对象writer
40 with pd.ExcelWriter(r"定期和滚动预算计算结果.xlsx") as writer:
41     for i in files:
42         df1=pd.read excel(i,index col=0)
43         print (df1)
```

Out:
['A产品预算基础数据.xlsx','B产品预基础数据.xlsx','C产品预算基础数据.xlsx','D产品预算基础数据.xlsx']

项目	2022-04	2022-05	2022-06
单价	12	15	16
单位变动成本	6	7	7
销量	5000	6000	8000
固定成本	1000	1800	1600

……

> **注意:** 创建 Excel 写入对象后,注意代码缩进问题因为之后要获取表格中的数据,需要使用 loc 索引器,所以将第 1 列设置为行索引。

In:
```
44  # 调用函数 month_add,计算预测期的列名称
45  list_add_cols=month_add(df1.columns.tolist()[-1],6)
46  print(list_add_cols)
47  # 将各项数据的月增长率存储在列表中
48  list_rate_rise=[0.003,0.002,0.002,0.001]
49  print(list_rate_rise)
```

Out:
```
['2022-07','2022-08','2022-09','2022-10','2022-11','2022-12']
[0.003,0.002,0.002,0.001]
```

> **注意:**
> (1) 调用函数时需要传入起始日期和预测期 2 个参数,为了增加模型的灵活性,起始日期要从产品预算基础数据表格中获取,即 df1 的列索引名称列表的最后一个元素(使用负索引获取)。
> (2) 月增长率是固定的,既可以在模型开始时定义,也可以在此处定义(整体结构更清晰)。

In:
```
50  # 遍历变量 list_add_cols 并赋值给 col,计算预测期的基础数据
51  for col in list_add_cols:
52      p=df1.loc["单价",df1.columns.tolist()[-1]]
53      uvc=df1.loc["单位变动成本",df1.columns.tolist０[-1]]
54      q=df1.loc["销量",df1.columns.tolist()[-3:]].mean()
55      fc=df1.loc["固定成本",df1.columns.tolist()[-3:]].mean()
56      list_base=[p, uvc, q, fc]
57      dfl[col]=list(map(lambda x, y:x* (1+ y),list_base,list_rate_rise))
58  print(dfl)
59  name=i[0:3]       # 根据变量 i 获取其中的产品名称(如:A 产品)
60  dfl.to_excel(writer, sheet_name= f"{name}基础数据")
```

```
Out:
项目      2022-04  2022-05  2022-06  2022-07  2022-08  2022-09  2022-10  2022-11  2022-12
单价        12       15       16     16.05    16.10    16.14    16.19    16.24    16.29
单位变动成本  6        7        7      7.01     7.03     7.04     7.06     7.07     7.08
销量       5000     6000     8000    6346.00  6795.56  7061.28  6747.75  6881.94  6910.78
固定成本    1000     1800     1600   1468.13  1624.33  1565.72  1554.28  1583.03  1569.24
……
项目      2022-04  2022-05  2022-06  2022-07  2022-08  2022-09  2022-10  2022-11  2022-12
单价        33       30       35     35.10    35.21    35.32    35.42    35.53    35.63
单位变动成本  23       25       26     26.05    26.10    26.16    26.21    26.26    26.31
销量      18000    25000    20000   21042.00 22058.03 21075.41 21434.60 21565.72 21401.29
固定成本   10000     8000    10000   9342.67  9123.34  9498.16  9330.71  9326.72  9394.58
```

> **注意**：为了计算预测期的 4 项基础数据，在 df1 中增加列进行存储，可依据以下步骤。
> 　　第 1 步：确定列索引名称(list add cols)。
> 　　第 2 步：确定基期数据使用 loc 索引器直接获取数据，按顺序存储在列表 list base 中。
> 　　第 3 步：使用 map()函数和匿名函数 lambda 计算列数据，并在 df1 中增加新列。

```
In:
61  # (7)根据变量 df1 中的基础数据,调用函数 CVP 计算各期的本量利数据
62  df2=pd.DataFrame(["单价","单位变动成本","单位边际贡献","销售量","销售额",
63                   "变动成本","边际贡献","固定成本","利润"],columns=["项目"])
64  for col in df1.columns.tolist():
65      df2[col]=CVP(df1,col)
66  print(df2)
```

> **注意**：
> 　　(1) 创建表格 df2，根据函数 CVP 返回的列表顺序，定义"项目"列，标明各行的数据内容，用于存储计算结果。
> 　　(2) 遍历 df1 的列名称列表("2022-04"—"2022-12")获取参数 col，再依据参数 df1，调用函数 CVP 计算每个月的预算结果，并依次添加新列到 df2 当中。

```
Out:
     项目         2022-04  2022-05  2022-06  2022-07  2022-08  2022-09  …  2022-12
0    单价            12       15       16     16.05    16.10    16.14   …   16.29
1    单位变动成本      6        7        7      7.01     7.03     7.04   …    7.08
```

2	单位边际贡献	6	8	9	9.03	9.07	9.10	…	9.21
3	销售量	5000	6000	8000	6346.00	6795.56	7061.28	…	6910.78
4	销售额	60000	90000	128000	101840.61	109382.38	114000.40	…	112577.83
5	变动成本	30000	42000	56000	44510.84	47759.41	49726.14	…	48958.90
6	边际贡献	30000	48000	72000	57329.76	61622.96	64274.25	…	63618.93
7	固定成本	1000	1800	1600	1468.13	1624.33	1565.72	…	1569.24
8	利润	29000	46200	70400	55861.63	59998.63	62708.53	…	62049.68

（六）业务总结

从批量编制定期预算和滚动预算模型看，Python 通过运用 Pandas 模块、Glob 模块、自定义函数以及 for…in 循环语句等，能够高效地完成预算编制工作。Python 不仅可以实现批量数据的快速统计与汇总，还能根据企业的实际需求灵活调整模型，从而显著提升工作效率，并有效解决预算编制过程中的实际问题。Python 的自动化操作在预算编制领域展现出其强大的生态体系，正成为推动企业实现可持续健康发展的有力工具。

本章小结

本章深入探讨了全面预算管理的实战应用，详细阐述了固定预算和弹性预算的编制方法，同时介绍了定期预算和滚动预算的编制特点。此外，本章还涉及了批量编制定期预算和滚动预算模型的构建。

本章的学习可以帮助读者全面了解全面预算的内容体系，掌握各种预算方法的特点，并学会利用 Python 相关知识进行预算差异分析模型的开发。预算管理在企业财务管理中占据核心地位，涵盖销售预算、生产预算、成本费用预算和利润预算等多个方面。本章还强调了自定义函数 CVP 在本量利分析中的实际应用，展示了编程语言定义函数在解决实际问题中的价值，对提升工作效率具有积极意义。

实践环节

为进一步加强专业综合实践教学环节中的实践部分，培养和提高学生综合运用所学的基本理论、基本知识和基本技能分析和解决实际问题的能力,培养学生的应用能力和创造能力,学生可通过线下及线上实践相结合的学习模式,完成以下实践任务:

(1) 线上实践:学习如何利用 Python 的 Pandas 模块,从系统文件夹中批量读取产品预算基础数据,整理成 DataFrame 表格,为后续的预算分析提供数据支持;根据固定预算和弹性预算的编制方法,利用自定义函数 CVP 计算实际执行数、固定预算数、弹性预算数,并计算预算差异;将计算结果写入 Excel 工作簿,通过对比实际执行数与预算数,分析预算执行差异,为管理层提供决策依据。

(2) 线下实践:根据线上实践的结果,制定具体的预算调整方案,明确调整的目标和措施;之后将预算调整方案落实到各个执行部门,确保预算调整的有效执行;最终定期评估预算调整方案的效果,及时调整方案,确保预算管理的持续改进。

通过线上线下的实践,学生可以深入理解全面预算管理的实战应用,掌握固定预算和弹性预算的编制方法,学会如何利用 Python 进行预算差异分析,为企业的财务管理提供有力支持。

 复习思考题

一、选择题

1. 在预算编制中,(　　)预算方法通常被市场、产能等存在较大不确定性的企业采用。
   A. 滚动预算　　　　　　　　　　B. 固定预算
   C. 零基预算　　　　　　　　　　D. 增量预算

2. 在 Python 中,使用 Pandas 模块读取 Excel 文件时,(　　)是正确的索引方式。
   A. df.loc["单价","预算数"]　　　　B. df.loc["单价","实际数"]
   C. df.loc["销量","预算数"]　　　　D. df.loc["成本","实际数"]

3. 在滚动预算方法中,预算方案调整的主要依据是(　　)。
   A. 上一个预算周期的执行结果　　B. 财务总监的指令
   C. 市场趋势的突然变化　　　　　D. 公司战略方向的调整

4. 在 Python 中,使用 Glob 模块获取特定文件时,(　　)代码是正确的。
   A. files=glob("*产品预算基础数据.xlsx")
   B. files=glob.all("*产品预算基础数据.xlsx")
   C. files=glob.glob("*产品预算基础数据.xlsx")
   D. files=glob.search("*产品预算基础数据.xlsx")

5. 在 Python 中,使用 Pandas 模块将数据写入 Excel 时,(　　)操作是正确的。
   A. df.to_csv("output.xlsx")
   B. df.to_excel("output.xlsx", index=False)
   C. df.write_excel("output.xlsx")
   D. df.save_excel("output.xlsx", index=False)

二、简答题

1. 简述产品预算思路分析。
2. 简述全面预算具体架构。

三、实战作业

利用 Python 函数,结合 Glob 模块和 Pandas 模块,完成固定预算和弹性预算差异分析模型。具体步骤包括使用 Glob 模块获取指定文件夹中的产品预算基础数据文件,然后使用 Pandas 进行数据处理,并通过自定义函数计算固定预算与弹性预算之间的差异。

第九章 企业财务综合分析的实战应用

第一节 外部环境分析及企业概况

学习目的

了解企业财务综合分析的内容;了解获取网络数据信息的方法的特点;熟悉数据接口 API 的简单应用;运用 pd.read_tml()方法和 Pyecharts 模块等 Python 相关知识开发完成自动获取并分析企业整体概况模型。

一、数字经济发展推动财务分析智能化发展

2023 年是"十四五"的发展之年,数字经济浪潮正在重塑不同行业的产业逻辑与业务形态,并逐步成为经济发展的新动能。以卫星遥感、导航、通信为重要支撑的空间基础设施已经成为数字基础设施的重要组成,是建设数字中国和实现企业数字化转型的科技力量。

(一)政策背景

随着"十四五"期间卫星互联网启动建设,空间基础设施持续优化完善,实景三维、数字乡村、应急管理等行业产业规划相继发布,以遥感和北斗技术驱动的空天信息产业渗透率稳步提高,为行业发展带来了巨大的发展机遇。

(二)企业财务综合分析方法

在企业财务分析、对外投资分析等过程中,获取竞争对手、行业、被投资单位等的财务信息是必不可少的环节。通常获取这类信息的方法是通过手动登录网页,获取对应的信息并存储在 Excel 中。但随着数字化的发展,信息量越来越大且变化较快,传统手动获取信息的低效局限了获取信息的数量和质量,不利于对信息的进一步分析和利用。

企业进行综合财务分析时,通常从以下方向获取信息并实施针对性的分析,包括整体概况分析、主营业务分析和多维度的综合分析。

(1)整体概况分析:了解企业的基本简介、所属的行业、股本结构、主要股东等企业概况信息,再了解企业的关键财务指标等信息。例如,根据资产负债表了解其资产结构和资本结构等信息,根据利润表了解其研发投入、收入成本和利润的结构等信息。

(2)主营业务分析:分产品或分地区对收入、成本和利润结构等进行分析。例如,通过收入、成本和利润的历史数据,按产品进行增长趋势分析等。

(3)多维度的综合分析:①同行业数据分析:公司规模(总市值、流通市值、营业收入、净利

润等)。②公司市场价值分析:公司估值比较分析(市盈率、市销率等)。③成长性分析(每股收益增长率、营业收入增长率)。④杜邦分析比较(ROE、净利率等)。

二、实际业务中外部环境及企业概况分析

航天宏图信息技术股份有限公司(以下简称航天宏图,证券代码 688066)作为空天信息领域的排头兵,是一家主营卫星运营与应用服务的龙头企业。该公司积极响应国家政策规划,坚持自主研发,持续完善覆盖全国的营销网络,推动业务快速发展。

亚飞公司拟通过直接投资类似航天宏图的企业的方式进入空天信息领域。为更好地了解该行业的经营状况,亚飞公司计划以航天宏图为例,构建模型并对其展开综合分析,了解企业的投资价值和企业的价值创造情况。

(一) 业务场景

亚飞公司的投资分析专员先从新浪财经(https://finance.sina.com.cn/stock/)等资讯网站获取相关信息,将数据存储在 Excel 中,再将数据可视化展示并进行分析。整个工作过程中,数据采集和可视化的过程占据时间比较长,留给数据分析的时间比较少。投资分析专员获取信息的部分网页如图 9-1 所示。

图 9-1 投资分析专员获取信息的部分网页

(二) 实验要求

根据亚飞公司的业务需求,利用 Python 相关知识,完成信息的自动获取,并分析企业整体概况。

(1) 从新浪财经网页中,获取航天宏图(688066)2021 年的公司信息,存储在 DataFrame 表格。

(2) 获取航天宏图 2021 年的财务指标信息,存储在 DataFrame 表格。

(3) 获取航天宏图 2021 年 12 月 31 日的资产负债表,存储在 DataFrame 表格筛选资产、负债和所有者权益的各项合计数据,绘制资产结构饼形图、负债结构饼形图、资本结构饼形图。

(4) 获取航天宏图 2021 年的利润表,存储在 DataFrame 表格。筛选收入、成本总计、营业利润、利润总额、净利润的数据,绘制收入成本利润柱状图、营业总成本主要项目结构饼形图。

(5) 将各个 DataFrame 表格写入"航天宏图整体概况分析"Excel 工作簿。

(三) 知识准备和知识讲解

1. 知识准备

(1) list 列表切片的方法。
(2) Pandas 模块：删除缺失值所在行或列、填充缺失值等方法。
(3) Pandas 模块：选择行数据和列数据、修改索引名称的方法。
(4) 利用写入对象向 Excel 写入多张表的方法。
(5) Pyecharts 模块：绘制单个饼形图、多个饼形图，设置标题等样式的方法。
(6) Pyecharts 模块：绘制柱状图，设置标题等样式的方法。
(7) 内置函数 zip() 的应用方法。
(8) Pandas 模块：获取网页表格的方法。

数据采集是数据分析的基础，采集的渠道通常有内部数据库、网络数据抓取等，而网络数据的采集又占据了很大的比重。常见的网络数据采集工具有八爪鱼、后羿采集器、火车采集器、应用程序接口 API、Python 数据爬取。本节我们将学习如何通过应用程序接口 API 和 Python 数据爬取采集网络数据。

2. 知识讲解

1) 应用程序接口 API

应用程序接口 API，又称数据接口，是指为两个不同的应用之间实现流畅通信而设计的应用程序编程接口，它通常也被称为应用程序的"中间人"。在数据科学领域，数据接口的定义有所不同。这里的数据接口特指"数据平台或其他数据提供方向数据需求方提供获取数据的规范或方法"。数据需求方只有遵守数据提供方的相应规范和方法，才能获取该平台提供的数据。在日常生活中，我们接触的具有数据接口的应用有很多，如百度网页上全国各地的天气数据是通过各大气象网站的数据接口获取，快递动态是通过各大物流企业的数据接口获取等。同时，开放的数据接口都提供了获取数据的方法，以便用户来使用。

网络上免费、开源的数据平台有很多。例如，证券宝（http://baostock.com），是一个免费、开源的证券数据平台，提供大量证券历史行情数据、上市公司财务数据等，支持 Python 数据接口获取证券信息，返回 DataFrame 类型，可以直接用于数据分析和可视化。同时，证券宝能提供数据接口用于查询企业季频财务数据信息，并提供了获取数据的规范和方法。常用的企业季频财务数据信息如表 9-1 所示。

表 9-1　常用的企业季频财务数据信息

季频财务数据	具体信息	季频财务数据	具体信息
季频盈利能力	query_profit_data()	季频偿债能力	query_balance_data()
季频营运能力	query_operation_data()	季频现金流量	query_cash_flow_data()
季频成长能力	query_growth_data()	季频杜邦指数	query_dupont_data()

我们以获取航天宏图（688066）的季频盈利能力 query_profit_data() 为例。

【例 9-1】 利用应用程序接口 API 获取企业季频盈利能力。

```
In:
1 # （1）导入证券宝模块，Pandas 模块
```

```
2 import baostock as bs
3 import pandas as pd
4 # (2)登录证券宝平台,获得登录反馈信息
5 lg = bs.login()                          # 登录平台
6 print("登录反馈码"+ lg.error_code)        # 显示登录反馈码(0正确,1错误)
7 print("登录反馈信息"+ lg.error_msg)       # 显示登录反馈码信息
8 # (3)获取季频盈利能力数据
9 profit_list=[ ]                          # 新建空列表
10 rs_profit=bs.query_profit_data(code="sh.688066", year=2021,quarter= 4)
11 while (rs_profit.error_code=='o') & rs_profit.next 0:
12     profit_list.append(rs profit.get row data0)    # 将行数据添加到列表中
13 result_profit=pd.DataFrame(profit_list, columns=rs_profit,fields)
14 print(result_profit)
15 # (4)退出系统
16 bs. Logout()
```

```
Out:
login success!
登录反馈码 0
登录反馈信息 success
            code            pubDate         statDate        roeAvg          \
0           sh.688066       2022-04-28      2021-12-31      0.110974

            npMargin        gpMargin        netProfit       epsTTM          \
0           0.136089        0.519695        199838714.910000  1.084174

            MBRevenue       totalShare      ligaShare
0           1468443799.940000  184429281.00  99236715.00
logout success!
```

> **注意:**
> (1) 第 9 行:新建空列表 profit list,用于持续存储数据。
> (2) 第 10 行:根据股票代码(str 格式,sh. 或 sz.)、年份(int 格式)、季度(int 格式)3 个参数获取数据对象 rs profit。
> (3) 第 11 行、第 12 行:当获取数据结果正确,且还有下一行数据时不断循环;获取数据对象 rs_profit 中的行数据并添加到列表 profit list 中。
> (4) 第 13 行:将列表 profit list 作为数据,创建 DataFrame 表格。

常用函数中列索引名称的含义如表 9-2 所示。

表 9-2 常用函数中列索引名称的含义

列索引名称	含义
code	证券代码
pubDate	财报发布日期季度财报最后一天平均净资产收益率
statDate	销售净利率销售毛利率

(续表)

列索引名称	含义
roeAvg	净利润
npMargin	每股收益
gpMargin	主营业务收入
netProfit	总股本
epsTTM	流通股本
MBRevenue	证券代码
totalShare	财报发布日期季度财报最后一天平均净资产收益率
ligaShare	销售净利率销售毛利率

2) Python 数据爬取

用户有时需要将互联网上的一些重要的数据信息保存到本地文件中为自己所用。例如，好看的图片、重要的数据、优美的歌曲等。用户此时就可以使用数据爬虫批量获取相应的资源。Java、C 语言等编程语言都可以用于数据爬取。Python 拥有大量的第三方库，编写爬虫程序更加简单、容易。数据爬取，也称网络爬虫、网页蜘蛛或网页机器人，是指通过向网站发起请求，获取网络资源后进行分析，提取有用数据的程序。如果把互联网比作大的蜘蛛网，数据存放于蜘蛛网的各个节点，那爬虫就是一只小蜘蛛，沿着网络抓取自己的猎物（数据）。

从技术层面来说，Python 数据爬取就是通过程序模拟浏览器请求站点的行为，把站点返回的 HTML 代码、JSON 数据等爬到本地存放起来使用。

当我们在浏览器中输入一个 URL（http://www.sina.com.cn/），然后按回车键，从屏幕界面能看到整个过程发生了什么。网络爬虫，就是模拟用户在浏览器上的操作，向服务器自动发送请求并获得响应内容，并从响应内容中提取数据的自动化程序。

作为 Python 中最强大的第三方数据分析模块，Pandas 也提供了解析 html 文件的方法，可以轻松提取静态网页中的表格，返回列表类型的数据（每个元素是一个 DataFrame 表格），常用的参数设置如表 9-3 所示。

表 9-3 Pandas 常用的参数设置

函数名称及参数	功能
pandas.read_html(	♯ 读取 html 文件的方法
Io,	表示 URL 或 HTML 本身，str 格式。必填项
header=None,	将第几行设置为列索引，整型、整型列表，默认 None。选填项
Index_col=None,	将第几列设置为行索引，整型、整型列表，默认 None。选填项

注意：在输入 URL 地址时，必须包含协议名称，仅接受 HTTP、FTP 和文件 URL 协议。

正确格式：http://www.sina.com.cn。

错误格式：www.sina.com.cn。

亚飞公司的投资分析专员想要从新浪财经网站获取航天宏图(688066)2021年的财务指标信息,要先打开个股的网页:

https://finance.sina.com.cn/realstock/company/sh688066/nc.shtml

其次点击"财务指标"按钮,选择年份,才能够获取想要的信息:

http://money.finance.sina.com.cn/corp/go.php/vFD_FinancialGuideLine/stockid/688066/ctrl/2021/displaytype/4.phtml

新浪财经网站获取财务指标的具体流程如图9-2所示。

图 9-2　新浪财经网站获取财务指标的具体流程

通过 pandas.read html() 的方法,用户可以快速获取财务指标信息,达到相同的结果。

【例 9-2】　利用 pandas.read html() 方法获取 2021 年的财务指标信息。

```
In:
1 # (1)导入 Pandas 模块
2 import pandas as pd
3 # (2)获取新浪财经网航天宏图 688066 的财务指标
4 url="http://money.finance.sina.com.cn/corp/\
5 go.php/vFD_FinancialGuideLine/\
6 stockid/688066/ctr1/2021/displaytype/4.phtml
7 dfs=pd.read html (url)
8 for df in dfs:# 返回列表,由多个表格组成
9 print (df) # 打印每一个表格
10 print("-- "* 20)# 打印分割线
11 # (3)通过索引获取列表元素,找到想要的表格
12 print(dfs[12])
```

注意:
(1) 第4~6行:将目标页面的 URL 地址存储为变量。末尾的"~"起到代码换行的作用。
(2) 第7行:根据 URL 获取网页中的所有表格,结果是列表格式。
(3) 第8~10行:用 for…in 循环查看每一个表格,用分割线隔开。
(4) 第12行:通过索引获取财务指标对应的表格。

Out:

	名称	价格(元)	涨跌幅
0	尚未添加自选,点击进入	尚未添加自选,点击进入	尚未添加自选,点击进入
……			
3	以下为热门股票	以下为热门股票	以下为热门股票
……			

	航天宏图(688066)财务指标	航天宏图(688066)财务指标.1	…	航天宏图(688066)财务指标.4
0	报告日期	2021-12-31	…	2021-03-31
1	每股指标	1.0836	…	-0.2711
2	摊薄每股收益(元)	1.13	…	-0.26
3	加权每股收益(元)	…	…	…
…	…	…	…	…
90	1-2年以内其他应收款(元)	7283379.86	…	…
91	2-3年以内其他应收款(元)	4415542.4	…	…
92	3年以内其他应收款(元)	6621657.22	…	…

  根据前述内容可知,URL 是从网页中获取表格的重要依据。根据观察可知,每个年份财务指标信息对应的 URL 基本相同,只有其中的年份不同。利用格式化字符串的方法即可获得不同年份对应的 URL,进而可以抓取其中的表格信息。

  同理,修改股票代码,也可以批量获得不同公司的财务信息。例如:

2021http://money.finance.sina.com.cn/corp/go.php/vFD_FinancialGuideLine/stockid 688066/ctrl/2021/displaytype/4.phtml

2020http://money.finance.sina.com.cn/corp/go.php/vFD_FinancialGuideLine/stockid 688066/ctrl/2020/displaytype/4.phtml

【例 9-3】 利用 URL 获取 2019—2021 年近 3 年的财务指标。

In:
```
1 # (1)导入 Pandas 模块
2 import pandas as pd
3 # (2)定义年份列表
4 years=[2021,2020,2019]
5 # (3)获取航天宏图 688066 的近 3 年的财务指标
6 for year in years:
7     url=f"http://money.finance.sina.com.cn\
8 /corp/go.php/vFD_FinancialGuideLine/stockid/\
9 688066/ctrl/{year}/displaytype/4.phtml"
10    print(url)
11    dfs=pd.read_html(ur1)
12 print(dfs[12])
```

> **注意:**
> (1) 第 4 行:定义需要查询年份的列表。
> (2) 第 6~9 行:利用 for…in 循环和格式化字符串的方法,获取每一年财务指标对应的 URL。
> (3) 第 11 行:根据 URL 获取网页中的所有表格。
> (4) 第 12 行:通过索引获取财务指标对应的表格。

```
Out:
http://money.finance.sina.com.cn/corp/go.php/vFD_FinancialGuideLine/stockid/688066/ctrl/
2021/displaytype/4phtm
      航天宏图(688066)        财务指标.1        ...    财务指标.4
0     报告日期                2021-12-31       ...    2021-03-31
1     每股指标                每股指标           ...    每股指标
2     摊薄每股收益(元)          1.0836          ...    -0.2711
3     加权每股收益(元)          1.13            ...    -0.26
..    ...
90    1-2年以内其他应收款(元)    7283379.86      ...    ...
91    2-3年以内其他应收款(元)    4415542.4       ...    ...
92    3年以内其他应收款(元)      6621657.22      ...    ...
```

(四) 思路分析

(1) 获取网页中"公司简介"的表格,清洗缺失值,赋值给 df_file。

(2) 获取网页中 2021 年"财务指标"表格,设置列索引名称,清洗缺失值,赋值给 df_inancial。

(3) 获取网页中 2021 年"资产负债表"表格,设置列索引名称,清洗缺失值,赋值给 df_alance。

(4) 根据 df_alance 筛选数据,构建饼形图数据,绘制饼形图,设置饼形图样式。

(5) 获取网页中 2021 年"利润表"表格,设置列索引名称,清洗缺失值,赋值给 df_rofit。

(6) 根据 df_ofit 筛选数据,构建柱状图数据,绘制收入、成本、利润柱状图。

(7) 根据 df_rofit 筛选数据,构建饼形图数据,绘制营业总成本主要项目饼形图,设置饼形图样式。

(8) 创建 Excel 写入对象 writer,工作簿路径为"航天宏图整体概况分析.xlsx!"。

(9) 将公司简介、财务指标、资产负债表、利润表依次写入 writer。

(五) 代码讲解

根据思路分析执行以下代码。

```
In:
1# (1)导入模块
2 import pandas as pd
3 from openpyxl import load_workbook
4 from pyecharts.charts import Pie, Bar
```

```
5 from pyecharts import options as opts
6 # (2)获取网页中"公司简介"的表格,清洗缺失值
7 df_profile=pd.read_tml("https://vip.stock.finance.sina.com.cn/\
8 corp/go.php/vCI_orpInfo/stockid/688066.phtml")[3]
9 print (df_profile)
```

Out:

	0	1	2	3
0	公司名称:	航天宏图…	航天宏图…	航天宏图…
1	…	…	…	…
7	NaN	NaN	NaN	NaN
8	董秘电话	010-82556572	公司传真:	010-82556572
8	NaN	NaN	NaN	NaN

……………

> **注意**:第7和第8行:第7行"\"末尾的代码起换行的作用。
> 读取网页表格的结果是 list 格式,末尾的[3]表示选择第4个表格。

In:
```
10 # 删除全部为缺失值的行,用"--"填充其他缺失值,打印 df_profile
11 df_profile=df_profile.dropna(axis=0, how-"all").fillna("--")
12 print(df_profile)
```

Out:

	0	1	2	3
0	公司名称:	航天宏图…	航天宏图…	航天宏图…
1	公司英文名称:	Piesat …	Piesat …	Piesat …
……				
6	董事会秘书	王军	公司电话:	010-82556572
8	董秘电话	010-82556572	公司传真:	010-82556572
10	董秘传真	010-82556572	公司电子邮箱:	ir@ piesat.cn
12	董秘电子邮箱	ir@ piesat.cn	公司网址:	http://www…
……				
19	公司简介:	2008年1月24日…	2008年1月24日…	2008年1月24日…
20	主营业务	为政府、企业…	为政府、企业…	为政府、企业…

> **注意**:
> (1)第10行:dropna()方法可以删除有缺失值的行或列。其中,axis=0 表示按行删除(默认值为 axis=1 表示按0)。其中,how="all"表示全部为缺失值时删除,how="any"表示出现任意缺失值时删除(默认值为 any)。
> (2)第11行:fillna()方法可以按照指定的数值填充缺失值。

```
In:
13 # (3)获取网页中2021年"财务指标"表格,设置列索引名称,清洗缺失值
14 df_financial=pd.read_html("http://money.finance.sina.com.cn/corp/go.php/\
15 VFD_FinancialGuideLine/stockid/688066/ctrl/2021/displaytype/4.phtml")[12]
16 print(df_financial)
```

```
Out:
      航天指标          航天指标1      航天指标2      航天指标3      航天指标4    航天指标5
0    报告日期          2021-12-31  2021-09-30  2021-06-30  2021-03-31   NaN
1    每股指标           每股指标       每股指标       每股指标       每股指标      NaN
2    摊薄每股收益(元)    1.0836      0.3045      0.0327      -0.2711     NaN
3    加权每股收益(元)    1.13        0.32        0.03        -0.26       NaN
4    每股收益调整后(元) 1.15        0.33        0.03        -0.27       NaN
..   ...             ...         ...         ...         ...         ...
91   2-3年以内其他…    4415542.4   ...         3946387.8   ...         NaN
92   3年以内其他…      6621657.22  ...         366745117   ...         NaN
```

```
In:
17 df_financial=df_financial.dropna(axis=1,how="all").fillna("--")
18 df_financial.columns=df_financial.iloc[0, :].values.tolist()
19 df_financial=df_financial.drop(index=0)
20 print(df_financial)
```

> **注意**：
> (1) 第18行:选取第1行的内容,并修改列索引名称。
> (2) 第19行:drop()方法可以删除行(index=)列(columns=),删除多行或多列时输入列表。

```
Out:
      报告日期         2021-12-31  2021-09-30  2021-06-30  2021-03-31
1    每股指标          每股指标       每股指标       每股指标       每股指标
2    摊薄每股收益(元)   1.0836      0.3045      0.0327      -0.2711
3    加权每股收益(元)   1.13        0.32        0.03        -0.26
4    每股收益调整后(元) 1.15        0.33        0.03        -0.27
..   ...            ...         ...         ...         ...
91   2-3年以内其他…   4415542.4   ...         3946387.8   ...
92   3年以内其他…     6621657.22  ...         3667451.17  ...
```

```
In:
21 # (4)获取网页中2021年"资产负债表"表格,设置列索引名称,清洗缺失值
```

```
22 df_balance=pd.read_html("http://money.finance.sina.com.cn/corp/go.php/\
23 VFD_BalanceSheet/stockid/688066/ctr1/2021/displaytype/4.phtml")[13]
24 df_balance=df_balance.dropna(axis=1,how="all").fillna(0)
25 df_balance.columns=df_balance.iloc[0, :].values.tolist()
26 df_balance=df_balance.drop(index=[0,1,2])
27 print(df_balance)
```

Out:

	报表日期	2021-12-31	2021-09-30	2021-06-30	2021-03-31
3	货币资金	101774.90	68016.87	50421.89	39066.70
4	交易性金融资产	2000.00	11005.05	…	17420.42
5	衍生金融资产	…	…	…	…
6	应收票据及应收账款	121168.90	104698.58	85110.08	70614.72
7	应收票据	909.92	46.50	283.65	1997.10

……

```
In:
28 # (5)根据 df_balance 筛选数据,绘制饼形图
29 # (5.1)根据"报表日期"列,选择其内容包含在变量 list1 中的行数据
30 list1=["流动资产合计","非流动资产合计","资产总计","流动负债合计",
31        "非流动负债合计","负债合计","所有者权益(或股东权益)合计"]
32 df_balance_total=df_balance[df_balance["报表日期"].isin(list1)]
33 print(df_balance_total)
```

> **注意**:第32行,运用布尔选择获取指定的行数据。isin()方法可以判断对象是否包含在指定列表中。

Out:

	报表日期	2021-12-31	2021-09-30	2021-06-30	2021-03-31
22	流动资产合计	266567.91	238828.14	173739.46	165625.38
46	非流动资产合计	79957.54	59255.69	22079.51	9641.16
47	资产总计	346525.45	298083.83	195818.98	185266.54
67	流动负债合计	96293.56	58335.63	48074.07	43113.17
80	非流动负债合计	23904.83	30055.15	12669.32	11605.20
81	负债合计	120198.39	88390.78	60743.39	54718.37
93	所有者权益(合计)	226327.06	209693.04	135075.59	130548.17

```
In:
34 # (5.2)根据 df_balance_total 构建绘制饼形图的数据
35 data1=list(zip(df_balance_total["报表日期"].tolist()[0:2],
36 df_balance_total["2021-12-31"].tolist()[0:2]))
37 print(data1)
38 data2=list(zip(df_balance_total["报表日期"].tolist()[3:5],
```

```
39 df_balance_total["2021-12-31"].tolist()[3:5]))
40 print (data2)
41 data3=list(zip(df_balance_total["报表日期"].tolist0[5:7],
42 df_balance_total["2021-12-31"].tolist()[5:7]))
43 print(data3)
```

> **注意**：第 35 行和第 36 行：首先将"报表日期 2021-12-31"的两列数据转换为列表，并对列表切片获得目标数据，其次再利用 zip() 函数压缩，并再次转换为列表，形成绘制饼形图需要的数据格式。

Out:
[('流动资产合计','266567.91'),('非流动资产合计','79957.54')]
[('流动负债合计','96293.56'),('非流动负债合计','23904.83')]
[('负债合计','120198.39'),('所有者权益(或股东权益)合计','226327.06')]

In:
```
44 # (5.3)实例化饼形图,添加数据,设置半径、圆心坐标,设置标题、图例等
45 pie=Pie(init_opts=opts.InitOpts(width=g00px,height=300px))
46 pie. add("资产结构",datal,radius=["20% ""40% "], center=["20% ","50% "])
47.add("负债结构",data2,radius=["20% ","40% "]center=["50% " "50% "])
48 .add("资本结构",data3,radius=["20% ","40% "],center=["80% ","50% "])
49 pie. set global opts(title opts=opts.Title0pts(
50 title="航天宏图 2021 年 12 月 31 日资产状况",pos left="center").
51 legend opts=opts.Legend0pts(is show-False)
52 pie. set_series opts(label opts= opts.LabelOpts(formatter=" b)nic]万元 nid]% "))
53 # (5.4)保存图形
54 pie.render(r"航天宏图 2021 年 12 月 31 日资产状况.htm1")
```

> **注意**：
> (1) 第 45 行：实例化饼形图，计划横向放置 3 个饼图，设置宽度为 900 px。
> (2) 第 46~48 行：设置新坐标（从左到右依次排列，横坐标化）。
> (3) 第 52 行：设置标签显示的格式：数据项名称-换行-金额-换行-百分比。

Out:

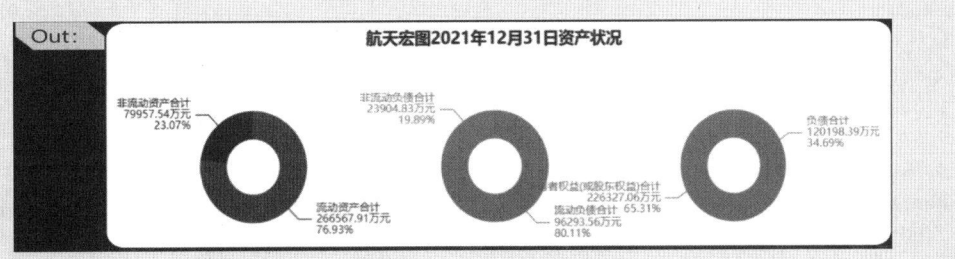

从资产状况图中看到，流动资产占比 76.93%，流动负债占比 80.11%，资产负债率达到

34.69%,长期资产比重较低,流动负债比重较高,初步判断航天宏图可能是属于轻资产企业。为了进一步验证,可以查看利润表中的研发费用等指标。采用类似的数据采集和处理方法,可以进一步对航天宏图的收入、成本、利润结构进行分析。

投资分析人员还可以修改上述模型中的股票代码,运行后查看同类企业的资产结构状况。

接下来是获取利润表财务指标的过程。

```
In:
55 # (6)获取网页中2021年"利润表"表格,设置列索引名称,清洗缺失值
56 df_profit=pd.read_html("http://money.finance.sina.com.cn/corp/go.php/\
57 vFD_ProfitStatement/stockid/688066/ctr1/2021/displaytype/4.phtml")[13]
58 df_profit=df_profit.dropna(axis=1,how="all").fillna(0)
59 df_profit.columns=df_profit.iloc[0, :].values.tolist()
60 df_profit=df_profit.drop(index=[0,1])
61 print(df_profit)
```

```
Out:
     报表日期                  2021-12-31   2021-09-30   2021-06-30   2021-03-31
2    一、营业总收入              146844.38    81141.77     43648.73     6995.45
3    营业收入                  146844.38    81141.77     43648.73     6995.45
4    二、营业总成本              123411.37    73219.84     42326.04     11798.66
...  ...                    ...          ...          ...          ...
31   归属于少数股东的综合收益总额      -11.47       -19.75       -19.90       ...
```

```
In:
62 # (7)根据df_profit 筛选数据,绘制收入、成本、利润柱状图
63 # (7.1)根据"表日期"列,选择其内容包含在变量ist2中的行数据
64 list2=["营业总收入","营业总成本","营业利润","利润总额","净利润"]
65 df_profit_1=df_profit[df_profit["报表日期"]isin(list2)]
66 print(df_profit_1)
```

```
Out:
    报表日期      2021-12-31   2021-09-30   2021-06-30   2021-03-31
2   营业总收入     146844.38    81141.77     43648.73     6995.45
4   营业总成本     123411.37    73219.84     42326.04     11798.66
16  营业利润      21787.58     6574.26      1136.42      -4326.33
20  利润总额      21133.18     5949.83      926.82       -4535.49
22  净利润       19983.87     5602.15      544.63       -4508.16
```

```
In:
67 # (7.2)根据df_profit_1 构建绘制图形的X抽数据x_data、Y轴数据y_data
68 x_data=df_profit_1["报表日期"].tolist()
69 y_data=df_profit_1["2021-12-31"].tolist()
70 # (7.3)实例化柱状图,添加抽数据,设置标题、标题位置,不显示图例
71 bar=Bar()
72 bar.add_xaxis(x_data)\
73 .add_yaxis("", y_data)\
74 .set_global_opts(title_opts=opts.Title0pts(
75 title="航天宏图2021年利润状况",pos_left="center"),
```

```
76     legend_opts=opts.LegendOpts(is_show=False))
77 # (7.4)保存柱状图
78 bar.render(r"航天宏图2021年利润状况.html")
```

Out:

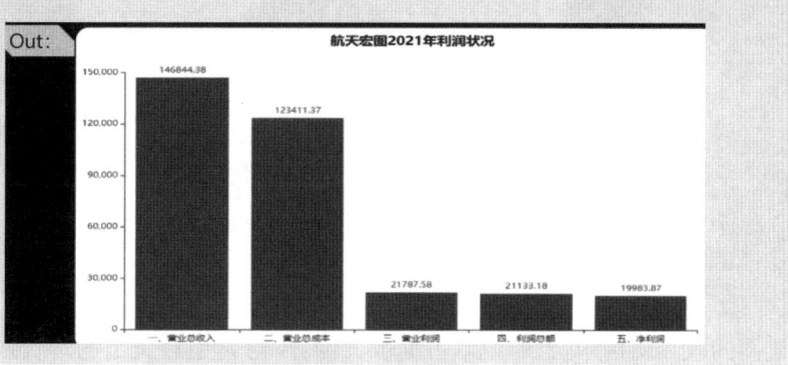

In:
```
79 # (8)根据df_profit筛选数据,绘制营业总成本主要组成项目的结构饼形图
80 # (8.1)根据"报表日期"列,选择其内容包含在变量list3中的行数据
81 list3=["营业成本","税金及附加","销售费用","管理费用","财务费用","研发费用"]
82 df_profit_2=df_profit[df_profit["报表日期"].isin(list3)]
83 print(df_profit_2)
```

Out:

	报表日期	2021-12-31	2021-09-30	2021-06-30	2021-03-31
5	营业成本	70530.13	40812.47	21558.30	3121.87
6	税金及附加	215.11	90.44	40.70	22.11
7	销售费用	13833.62	8781.89	5361.32	2378.62
8	管理费用	16663.99	10644.87	6700.83	2893.29
9	财务费用	1046.57	424.76	208.62	97.59
10	研发费用	21121.96	12465.41	8456.27	3285.18

In:
```
84 # (8.2)根据df_profit_2构建绘制饼形图的数据
85 data_cost=list(zip(df_profit_2["报表日期"].tolist(),df_profit_2["2021-12-31"].tolist()))
86 # (8.3)实化饼形图,添加数据,设置半径,设置标题、图例等
87 pie=Pie()
88 pie.add("成本项目结构", data_cost, radius=["30% ", "60% "])
89 pie.set_global_opts(title_opts=opts.TitleOpts(
90         title="航天宏图2021年营业总成本状况",pos_left="center"),
91         legend_opts=opts.LegendOpts(is_show-False))
92 pie.set_series_opts(label_opts=opts.LabelOpts(formatter="{b}\n{c}万元\n(d)% "))
93 # (8.4)保存饼形图
94 pie.render(r"航天宏图2021年营业总成本状况.htm1")
```

Out:

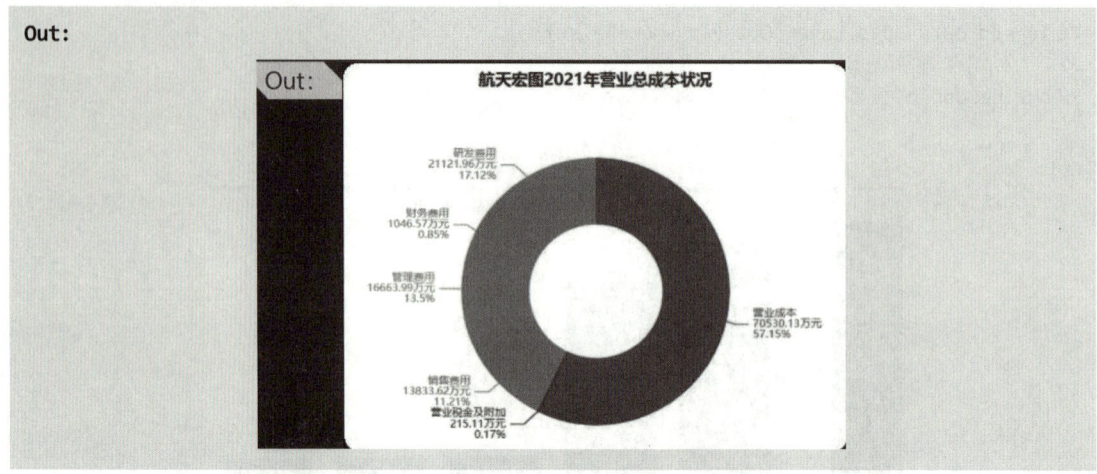

航天宏图的收入结构中,营业成本占据了大部分,与典型意义上的轻资产行业高毛利率、高研发投入和销售投入的特征并不相符;研发费用占比 17.12%,是导致长期资产较少的重要原因之一。

In:
```
95  # (9)创建 Excel 写入对象 writer,写入各个表格
96  with pd.ExcelWriter(r"航天宏图整体概况分析.xlsx") as writer:
97      df_profile.to_excel(writer, sheet_name="公司简介",index=False)
98      df_financial.to_excel(writer,sheet_name="财务指标",index=False)
99      df_balance.to_excel(writer,sheet_name="资产负债表",index=False)
100     df_profit.to_excel(writer,sheet_name="利润表",inde=False)
```

Out:

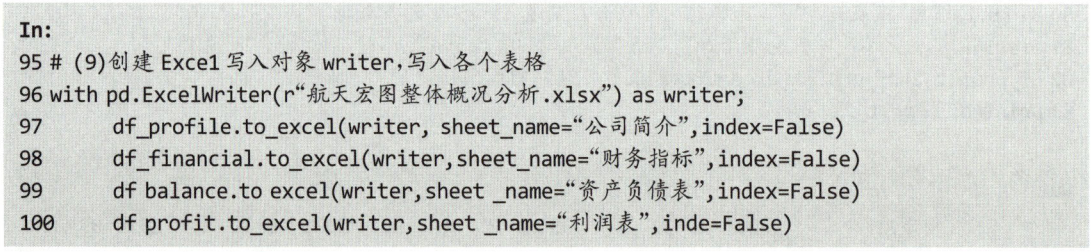

(六) 业务总结

企业所处的行业在很大程度上决定企业财务报表的结构特征及盈利水平。对于不同行业的企业,财务报表分析的侧重点也存在着差异。因此,充分了解企业所处的经济背景、行业特征,所处行业的特征以及未来拟进入行业的特征决定企业创造价值的格局,也是财务报表分析的前提和重点。

在自动获取并分析企业整体概况模型中,修改股票代码即可获得不同企业的信息,可以通过 for…in 循环、自定义函数的方式构建批量获取企业概况信息的模型。

第二节　行业及主营业务分析

学习目的

了解通过浏览器请求网页数据的基本原理；了解静态网页与动态网页的工作原理；了解 URL，html，HTTP 的基础概念和工作原理；掌握如何获取异步加载网页的真实 URL 地址；掌握 Requests 模块发起网页请求并获得响应的基本使用方法；掌握 BeautifulSoup4 模块解析 Html 文件的基本方法；掌握解析 JSON 类型数据的方法；运用 Requests 模块等 Python 相关知识开发完成自动获取并分析企业主营业务模型。

一、爬取主营业务数据

在当今信息爆炸的时代，数据成了企业决策的重要依据。主营业务数据作为反映企业核心运营状况的关键信息，对于企业的战略规划和市场竞争具有至关重要的作用。然而，获取这些数据并不容易，尤其是在数据来源多样、信息分散的情况下。这时，利用爬虫工具进行数据的爬取和整理就显得尤为重要。

爬虫工具能够自动化地访问目标网站，提取所需数据，并进行整理和分析。通过爬虫工具，企业可以高效地获取主营业务数据，了解市场趋势、竞争对手情况、客户需求等信息，为企业的决策提供有力的数据支持。

(一) 爬取主营业务数据的意义

主营业务数据是企业财务报表的重要组成部分，它反映了企业主要业务活动的经营成果和盈利能力。通过爬取这些数据，会计人员可以更加准确地分析企业的财务状况和经营成果，为企业的财务管理和决策提供有力的支持。此外，爬虫工具还可以帮助企业监测主营业务数据的变化，及时发现潜在的风险和问题。例如，通过对比不同时间段的主营业务收入、成本、利润等指标，会计人员可以分析出企业的经营趋势和存在的问题，进而提出相应的改进措施。

在实际应用中，Python 是一种常用的编程语言，具有丰富的爬虫库和数据处理工具，能够方便地进行数据爬取和分析。利用爬虫工具爬取主营业务数据不仅提高了数据处理的效率和准确性，更为企业的决策提供了宝贵的数据资源，是推动企业数字化转型和智能化升级的重要手段。

(二) 爬取主营业务数据的具体方法

由于新浪财经网没有提供更详细的行业主营业务等数据，亚飞公司的投资分析专员选择了数据内容、更完整的东方财富网获取数据，帮助深入分析航天宏图的主营业务发展情况。投资分析专员在网页（http://emweb.securities.eastmoney.com/PCHS10/BusinessAnalysis/Index.type=web&code=sh688066）上获取了分行业、分产品、分地区主营业务数据，然后分析分行业收入与成本的变化趋势、分产品或分地区的收入与利润组成结构等。

在爬取数据过程中，使用 pandas.read_html 的方法无效，手动从网页中复制的数据单位不统一且工作量大，因此采取其他方法爬取数据。投资分析专员获取信息的部分位置如图 9-3 所示。

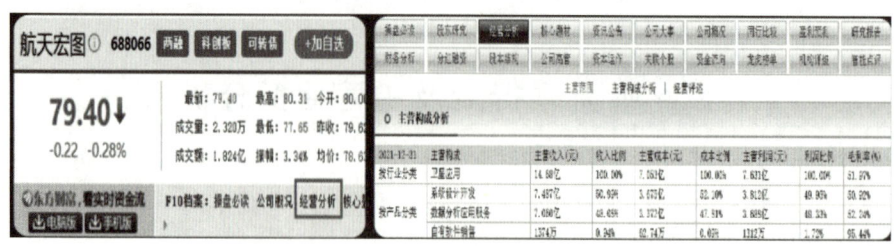

图 9-3 获取信息的部分位置

二、实际业务中的主营业务分析

根据亚飞公司的业务需求,利用 Python 相关知识,完成信息的自动获取并分析企业主营业务模型。

(一) 业务场景

亚飞公司的投资分析专员需要对近 3 年的行业数据进行分析,以个股经营分析为切入点,同时对企业收入、成本和利润变化及未来趋势进行实际分析。

(二) 实验要求

(1) 个股经营分析(打开东方财富网 https://data.eastmoney.com/report/stock.jshtml)网页,找到该页面的真实 URL 地址。

(2) 使用 Requests 模块发送请求并调用 json() 方法将响应内容转换为 Python 对象,提取其中"主营构成分析"的数据,将其存储为 DataFrame 表格。

(3) 筛选 DataFrame 表格,按需求清洗列索引名称,删除多余的列,筛选近 3 年的行数据,修改列内容。

(4) 筛选近 3 年的行业数据,分析收入、成本和利润的变化趋势。

(三) 知识准备

(1) 获取字典中值的方法。
(2) Pandas 模块:使用列表创建 DataFrame 的方法。
(3) Pandas 模块:修改列索引名称的方法。
(4) Pandas 模块:删除列数据、筛选行数据的方法。
(5) Pandas 模块:DataFrame 表格数据排序的方法。
(6) map() 函数、匿名函数 lambda、自定义函数的应用方法。
(7) Pyecharts 模块:绘制柱状图、设置标题等样式的方法。
(8) Requests 模块:发送网页请求并获得响应的基本方法。
(9) 运用 json() 方法将 response 中的 JSON 数据转换为 Python 对象。

(四) 知识讲解

Python 爬取数据包含发送请求并获得响应、解析响应内容并提取数据、数据存储三个步骤。每个步骤都有第三方模块可以使用,极大地提高了编写爬虫程序的效率。

1. 发送请求 URL

当我们使用浏览器在百度(http://www.baidu.com)搜索框中输入"Python"并按回车键时,浏览器便向服务器发起一个请求,用于获取与"Python"相关的信息,如图 9-4 所示。

图 9-4 百度搜索"Python"

如果用 Python 模拟浏览器发送请求,可以使用 Requests 和 urllib 等第三方库来实现。例如,运行 requests.get("https!//www.baidu.com/s.wd=Python")便可以实现上述需求。无论浏览器或是爬虫程序,都是通过"https://www.baidu.com/s.wd=Python"发送请求。这就是 URL。

URL,全称是 Uniform Resource Locator,中文名称是统一资源定位符,是互联网上用来标识某一处资源的唯一地址(网上资源的地址,简称网址),通过网址用户可以进入网页。用户需要同时了解 URL 和网页的概念和特点,这对编制爬虫程序很有帮助。网页通常可以分为静态网页和动态网页。

(1)静态网页:静态网页通常是指存储在服务器上的一个 html 文件,它详尽地定义了网页的结构与内容。当用户向服务器发出请求时,服务器会原封不动地返回这个预先构建好的网页,其内容在每次请求时都保持一致,不会因用户交互或其他因素而发生变化。构成静态网页的 URL 通常由"协议名+域名+文件路径+文件名"构成,举例如图 9-5 所示。

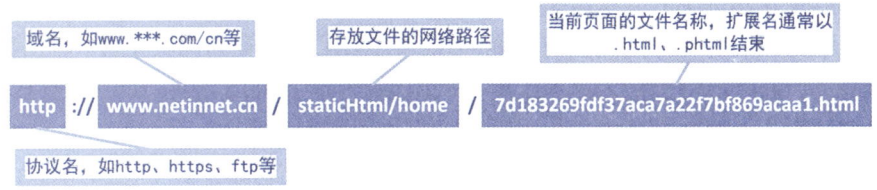

图 9-5 构成静态网页的 URL

(2)动态网页:动态网页的页面结构不变,页面内容根据用户的请求发生变化(如百度的搜索等),或者随着页面加载会生成不同的内容(例如,微博在不断下拉网页时会产生不同的内容)。动态网页的 URL 通常由"协议名+域名+文件路径+查询标志+请求参数"构成,举例如图 9-6 所示。HTTP 的传输过程如图 9-7 所示。

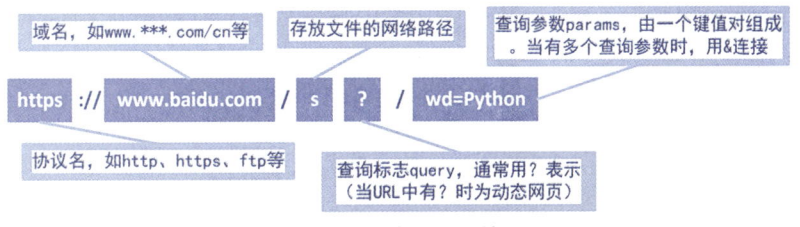

图 9-6 构成动态网页的 URL

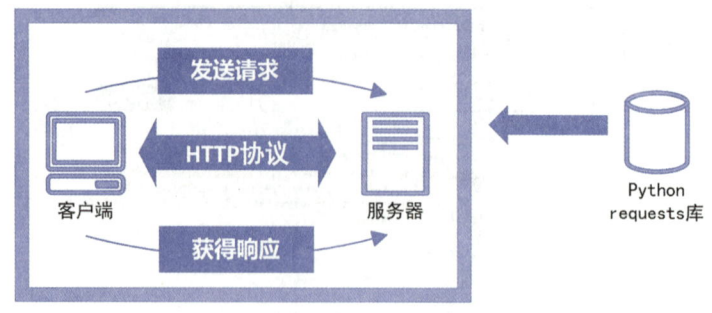

图 9-7　HTTP 的传输过程

2. 获得响应—服务器渲染/同步加载

在百度搜索框中输入"Python"并按下回车键后,用户便可以看到加载后呈现的 Python 相关的信息;用户输入"北京天气"便可以看到加载后与北京天气有关的信息。这里网页已经刷新,但是网页的轮廓结构基本没有发生变化。获得响应—服务器渲染的原理如图 9-8 所示。

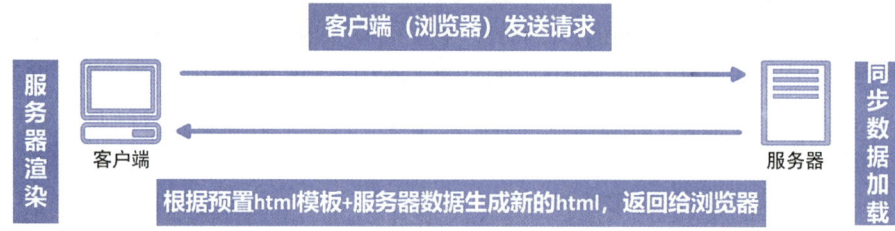

图 9-8　服务器渲染/同步加载的原理

网页地址栏和后台请求中的 URL 相同,服务器返回的 html 文件和网页显示内容一致。此时,用户可以使用相关工具直接解析 html,获得想要的数据。

按照前述的网页渲染过程,我们应该能够从网页源代码中看到网页中显示的信息。同步加载的原理已经在图 9-8 中体现了。打开谷歌浏览器,进入百度网页,在百度搜索框中输入"Python"并按下回车键后,服务器渲染/同步加载的步骤操作如下。

通过输入词条,可以查看网页搜索的对应内容,如图 9-9 所示。

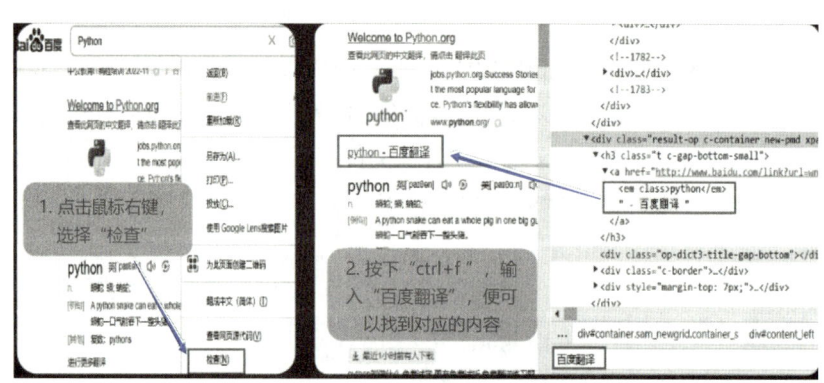

图 9-9　服务器渲染/同步加载(1)

或者,通过页面预览可以看到通过 html 文件预览的内容和网页显示内容基本一致,如

图 9-10 所示。

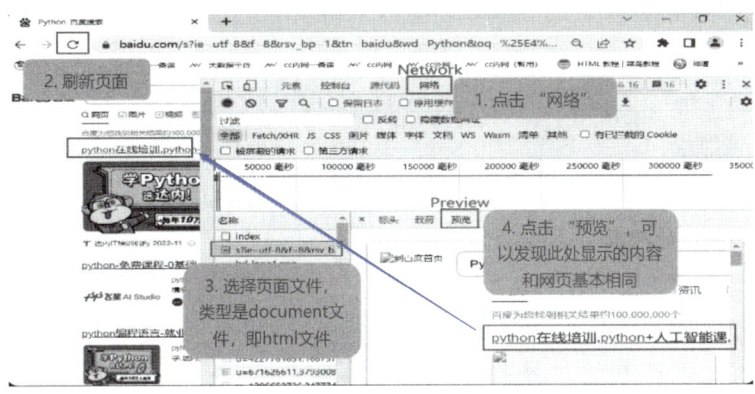

图 9-10　服务器渲染/同步加载(2)

此外,通过"标头",可以看到网页请求和地址栏中的 URL 相同,如图 9-11 所示。

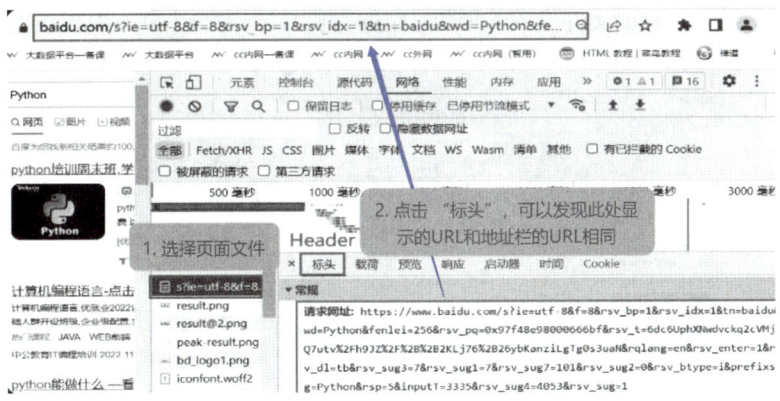

图 9-11　服务器渲染/同步加载(3)

3. 获得响应—服务器渲染/异步加载

用谷歌浏览器打开微博首页(https://weibo.com),当我们不断下拉网页时,网页信息在不断加载,但是我们并没有发送新的搜索请求,这就是异步加载的体现。异步加载的原理如图 9-12 所示。

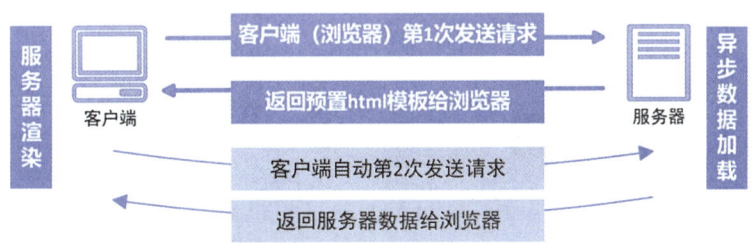

图 9-12　异步加载原理

网页地址栏和第 1 次请求中的 URL 相同,第 1 次返回的 html 只是模板文件,在其中可能找不到在网页中看到的数据(解析 html 文件不能找到想爬取的数据)。根据第 2 次请求的 URL,才能获得网页数据,然后再对该数据内容进行解析。服务器渲染/异步加载的步骤操作如下。

通过"标头"中的URL,看到其和地址栏的URL相同,证明该页面请求无误,如图9-13所示。

图9-13 服务器渲染/异步加载(1)

通过"响应"看到一个html文件,但该文件中内容很少,查询不到页面中的相关文本。

通过"预览"看到该html文件生成的页面是空的,表明其仅为一个基本模板,如图9-14所示。

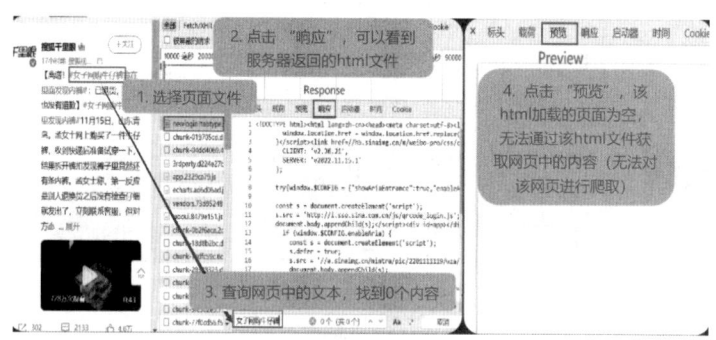

图9-14 服务器渲染/异步加载(2)

类似这种网页(Ajax请求,异步JavaScript和XML),需要由浏览器发起第2次请求。

通过查看列表中的其他文件,或查找XHR类型的文件,即可以找到第2次请求返回的数据,以及对应的URL地址,如图9-15所示。

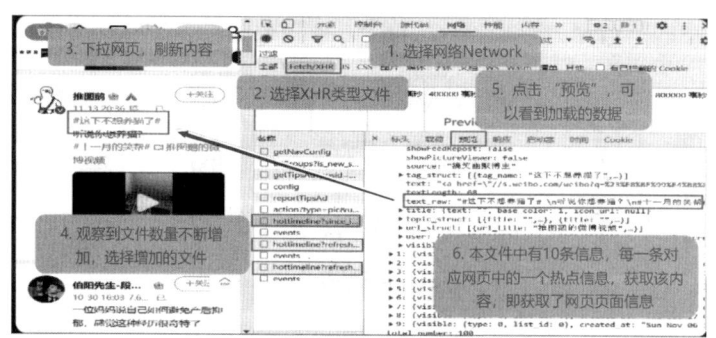

图9-15 服务器渲染/异步加载(3)

选择找到的XHR类型文件,通过"标头",找到该文件对应的URL,通过该URL即可以爬取相关的数据。通过观察可知,该文件的 URL 和网页地址栏中的 URL 不同,如图 9-16 所示。

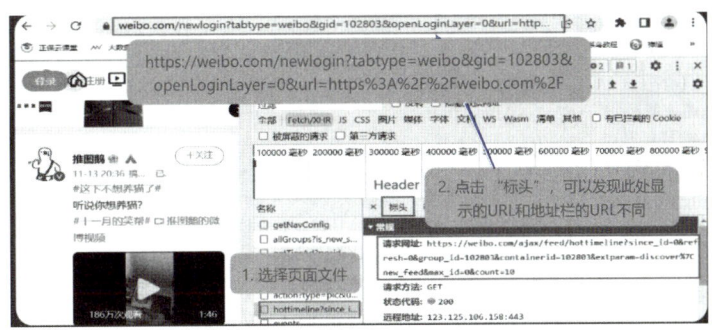

图 9-16　服务器渲染/异步加载(4)

4. HTTP 协议

从客户端发送请求,到服务器响应内容,需要有一个传输规则,这就是协议。协议通常是指两个计算机之间为了能够流畅地进行沟通而设置的一个君子协定。常见的协议有 TCP/IP 协议、HTTP 协议、SMTP 协议等。这里详细介绍 HTTP 协议。

HTTP 协议的中文名为超文本传输协议,HTTP 是 Hyper Text Transfer Protocol 的缩写。HTTP 协议是用于从万维网服务器传输超文本到本地浏览器的传送协议,使用统一资源标识符来传输数据和建立连接的协议方法。HTTP 协议把请求和响应都分为三部分内容,如表 9-4 和表 9-5 所示。

表 9-4　HTTP 协议请求内容

项目	内容
请求行	请求方法、URL 地址等
请求头	说明服务器要使用的附加信息
请求体	POST 请求方法中的表单数据

表 9-5　HTTP 协议响应内容

项目	内容
响应行	响应状态码等
响应头	服务器对请求的响应信息
响应体	响应的数据内容,html、图片等

以微博首页为例,用谷歌浏览器打开微博首页,打开"检查"页面,点击"网络"(Network),刷新页面,我们来了解一下请求和响应各部分包含的主要内容。选择标头时请求和响应的内容以及请求和响应的内容如图 9-17 和图 9-18 所示。

请求体(body)一般承载 POST 请求中的表单数据、GET 请求中的一些参数等。

请求头(header)是请求的重要组成部分,在写爬虫代码时,大部分情况下都需要设定。例如,需要设置 UA 参数,可以伪装为浏览器,如果不设置,很可能会被浏览器识别为爬虫而不给出响应。请求体(body)和请求头(header)举例如图 9-19 所示。

图 9-17 选择标头时请求和响应的内容

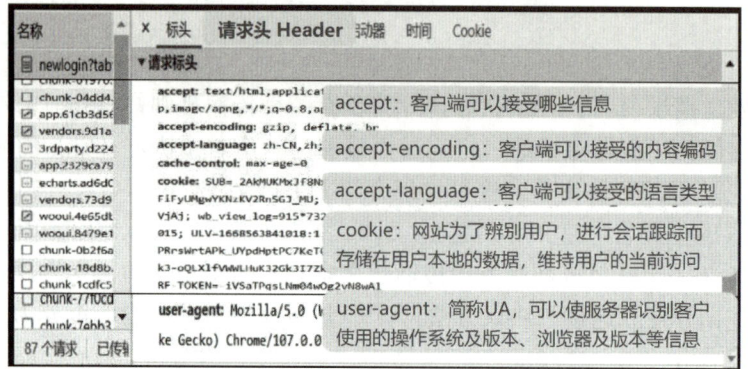

图 9-18 选择标头中请求标头的内容

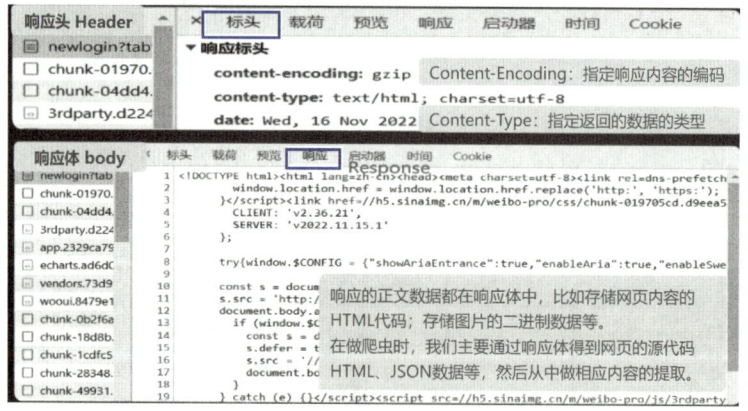

图 9-19 请求体 body 和请求头 header

5. Requests 库

学习爬虫,最初的操作便是模拟浏览器向服务器发出请求,那么我们需要从哪个地方做起呢?可能你无从下手,不过不用担心,Python 的强大之处就是提供了功能齐全的类库来帮助我们完成这些请求。基础的 HTTP 库有 httplib2 和 Requests。

以 Requests 模块为例,我们仅需关注请求的 URL、所需传递的参数,以及如何配置可选的请求头,而无须深入探究其底层的传输与通信机制。借助此模块,仅需两行代码便可高效完成请求与响应的处理,这无疑为我们提供了极大的便利。接下来,我们将从基础知识入手,深入学习 Requests 模块的使用方法。

浏览器向服务器发送请求时,可以有多种请求方法,常见的有 GET、POST 等。GET 方法用于向服务器获取内容,POST 方法可以向服务器传递表单数据等。在数据爬虫中,我们主要使用 GET 方法,发送请求时常见的参数设置如表 9-6 所示。

表 9-6 发送请求时常见的参数设置

GET 方法参数	功能
requests.get(	#读取 html 文件的方法
url,	要请求的 URL 地址,str 格式,必填项
params=None	请求的参数,dict(字典)格式,选填项(可以直接写在 URL 中)
Headers=None	请求头的参数,dict(字典)格式选填项(十分重要,尽量设置)
timeout=None	超时设置,以秒为单位。数值格式,选填项(避免报错,可以设置)

使用 requests.get()方法发送请求后,可以获得 requests.models.Response 对象(响应对象)。例如,resp = requests.get("https://www.baidu.com/"),变量 resp 即获得的响应对象,通过响应对象的各种属性,可以查看获得响应的相关内容。变量 resp 常见的属性方法如图 9-20 所示。

图 9-20 变量 resp 常见的属性方法

打开东方财富网(https://www.eastmoney.com),使用 requests.get()方法发送请求后,可以看到加载后的信息。

【例 9-4】 使用 requests.get()方法实现上述操作。

```
In:
1 # (1)导入 Requests 模块
2 import requests
3 # (2)发起网页请求
4 resp= requests.get("https://www.eastmoney.com/")
5 # (3)查看响应对象的属性、内容
6 print(resp.status_code) # 查看响应状态码
7 print(resp.encoding) # 查看响应内容的编码格式
8 print(resp.text) # 查看响应内容
```

Out:
```
200
ISO-8859-1
<! DOCTYPEhtml>
<! -publishedat2022/11/1717:18:01by
www.eastmoney.comwww-zp-108->
<htmllang="en">
<head>
<metacharset="UTF-8"> ……
```

> **注意**：在查看响应内容时，发现有很多乱码，这是由中文解析错误造成的。观察运行结果可知，响应体返回的编码格式是"ISO－8859-1"而 html 中的编码格式是"UTF－8"，因此要进行修改。

In:
```
9 resp.encoding="utf-8"
10 print (resp.text) # 查看响应内容
```

Out:
```
<!DOCTYPE html>
<!--published at 2022/11/17:16:54:01 by www.eastmoney.com www-zp-143>
<html lang="en">
<head>
<meta charset="UTF-8">
<title> 东方财富网:财经门户,提供专业的财经、股票、行情、证券、基金、理财、银行、保险、信托、期货、黄金、股吧、博客等各类财经资讯及数据</title>
<meta name="keywords"content="股票,财经,证券,金融,港股,行情,基金,债券,期货,外汇,科创板,保险,银行,博客股吧,stock,quote,news,fund,bank,blog,data,bbs" >
```

使用 requests. get()发送请求时，除了设置 URL，通常还需要设置另外 2 个参数。

（1）请求头（headers）：请求头是请求的重要组成部分，一般设置 UA（User-Agent）即可，这样可以伪装成浏览器。如果不设置请求头，很可能浏览器会不给出响应。请求头的参数格式为字典。

（2）超时（timeout）：设置超时参数，可以避免响应过慢造成的程序错误。超时的参数格式为数值。

【例 9-5】 使用 requests. get()请求"https://www.eastmoney.com"时设置 headers 和 timeout 参数。

In:
```
1 import requests
2 # (1)定义请求头
3 header={"User-Agent":"Mozilla/5.0 (Windows NT 10.0;Win64;x64)\
4 AppleWebKit/537.36 (KHTML,like Gecko) Chrome/107.0.0.0 Safari/537.36" }
5 # (2)定义 URL 地址,发起网页请求
6 url="https://www.eastmoney.com/"
7 resp=requests. get(url,headers=header, timeout=2)
```

```
9 # (3)修改响应内容的编码格式,查看响应内容
9 resp.encoding="utf-8"
10 print(resp.text)
```

> **注意:**
> (1) 第 3 行和第 4 行:在设置请求头时,要设置为字典类型的格式,将其赋值给变量 header(可修名称)。
> (2) 第 6 行:可以不定义 url 变量,直接输入在参数中。
> (3) 第 7 行:timeout 要设置为数值类型。

6. 解析响应内容并提取数据

通过 Requests 等模块获取网页数据(HTML、JSON、图片等)之后,用户还要利用相关工具解析内容,才能提取想要的目标数据。

对于 JSON 类型的数据,可以使用 response.json()的方法将其转换为 Python 对象。

对于 HTML 文件,Python 也提供了多种解析方法。例如,re 模块的正则表达式、lxml 模块 Xpath、BeautifulSoup4 模块的 BeautifulSoup、pyquery 模块的 PyQuery 等。

7. HTML

网页通常由 HTML、CSS 和 JavaScript 三部分构成。HTML 相当于骨架,定义了网页的基础架构。CSS 相当于皮肤外观,用于设置网页元素的格式、颜色、间距、大小等。JavaScript 相当于肌肉,可以实现网页的实时、动态交互和动画效果(如下载进度条、轮播图等)。

HTML(Hyper Text Markup Language)的中文名是超文本标记语言,是一种用于创建网页的标准标记语言。网页包括文字、按钮、图片和视频等各种复杂的元素,其基础架构就是 HTML。不同元素通过不同类型的标签来标示,如标题用 h1 等标签标示,链接用 a 标签标示,段落用 p 标签标示,表格用 table 标签标示,图片用 img 标签标示。它们之间的布局又常通过布局标签 div 嵌套组合而成,各种标签通过不同的排列和嵌套才形成了网页的框架。

在 HTML 中,所有标签定义的内容都是节点,它们构成了一个 HTML DOM 树,即文档对象模型。DOM 树是 W3C(万维网联盟)的标准,它定义了访问 HTML 和 XML 文档的标准。HTML DOM 树的组成部分如图 9-21 所示。

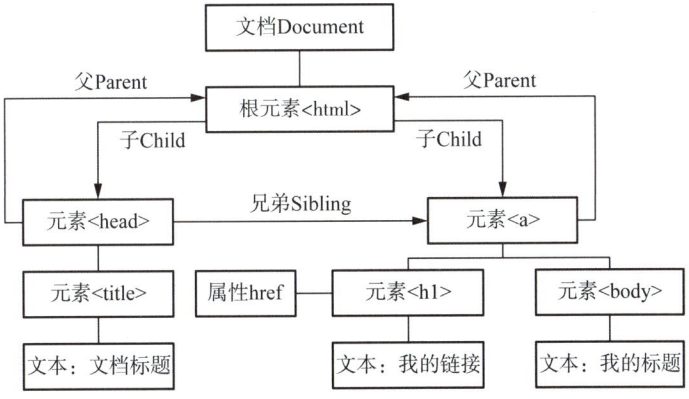

图 9-21 HTML DOM 树的组成部分

整个 HTML DOM 树中,有文档节点、元素节点(a、h1 等)、属性节点文本节点等,所有节点都可以被选择、查询或修改。HTML DOM 树中的节点彼此拥有层级关系。

8. BeautifulSoup4 库

在 Python 中,对 html 文件的解析方法有很多,如:正则表达式、Xpath、BeautifulSoup、PyQuery 等。

相对来说,BeautifulSoup4 比较简单和方便,下面我们将学习它的基本使用方法。用户需要在平台中预安装 BeautifulSoup4 模块和 XML 模块。

9. 创建 bs4.BeautifulSoup 对象

在解析 html 文件时,用户先要通过 bs4.BeautifulSoup() 创建对象(注意:导入模块时,名称是 bs4),常见的参数设置如表 9-7 所示。

表 9-7 创建对象常见的参数设置

名称及参数	功能
BeautifulSoup(	♯创建 bs4.BeautifulSoup 对象的方法
markup="",	要解析的 html 对象或文本。必填项
features=None)	要使用的解析器,可以选择多种方式 "html.parser":Python 内置解析器 "lxml":使用 lxml 解析器,需要安装 lxml 模块 ["lxml","xml"]:使用 lxml 或者 xml 解析器

【例 9-6】 使用 bs4.BeautifulSoup() 创建 bs4.BeautifulSoup 对象。

```
In:
1 # (1)导入 Requests 模块,bs4 模块中的 BeautifulSoup
2 import requests
3 from bs4 import BeautifulSoup
4 # (2)获得 response 对象
5 header={"User-Agent": "Mozilla/5.0 (Windows NT 10.0. Win64. x64)
6 AppleWebKit/537.36 (KHTML, like Gecko) Chrome/107.0.0.0 Safari/537.36" }
7 resp=requests.get("https://www.eastmoney.com/",headers=header,timeout=2)
8 # (3)创建 BeautifulSoup 对象
9 resp.encoding="utf-8"
10 soup=BeautifulSoup(resp.text,"html.parser")
11 print(type(soup))          # 查看变量 soup 的类型
12 print(soup.prettify0)      # 按照标准的 html 代码格式输出
```

注意:
(1) 第 3 行:导入 BeautifulSoup4 模块时的名称是 bs4。
(2) 第 10 行:要解析的内容是 html 格式的文本,而不是整个 response 对象。
(3) 第 12 行:可以通过该方法按照标准 html 代码的格式输出结果。

```
Out:
<class 'bs4.BeautifulSoup'>
```

```
Out:
<! DOCTYPE html>
<! --published at 2022/11/20:16:27:01 by www.eastnoney.con www-zp-143->
<html lang="en">
<head>
<meta charset="utf- 8"/>
<meta content='vidth=1000'name='vievport'>
<meta content="ie=edge"http- equiv="X-UA-Compatible"/>
<title>
东方财富网:财经门户,提供专业的财经、股票、行情、证券、基金、理财、银行、保险、信托、期货、黄金、股吧、博客等各类财经资讯及数据
</title>
<meta content= :股票,财经,证券,金融,港股,行情,基金,债券,期货,外汇,科创板,保险,银行,数据,stock,quote,nevs,fund,bank,blog,data,bbs"name"="keywords"/>
<meta contemt="东方财富网,专业的互联网财经媒体,提供7* 24 小时财经资讯及全球金融市场报价,汇聚全方位的综合财经资讯和金融市场资讯,覆盖股票、财经、证券、金融、美股、港股、行情、期货、外汇、科创板、保险、信托、黄金、理财、商业、银行、博客、股吧,财迷、论坛等财经综合信息"name="description"/>
<metacontent='40otIcoe2/hF8CTV9J30PXM1Xhz8P7vD/FJVXHO7xHo="name="verify-v1* />
<meta content='zh- CN'http-equiv="Content-Language"/>
```

10. 遍历文档树

遍历文档树的过程类似于攀爬一棵树,需要先抵达主干,随后逐步深入到较小的枝干,最终攀至细枝末梢,从而获取所需的数据。这种选择方式效率极高,尤其适用于结构层次分明的单个节点。在实际应用中,此过程通常包含两个主要步骤:选择元素(即节点)和提取所需信息。

(1) 选择元素(节点):通过调用节点的名称选择节点元素,获得 bs4.element.Tag 对象。例如,soup.head 表示选择 head 标签;soup.head.title 表示选择 head 当中的 title 标签;soup.p 表示选择 p 标签(注意:当有多个 p 标签时,只会选择第一个 p 标签)。

(2) 提取信息:经过选择器选择后,获得 bs4.element.Tag 类型的对象。调用该对象的属性就可以提取该对象中的内容等。例如:Tag.string(获得节点中的文本);Tag.attrs(字典格式,获得节点的属性)ag.attrs["属性名称"](获得某个属性的值)。

在做选择的时候,有时候不能做到一步就选到想要的节点元素,需要先选中某一个节点元素,然后以它为基准再选择它的子节点、父节点、兄弟节点等。常见的节点元素选择方法,如表 9-8 所示。

表 9-8 常见节点元素选择方法

关联选择方法	示例(基准对象:变量 tag)
选择直接子节点	tag.contents ♯返回列表 list 类型 tag.children ♯返回生成器[通过函数 list()可以转换为列表]
选择子孙节点	tag.descendants ♯返回生成器[通过函数 list()可以转换为列表]
选择直接父节点	tag.parent ♯返回 tag 对象
选择祖先节点	tag.parents♯返回生成器[通过函数 list()可以转换为列表]

（续表）

关联选择方法	示例（基准对象：变量 tag）
选择兄弟节点	tag. next sibling（下一个兄弟节点）# 返回 tag 对象 tag. previous sibling（上一个兄弟节点）# 返回 tag 对象 tag. next siblings（之后所有兄弟节点）# 返回生成器 tag. previous siblings（之前所有兄弟节点）# 返回生成

11. 选择元素 & 提取信息

创建了 bs4.BeautifulSoup4 对象之后，用户就可以按照 html 的节点使用相关方法搜索、提取其中的内容。常见的提取方法有遍历文档树、搜索文档树、CSS 选择器三种，这里主要学习常用的前两种方法。

【例 9-7】 利用遍历文档树搜索并提取内容。

```
In:
1 # (1)导入模块
2 import requesls
3 (rom bs4 import BeautilulSoup
4 # (2)自定义 hlml 格式的字符中
5 hlml='''<! DOCTYPE hlml> <html> <head> <mela charsel="uu- 8"> \
6 <lille> 在 huml 中选择节点并提取内容</title> </head> \
7 <body> <hI> 解析 html 文件</h1> <p> 选择节点并提取内容。</p> \
8 <ul> <li> 选择节点</li> <li> 提取内容</li> </ul> \
9 </body> </html> '''
10 # (3)创建 bs4.BeautifulSoup4 对象，格式化输出
11 soup=BeautifulSoup(html,"html.parser")
12 print(soup.prettify())
```

```
Out:
<! DOCTYPE html>
<html>
<head>
<meta charset="utf- 8"/>
<title> 在 html 中选择节点并提取内容</title>
</head>
<body>
<h1> 解析 html 文件</h1>
<p> 选择节点并提取内容。</p>
<ul>
<li> 选择节点</li>
<li> 提取内容</li>
</ul>
</body>
</html>
```

```
In:
13 # (4)选择节点元素
14 title=soup.hcad.titlc
```

```
15 print(type(tille),Litle)
16 print(soup.li)
17 print(soup.body.contents)
18 # (5)提取内容
19 print(title.string)
20 print(soup.li.string.strip0)
```

Out:
<class'bs4.element.Tag'> <title> 在 html 中选择节点并提取内容</title>
<li> 选择节点</li>
[<h1> 解析 html 文件</h1> ,<p> 选择节点并提取内容。</p> ,<ul> <li> 选择节点</li> <li> 提取内容</li> <ul>]
在 html 中选择节点并提取内容选择节点

> **注意：**
> （1）第 14 行、第 15 行：bs4. BeautifuISoup4 对象 soup 的 title 节点返回 bs4. element. Tag 类型的对象并赋值给 title，打印该对象的类型和内容。
> （2）第 16 行：选择 soup 的 li 节点只返回找到的第一个节点。
> （3）第 17 行：选择 soup 的 body 节点的直接子节点，返回列表。
> （4）第 19 行：提取变量 title 中的文本内容。
> （5）第 20 行：提取文本内容，并去除左右空格。

12. 搜索文档树

搜索文档树的方法通过标签选择元素，这种方法非常快，但是如果进行比较复杂的选择，它就比较烦琐，不够灵活了。此时，我们可以使用查询的方法查询符合条件的元素，如 find() 或 find all()方法，前者返回找到的第 1 个 Tag 对象，后者返回列表（包含找到的所有 Tag 对象）。搜索文档树的参数设置如表 9-9 所示。

表 9-9　搜索文档树的常见参数设置

名称及参数	功能
BeautifulSoup(). find all(	♯查询所有符合条件的元素（Tag 对象也可以调用此法）
name=None,	节点的名称，str 格式，如 head,p,body,a 等
attrs={}	节点的属性，字典格式，attrs=["id":"list_1"}也可以直接传入关键字表达式，如 id="list 1"
Recursive=True	默认查找所有子孙节点，设置为 False 时，只查找直接子节点
string=None	节点的文本，str 格式或正则表达式对象

【例 9-8】　承[例 9-7]，利用搜索文档树查询并提取内容。

In:
```
21 # (6)查询节点元素,提取内容
22 print(soup.find all("title"))
```

```
23 print(soup.find all("li"))
24 print(soup.find all(string="提取内容"))
25 print(soup.find all("li")[0].string)
```

Out:
[<title> 在 html 中选择节点并提取内容</title>]
[<li> 选择节点</li> ,<li> 提取内容</li>]
['提取内容']
选择节点

> **注意：**
> （1）第 22 行：查询并返回节点名称是 title 的所有节点，返回列表 list 格式的内容。
> （2）第 24 行：查询并返回节点文本内容是"提取内容"的所有节点返回列表 list 格式的内容。
> （3）第 25 行：查询并返回节点名称是 li 的所有节点，返回列表 list 格式的内容。再选择第 1 个元素（Tag 对象），提取文本内容。

13. 爬取与存储财经资讯数据

这里以爬取东方财富网—财经资讯网页（https：//finance.eastmoney.com/）中财经导读的标题和链接为例。

【例 9-9】 利用 Python 爬虫技术获取东方财富网—财经资讯网页中财经导读的标题和链接。

In:
```
1 # (1)导入模块
2 import requests
3 from bs4 import BeautifulSoup
4 # (2)定义请求头,定义 URL 地址,发起网页请求
5 header={"User-Agent":"Mozilla/5.0(Windows NT 10.0; Win64;x64)
6 AppleWebKit/537.3(KHTML, like Gecko) Chrome/107.0.0.0 Safari/537.36" }
7 url="https://finance.eastmoney.com/"
8 resp=requests.get(url,headers=header, timeout=2)
9 resp.encoding="utf-8"
```

> **注意：**
> （1）第 5 行、第 6 行：根据目标 URL 打开网页，找到请求头中的参数 UserAgent，将其定义为字典格式；用于模拟浏览器，避免被认为是爬虫程序。
> （2）第 7 行、第 8 行：根据 URL、请求头参数发送请求并获得 response 响应对象。
> （3）第 9 行：因响应内容的中文是乱码，重新设置编码格式。

Out:
```
10 # (3)创建 BeautifulSoup 对象
11 soup=BeautifulSoup(resp.text, "html.parser")
```

```
12 # (4)选择存储财经导读文章的元素节点
13 tagl=soup.find(class="list list side")
14 print(tagl)
```

Out:
```
<ul class="list list_ side">
...
<a href="http://finance.eastmoney.com/a/202211222566920157.html"target="blank"title="一天跌了12%"网红债基","踩雷信用债基民拷问:多少年能回本?",一天跌了12%,"网红债基","踩雷信用债基民拷问:多少年能回本?"</
a>
...
<a href="http://finance.eastmoney.com/a/202211222566914047.html"target="blank"title="多地挂牌第五批土地出让模式从集中出让转向常态化">多地挂牌第五批土地出让模式从集中出让转向常态化</a>
...
```

> **注意：**
> （1）第 11 行：根据响应内容 resp.text（不是 resp），创建 bs4.BeautifulSoup 对象。
> （2）第 13 行：经观察，所有标题都存放在＜ul class＝"list side"＞节点下，且该属性值是唯一的。因此，可以使用 find() 方法找到该节点。

In:
```
15 listl=tagl.find all("a")
16 print(listl)
17 # (5)提取文章标题、文章链接
18 for tag in listl:
19   print(tag.string,lag.attrs["hrer"])
20 print("--"* 30)
```

> **注意：**
> （1）第 15 行：根据上一步运行结果发现文章标题都存储在该节点下的＜a＞标签中，可以使用 find all() 方法搜索所有＜a＞节点。
> （2）第 18 行、第 19 行：遍历每一个节点，获取其中的文本内容、属性值（链接）。

Out:
```
<a href="http://finance.eastmoney.com/a/202211222566920157.html"target="_blank"title="一天跌了12%,"网红债基","踩雷信用债基民拷问:多少年能回本?"> 一天跌了12%"网红债基","踩雷信用债基民拷问:多少年能回本?"</a> ,<a hrefs="http:/finance.eastmoney.com/a/202211222566914047.html"target="_bank"title="多地挂牌第五批土地出让模式从集中出让转向常态化"> 多地挂牌第五批土地出让模式从集中出让转向常态化</a> ]
-------------------------------------------------------------------
一天跌了 12%"网红债基","踩雷信用债基民拷问:多少年能回本?"
```

```
http://finance.eastmoney.com/a/202211222566920157.html
--------------------------------------------------------------------------------
多地挂牌第五批土地出让模式从集中出让转向常态化
http://finance.eastmoney.com/a/202211222566914047.html
```

14. JSON 数据解析

在网页发送请求的基本知识中,我们了解到部分网页是采用异步数据加载(客户端渲染)的方式,网页的数据由客户端发起第 2 次请求获得,此时网页地址栏的 URL 和第 2 次请求的 URL 并不相同,根据后者才可以获得网页数据,而且此类数据通常情况下是 JSON 格式。

对于 JSON 类型的数据,可以先使用 response.json()的方法将其转换为 Python 对象,然后再获取其中需要的数据(注意:如果不是 JSON 格式,会报出 JSONDecodeError 的错误提示)。

JSON 的全称为:JavaScript Object Notation,是一种轻量级的数据交互格式,采用完全独立于编程语言的文本格式来存储和表示数据,通常负责不同编程语言中的数据传递和交互。JSON 字符串以单引号创建,且内部的字符串必须使用双引号,通常有 2 种形式:

(1) 对象形式:如 ["a":18,"b":[3,4,5]],可以转换为 Python 中的字典格式。

(2) 数组形式:如[["a":18],["b":[3,4,5]]],可以转换为 Python 中的列表格式。

> **注意:**
> (1) 用 json.loads()的方法可以将 json 字符串转换为 Python 对象(需要先导入内置模块 json)。
> (2) 用 response.json()的方法可以将 response 对象转换为 Python 对象。

在之前的学习中,我们爬取了新浪财经网页中航天宏图的主要财务指标信息,该网页是静态网页可以通过 pandas.read_html 的方法来爬取。下面将对东方财富网的财务分析网页(异步加载的网页结构)进行数据爬取的代码讲解。

【例 9-10】 动态网页下财务数据的抓取。

In:
```
1 # (1)导入模块
2 import requests
3 from bs4 import BeautifulSoup
4 import pandas as pd
5 # (2)定义请求头,定义 URL 地址,发起网页请求
6 header={"User-Agent":'Mozilla/5.0 (Windows NT 10.0;Win64;x64)\
7 AppleWebKit/537.36 (KHTML, like Gecko) Chrome/107.0.0.0 Safari/537.36' }
8 url=f'http://emweb.securities.eastmoney.com/PC_HSF10/\
9 NewFinanceAnalysis/ZYZBAjaxNew.type=0&code=SH688066
10 resp=requests.get(url,headers=header,timeout=2)
11 # (3)将 Response 对象转换为 Python 对象
12 datas=resp.json()
13 print(type(datas))
14 print(datas)
```

```
Out:
<class 'dict'>
{'pages':3,'data':[{'SECUCODE':'688066.SH','SECURITY_CODE':'688066','SECURITY_NAMEABBR':
"航天宏图",'ORG_CODE':'10527611','ORGTYPE':"通用",REPORT_DATE':'2022- 09- 30:00:00:00 ''
REPORT_TYPE':三季报,'REPORT_DATENAME': '2022 三季报','SECURITY_TYPECODE':'058001001','
NOTICE_DATE': '2022- 10- 29:00:00:00',
'UPDATE_DATE':2022- 10- 29:00:00:00,'CURRENCY':'CNY','EPSJB':0.45,'EPSKCJB':None,
'EPSXS:0.44,'BPS:12.750009837124,'MGZBGJ':8.51294087880}
```

```
In:
15 # (5)将 datas 中的财务指标信息转换为 DataFrame
16 df=pd.DataFrame(datas['data'])
17 print(df)
```

> **注意**:观察上一步的运行结果,财务指标信息存储在字典中的键值对中(键 data);获取信息后,再将其转换为 DataFrame。

```
Out:
5      ...
2   688066.SH    688066 航天宏图    10527611   ...    2022 第一季报    179.25991
6      ...
3   688066.SH    688066 航天宏图    10527611   ...    2021 年报       49.95957
6      ...
4   688066.SH    688066 航天宏图    10527611   ...    2021 第三季报    87.05912
7      ...
5   688066.SH    688066 航天宏图    10527611   ......   2021 中报       91.53495
4      ...
6   688066.SH    688066 航天宏图    10527611   ......   2021 第一季报    317.33016
4      ...
7   688066.SH    688066 航天宏图    10527611   ......   2020 年报       35.60133
```

15. 数据存储

用解析器解析出数据后,就要存储数据了。数据的存储可以多种多样,最简单的形式是直接保存为文本文件,如 TXT、JSON、CSV、Excel 等。另外,还可以将数据保存到数据库中,如 MySQL 等。财务工作中,爬取的数据量比较大,通常可以将数据转换为 DataFrame 格式,再将其写入 Excel 工作簿中,以便进一步对数据进行分析及可视化。如果是 JSON 格式的数据,可以将其转换为字典或列表,再来构建 DataFrame。

(五) 思路分析

(1) 找到网页数据的真实 URL、请求头的 UA 参数,分别赋值给变量。

(2) 发送网页请求并获得响应,将响应数据转换为 Python 对象,赋值给 resp。

(3) 从 resp 中提取主营构成分析的数据,并构建 DataFrame 表格,赋值给 df1。

(4) 修改 df1 的列索引名称、删除多余列、筛选近 3 年的数据、修改列数据内容等,再次赋值给 df1。

（5）筛选近 3 年的行业数据，并排序，赋值给 df_trade。

（6）根据 df_trade 中的数据，绘制收入、成本、利润柱状图。

（六）代码讲解

根据思路分析执行以下代码。

In:
```
1  # (1)导入模块
2  import pandas as pd
3  pd.options.display.float_format='{:.2f}'.format
4  from pyecharts.charts import Bar
5  from pyecharts import options as opts
6  import requests
7  # (2)找到东方财富网中 688066 航天宏图的经营分析页面的真实 URI
8  url='http://emweb.securities.eastmoney.com/PC_HSF10/\
9  BusinessAnalysis/PageAjax.code=SH688066'
10 header={'User-Agent':'Mozilla/5.0(WindowsNT10.0;Win64;x64)\
11 AppleWebKit/537.36(KHTML,likeGecko)Chrome/
12 107.0.0.0Safari/537.36'}
```

> **注意：**
> （1）第 2 行：为了输出结果更加整洁，设置表格中浮点数的显示格式（千分位，2 位小数）。
> （2）第 8 行、第 9 行：观察网页的特点（见下页）可知该网页属于 Ajax 异步加载网页，需要找到该网页真实的 URL 才能获取网页数据。
> （3）第 10~12 行：设置请求头可以更好地模拟浏览器，避免被认为是爬虫程序。

In:
```
13 # (3)发送请求并调用 json()方法将响应内容转换为 Python 对象
14 resp=requests.get(url,headers=header).json()
15 print(type(resp))
16 print(resp)
```

Out:
```
<class 'dict'>
{'zyfw':[{'SECUCODE':'688066.SH','SECURITY_CODE':'688066',
'BUSINESS_SCOPE':'测绘服务;民用航空器……}]
'zygcfx':[{'SECUCODE':'688066.SH','SECURITY_CODE':'688066',
'REPORT_DATE':'2021-12-31: 00:00:00 ','MAINOP_TYPE':'1','ITEM_NAME':
'卫星应用','MAIN_BUSINESS_INCOME':1468443799.94,'MBI_RATIO':1,
'MAIN_BUSINESS_COST':705301255.89,'MBC_RATIO':1,
'MAIN_BUSINESS_RPOFIT':763142544.05,'MBR_RATIO':1,
'GROSS_RPOFIT_RATIO':0.519695,'RANK':1}……],
'jyps':[{'SECUCODE':'688066.SH','SECURITY_CODE:688066',
'REPORT_DATE':'2022-06-30: 00:00:00 ','BUSINESS_REVIEW':'202……}]  }
```

注意:

(1) 第14行:发起请求获得响应内容,将JSON类型的响应内容转换为Python对象(字典格式)。通常来说,Ajax请求返回的数据是JSON格式。

(2) 第16行:根据结果可以看到,字典中有3个键值对,分别对应网页中的内容"主营范围、主营构成分析经营评述"。我们需要的数据存储在第2个键值对中。

In:
```
17 # (4)提取变量resp的内容,存储在DataFrame表格中
18 df1=pd.DataFrame(resp['zygcfx'])
19 print(df1)
```

注意: 第18行:提取字典中第2个键值对的值,并将其转换为DataFrame。

Out:
748,711,798.31 …
2   688066.SH   2021-12-31: 00:00:00   2   数据分析应用服务
     705,988,535.94   …
3   688066.SH   2021-12-31: 00:00:00   2   自有软件销售
     13,743,465.69   …
4   688066.SH   2021-12-31: 00:00:00   3   华北
680,338,879.01 …
…
94   688066.SH   2016-12-3100:00:00   3   西南
1,744,834.90 …

In:
```
20 # (5)筛选、清洗数据
21 print(df1.columns)
22 df1.columns=["股票代码","代码","报告期","分类","分类名称","主营收入","收入比例",
23 "主营成本","成本比例","主营利润","利润比例","毛利率","行数"]
24 df1=df1.drop(columns=["代码","行数"])
25 df1["报告期"]=df1["报告期"].map(lambda x:x[0:10])
26 df1=df1[df1['报告期'].isin(['2021-12-31','2020-12-31','2019-12-31'])]
27 print(df1)
```

Out:
Index(['SECUCODE','SECURITY_CODE','REPORT_DATE','MAINOP_TYPE','ITEM_NAME',
'MAIN_BUSINESS_INCOME','MBI_RATIO','MAIN BUSINESS_COST','MBC_RATIO',
'MAIN_BUSINESS_RPOFIT','MBR_RATIO','GROSS_RPOFIT_RATIO','RANK'], dtype='object')

注意:

(1) 第22~24行:根据网页显示信息,修改列索引的名称、删除不需要的列数据。

> (2)第25行：使用map()函数和匿名函数lambda批量修改"报告期"列的数据(可以使用df1.dtypes查看各列的数据类型，经观察发现该列是字符串类型，通过字符串切片可以截取日期)。
>
> (3)第26行：按条件筛选"报告期"列，选取近3年的行数据。

```
Out:
    股票代码      报告期        分类   分类名称        主营收入         收入      主营成本      ...
                                                              比例
0   688066.SH  2021-12-31   1    卫星应用      1,468,443,799.94   1.00   705,301,255.89  ...
1   688066.SH  2021-12-31   2    系统设计开发     748,711,798.31   0.51   367,485,135.38  ...
2   688066.SH  2021-12-31   2    数据分析应用     705,988,535.94   0.48   337,188,739.89  ...
                                 服务
3   688066.SH  2021-12-31   2    自有软件销售     13,743,465.69    0.01   627,380.62      ...
4   688066.SH  2021-12-31   3    华北          680,338,879.01   0.46   331,229,712.10  ...
5   688066.SH  2021-12-31   3    华东          293,752,482.24   0.20   136,949,768.21  ...
..  ...        ...          ...  ...          ...              ...    ...              ...
28  688066.SH  2019-12-31   3    华中          47,910,318.45    0.08   22,955,395.28   ...
29  688066.SH  2019-12-31   3    西北          37,817,900.23    0.06   19,121,441.49   ...
30  688066.SH  2019-12-31   3    华东          35,179,227.84    0.06   15,475,970.96   ...
31  688066.SH  2019-12-31   3    西南          27,035,706.01    0.04   14,641,059.06   ...
32  688066.SH  2019-12-31   3    华南          17,993,631.30    0.03   8,153,914.52    ...
33  688066.SH  2019-12-31   3    东北          9,905,103.23     0.02   6,144,992.06    ...
```

```
In:
28  # (6)批量修改"分类"列的内容
29  def kind(s)# 自定义函数名称，传入形参s
30      if s=='1':# 当s是'1'时，修改为'行业'
31          s="行业"
32      if s=='2'# 当s是'2'时，修改为'产品'
33          s="产品"
34      if s=='3'# 当s是'3'时，修改为'地区'
35          s="地区"
36      returns# 函数返回的值是s
37  df1["分类"]=df1["分类"].map(kind)
38  print(df1)
```

> **注意：**
> (1)第29~36行：自定义函数kind()，用于修改参数的值。
> (2)第37行：使用map()函数和自定义函数kind()批量修改"分类"列值。此处直接使用函数名称，无须再传入参数。

```
Out:
     股票代码      ...    分类    ...
0    688066.SH   ...    行业    ...
1    688066.SH   ...    产品    ...
2    688066.SH   ...    产品    ...
3    688066.SH   ...    地区    ...
4    688066.SH   ...    地区    ...
5    688066.SH   ...    地区    ...
...  ...         ...    ...    ...
28   688066.SH   ...    地区    ...
29   688066.SH   ...    地区    ...
30   688066.SH   ...    地区    ...
31   688066.SH   ...    地区    ...
32   688066.SH   ...    地区    ...
33   688066.SH   ...    地区    ...
```

```
In:
39 # (7)筛选行业数据,分析收入、成本和利润的变化趋势
40 df_trade=df1[(df1["分类"]=="行业")].sort_values(by="报告期")
41 print(df_trade)
42 bar=Bar()
43 bar.add_xaxis(df_trade["报告期"].values.tolist())\
44 .add_yaxis("主营收入",df_trade["主营收入"].values.tolist())\
45 .add_yaxis("主营成本",df_trade["主营成本"].values.tolist())\
46 .add_yaxis("主营利润",df_trade["主营利润"].values.tolist())\
47 bar.set_global_opts(title_opts=opts.Title0pts(
48 title="航天宏图 2019-2021 主营业务趋势",pos_left='center'),
```

```
Out:
     股票代码      报告期         分类  分类名称   主营收入            收入比例   主营成本           ...
23   688066.SH  2019-12-31  行业  卫星应用  601,171,533.51    1.00   265,619,460.28  ...
11   688066.SH  2020-12-31  行业  卫星应用  846,698,036.46    1.00   394 155.620.01  ...
0    688066.SH  2021-12-31  行业  卫星应用  1,468,443,799.94  1.00   705 301 255.89  ...
```

> **注意:**
> (1) 第 40 行:筛选近 3 年航天宏图分类为"行业"的数据按照期间升序排列。
> (2) 第 42~49 行:实例化柱状图添加数据,设置标题、图例等内容。

(七) 业务总结

在批量获取并分析企业主营业务模型方面,Python 展现了卓越的能力。通过综合运用 Requests 模块、BeautifulSoup4 以及 Pandas 等强大工具,Python 能够高效地完成企业主营业务数据的采集、清洗和分析。其自动化获取异步加载的网页数据功能,极大地提升了工作效率,同时,对数据的清洗、筛选和可视化处理,使得主营业务分析更为精准和直观。Python 的

这些特点在企业主营业务分析领域显示出其强大的实力和广泛的适用性，正逐渐成为推动企业持续健康发展的关键因素。

第三节　多维度综合财务分析

学习目的

以企业多维度的财务分析为例，体验并设计从多方面对企业进行综合分析的自动化模型，如公司规模分析、成长性分析、公司估值分析、盈利能力分析等。

（一）业务场景

在企业的财务分析中，经常需要从多维度对企业进行全面的考察。例如，亚飞公司的投资分析专员为了更深入地了解航天宏图的公司状况，计划利用Python技术从东方财富网爬取同行业数据，进而分析航天宏图的公司规模、市场表现、成长潜力和估值等方面。

（二）实验要求

（1）熟练掌握Python基础语法、数据处理与清洗、数据可视化以及网络爬虫技术。

（2）能够利用Python工具高效地采集企业内外部的会计信息和其他相关数据，并进行针对性的数据筛选与清洗。

（3）通过合适的数据可视化手段展示分析结果，为企业的决策层提供直观、有价值的信息支持。

（三）知识准备

下面将介绍多维度综合财务分析常用的四种方式。

1. 规模比较

对企业规模的比较分析通常体现在总市值、营业收入、净利润、资产总额等方面，通过与同行业其他企业、行业平均值、行业中值数据的比较，可以明确企业在行业中所处的位置，找出不足的方面。

2. 盈利能力比较

对盈利能力的比较分析通常体现在净资产收益率（ROE）、销售净利率等方面。盈利能力是公司的核心指标，体现了公司在行业中的竞争力。在分析时，除了要考虑利润率的大小，还要考虑利润的质量，分析其经营活动现金净流量对利润的影响等。

3. 成长性比较

对企业的投资者来说，获取长期的收益更具有吸引力，稳定增长的企业更受投资者的青睐。通常从每股收益的增长率、营业收入的增长率等角度分析企业未来成长的稳定性。一个具有持续且稳定增长的企业未来的价值往往更高。

4. 估值比较

企业的估值往往代表了投资者对企业未来发展的信心，通常从市盈率、市销率等方面来观察企业在投资者心中的地位。市盈率越高，代表投资者对企业越有信心，同时投资风险也比较高，市盈率越低，代表企业价值可能被低估，投资价值会比较高。但该指标也不是绝对正确的，在判断投资价值时还要考虑当时的市场环境以及公司经营情况、盈利能力等因素。另外,还有市现率(每股市价÷每股经营活动现金净流),市现率越小,表明上市公司的每股现金增加额越多,经营压力越小。

(四) 思路分析

(1) 根据具体的财务分析目标,构建科学合理的分析框架和评价指标体系。

(2) 利用 Python 的网络爬虫技术,从相关财经网站爬取目标公司的财务数据和市场信息。

(3) 对收集到的数据进行预处理,包括数据清洗、转换和标准化等操作。

(4) 运用 Python 的数据可视化功能,将处理后的数据以图表形式直观展示出来。

(5) 结合理论知识和实践经验,对展示的数据进行深入分析,并形成有价值的分析报告。

(五) 代码讲解

多维度综合财务分析的技术方法的代码设计与本章前两节所介绍的代码设计在逻辑和结构上具有相似性,因此在这里我们不再对其进行详细的运行和解释,以避免重复并提高效率。读者可参考前两节的详细说明来理解和实现本节所介绍的技术方法。

(六) 业务总结

在财务分析中,我们主要依赖 Python 基础语法来编写数据处理与分析的代码,同时运用数据处理与清洗模块对从财经网站获取的原始数据进行整理,确保其准确可用。进而,我们采用如 Pyecharts 等数据可视化模块,其丰富的图表类型和灵活的定制选项使得数据得以直观展示,这不仅有助于直观理解复杂财务数据,还能提高分析效率。例如,通过图表可以快速分析公司的盈利能力、成长性和估值比较。此外,数据可视化还能揭示数据中的异常值、趋势和模式,从而提升决策质量,为企业的风险管理和战略规划提供有价值的信息。

本章小结

本章聚焦于企业财务综合分析的实战应用,详细阐述了外部环境分析、企业概况以及利用 Python 相关知识实现自动获取和分析企业整体概况的模型构建过程。通过实际业务场景的介绍,读者可以了解在投资分析过程中,数据采集、处理和可视化的重要性。

在外部环境分析及企业概况部分,我们学习了如何通过应用程序接口 API 和网络数据爬取来采集企业信息,并利用 Pandas 进行数据清洗和预处理。通过新浪财经等资讯网站获取了航天宏图公司的相关信息,并存储在 DataFrame 表格中,为后续分析奠定了基础。

在行业及主营业务分析环节,我们深入探讨了目标企业的行业地位和主营业务情况。以航天宏图为例,分析了其在空天信息领域的领先地位以及卫星运营与应用服务的业务特点。通过对比分析,我们可以更好地了解该行业的经营状况和竞争格局。

最后,本章介绍了多维度财务分析的自动化模型,从公司规模分析、成长性分析、公司估值分析、盈利能力分析四方面对企业进行全面的考察,该模型能够分析航天宏图的公司规模、市场表现、成长潜力和估值等方面,有助于信息使用者快速了解企业的财务状况和经营成果,也为投资决策提供有力支持。

实践环节

为深化专业综合实践教学环节中的实际操作部分,有效提升学生的实践能力和职业素养,我们将安排学生参与 Python 财务应用的实践操作，以便他们能够熟练掌握并灵活运用所学知识解决实际财务问题。

在实践环节中，学生将通过线上 Python 财务应用平台展开实际操作，重点训练数据爬取、文本检索、文本分类以及决策支持等关键技能。通过实践，学生不仅能够巩固和拓展 Python 编程语言的应用能力，还能够深入理解财务数据的处理与分析方法。

这一实践环节可以帮助学生加深对财务工作的感性认知，激发对财务专业的兴趣，进一步提升自身的专业素养和职业技能。同时，这也将有助于学生更好地适应未来职业发展的需要，实现课堂教育与财务工作的无缝对接。

 复习思考题

一、选择题

1. 本章中亚飞公司的投资分析专员从新浪财经等资讯网站获取相关信息，这些数据主要来源于（　　）。
   A. 内部数据库　　　　　　　　　　B. 网络数据抓取
   C. 应用程序接口 API　　　　　　　D. 数据爬取

2. 下列各项中，不属于 Python 中用于数据可视化的模块的是（　　）。
   A. Pyecharts　　　　　　　　　　B. Pandas
   C. Matplotlib　　　　　　　　　　D. Requests

3. 在 Python 中，使用 Pandas 模块删除缺失值的行时，参数 how 的值为 all 表示的含义是（　　）。
   A. 删除全部为缺失值的行　　　　　B. 删除含有任意缺失值的行
   C. 删除含有特定缺失值的行　　　　D. 删除含有多个缺失值的行

4. 在 Python 中使用 Pyecharts 模块绘制柱状图时，设置标题的样式通常使用的方法是（　　）。
   A. set_title　　　　　　　　　　　B. set_global_opts
   C. set_title_opts　　　　　　　　D. set_opts

5. 在 Python 中使用 Requests 模块发送网页请求并获取响应内容的基本方法是（　　）。
   A. get　　　　　　　　　　　　　B. post
   C. put　　　　　　　　　　　　　D. delete

二、简答题

1. 请简述浏览器向服务器发起请求时的常见参数设置。
2. 请简述爬取数据时的思路分析。

三、实战作业

根据文档内容，请分析航天宏图（股票代码：688066）的主营业务趋势，并使用 Pyecharts 模块绘制柱状图展示 2020—2023 年的主营收入、主营成本和主营利润的变化趋势。

第十章

Python 算法的财务专题应用

第一节 数据爬取——财经资讯爬取

学习目的

了解数据爬取的概念数据爬取的分类和步骤;掌握利用常见的财经资讯网站进行数据爬取;掌握几种常用的数据爬取方式。

一、数据爬取的概念

数据爬取又称网页蜘蛛或网络机器人,是指从指定的网站上收集数据信息。它是一种按照一定的规则,自动爬取万维网信息的程序或者脚本,也称数据提取。数据爬取通过两个步骤实现:数据爬行和信息抓取。数据爬行是指软件根据预设好的关键字在网络搜寻指定信息,并"告知"其发现。信息抓取是指该软件从网络上把相关信息提取出来,存放到数据库。

二、数据爬取的分类

1. 根据使用场景分类

根据使用场景分类,数据爬取可分为通用网络爬取和定向网络爬取。通用网络爬取是搜索引擎爬取系统的重要组成部分,它将互联网上的网页信息下载至本地,形成一个互联网内容镜像备份库,从而支撑整个搜索引擎,其覆盖面广、数据丰富,如百度、Google 等。定向网络爬取并不追求大的覆盖,而是面向特定主题的一种网络爬取,其目标是爬取与某一特定主题相关的网页,为面向主题的用户查询准备数据资源,同时定向爬虫在实施网页爬取时,会对内容进行处理筛选,从而保证爬取的信息与主题相关。

2. 根据系统结构和实现技术分类

按照系统结构和实现技术网络爬取可分为通用网络爬取(general purpose web crawler)、聚焦网络爬取(focused web crawler)、增量式网络爬取(incremental web crawler)、深层网络爬取(deep web crawler)。实际的网络爬取通常是由这几种爬取技术相结合实现的。

三、数据爬取的步骤

数据爬取主要有以下四个步骤:

(1)需求分析:分析网络数据爬取的需求,了解所爬取主题的网址、内容分布,所获取语料的字段、图集等内容。

（2）技术选择：网络数据爬取可通过 Python、Java、C++、C♯等不同的编程语言实现，主要涉及的技术包括 urllib 库、正则表达式、Selenium、BeautifulSoup、Scrapy 等技术。

（3）网页爬取：确定好爬取技术后，需要分析网页的 DOM 树结构，通过 XPath 技术定位网页所爬取内容的节点，再爬取数据；同时，需考虑部分网站涉及页面跳转、登录验证等。

（4）存储技术：该技术主要是存储爬取的数据信息，这些数据信息主要包括 SQL 数据库、纯文本格式的文件、CSV/XLS 文件等。

四、搜狗新闻与新浪财经数据挖掘实战

常见的财经数据爬取网站有搜狗新闻、新浪财经、新浪微博、微信公众号文章等。这里以在搜狗新闻、新浪财经网站爬取数据为例进行详细介绍。

（一）搜狗新闻数据挖掘实战

搜狗新闻的网址为 https://news.sogou.com/。以搜索"阿里巴巴"为例，具体的网址为 https://news.sogou.com/news?mode=1&sort=0&fixrank=1&query-%B0%A2%C0%EF%B0%CD%B0%CD&shid=djt1（该网址经过删减处理）。

1. 获取网页源代码

第一步，获取网页源代码。代码如下：

```
1 import requests
2 headers={' User-Agent ':' Mozilla /5.0(Windows NT 10.0; Win64; x64) Ap-pleWebKit /537.36 (KHTML, like Gecko) Chrome /69.0.3497.100 Safari /537.36')
3 url='https://news.sogou.com/news? mode=1& sort=0& fixrank=1& query=% B 0% A2% C0% EF% B0% CD% B0% CD& shid=djt1'
4 res=requests . get (url, headers=headers, timeout-10) . text
5 print (res)
```

之后发现获取的网页源代码完整且不存在乱码，那么数据挖掘的第一步就成功了。网址中的"%B0%A2%C0%EF%B0%CD%B0%CD"是"阿里巴巴"在浏览器中"翻译"后的"语言"，可以直接换成"阿里巴巴"，如下所示：

```
1 url='https://news.sogou.com/news? mode=1&sort=0&fixrank=1&query=阿里巴巴 &shid=djt1'
```

2. 编写正则表达式

第二步，编写正则表达式提取新闻网址、新闻标题和发布日期。

（1）提取新闻网址和标题。选中浏览器页面，按 F12 键，打开开发者工具，查看新闻网址和标题的网页源代码，或者按快捷键 Ctrl+F，在网页源代码里查找标题，以寻找正则表达式的匹配规则。

例如：

第一条新闻的网址对应的网页源代码为：

```
1 <a href="http://www.sohu.com/a/284216921_114986" id=" uigs _0" target="_ blank ">
```

第二条新闻的网址对应的网页源代码为：

```
1 <a href="http://www.sohu.com/a/323388085_643591" id=" uigs _1" target="_ blank ">
```

经过对比可以看到，除了我们要获取的网页源代码中的 href 的值，id 的值也在变化，具体来说，是"uigs_"后面的数字在变化，所以可以总结出新闻网址的网页源代码的表达式如下：

```
1 <a href="网址" id=" uigs _序号" target="_ blank ">
```

在编写正则表达式时，我们只需把想获取的新闻网址换成"(.*?)"，再把 id 里变化的内容换成".*?"，具体正则表达式如下：

```
1 p _ href="<a href="(.* ?)" id=" uigs _.* ?" target="_ blank "> "
```

正则表达式的编写比较灵活，上面代码中的 id="uigs_.*?"也可以写成 id="uigs.*?"甚至是 id ="u.*?"，后两种表达式虽然定位强度下降了一些，但仍然有较高概率获取正确的定位。但是最好不要写成 id=".*?"，因为这样会导致定位强度下降过多，可能会匹配到一些不需要的内容。

获取新闻网址的完整代码如下：

```
1 import re
2 P _ href - "<a href - "(.* ?)" id - " uigs _.* ?" target - "_ blank > "
3 href -  re . findall (p _ href, res)
4 print (href)
5 print (len (href))
```

（2）打印输出提取的新闻信息，检查是否提取完整。用同样的方法观察新闻标题的网页源代码的规律，得到如下表达式：

```
1 <a href="网址" id=" uigs _序号" target="_ blank ">标题</ a >
```

编写正则表达式时，把网址和序号换成".*?"，同时把标题换成"(.*?)"，代码如下：

```
1 P _ title=r'<a href=".* ?" id=" uigs _.* ?" target="_ blank "> (.* ?)</ a > '
```

（3）发布日期的提取思路和百度新闻案例的思路类似，这里因为不提取新闻来源，所以可以直接编写如下所示的代码：

```
1 p _ date=r'<p class=" news-from "> .* ? & nbsp ;(.* ?)</ p > '
```

综上，所有正则表达式相关的代码汇总如下：

```
1 p _ title=r'<a href=".* ?" id=" uigs _.* ?" target="_ blank "> (.* ?)</ a > '
2 title=re . findall (p _ title, res)
```

```
3 p _ href=r'<a href="(.* ?)" id="uigs _.* ?" target="_ blank "> '
4 href=re . findall (p _ href, res)
5 p _ date=r'<p class=" news-from "> .* ? & nbsp ;(.* ?)</ p > '
6 date=re . findall (p _ date, res)
```

或者,用户可以通过类似 print(title) 和 print(len(title)) 这样的代码打印输出提取到的列表的内容和长度,检查自己编写的正则表达式提取到的信息是否完整。

3. 数据清洗

第三步,数据清洗。数据清洗主要运用 sub() 函数替换不需要的内容,运用 strip() 函数清除换行符和空格等内容,最后通过 print() 函数将清洗结果打印输出。这里提取的内容不包含换行符和空格,所以未使用 strip() 函数,代码如下:

```
1 for i in range (len (title)):
2 title [ i ]=re.sub('&.* ?;', '', title [ i ])
3 title [ i ]=re.sub('<.* ? > ', '', title [ i ])
4 date [ i ]=re.sub('<.* ? > ', '', date [ i ])
5 print(f"{i+1}. {titles[i]}-{dates[i]}")
6 print (href [ i ])
```

4. 定义及调用函数

第四步,定义及调用函数。这里需要定义一个名为 sogou 的函数,并且把爬取的网址中的"阿里巴巴"换成变量 company,代码如下:

```
1 def sogou (company):
2 url='https://news.sogou.com/news? mode=1& sort=08fixrank=18query='+company+'& shid=djt1'
```

定义完函数后,便可以批量调用函数,实现多家公司信息的爬取了,完整代码如下:

```
1 import requests
2 import re
3 headers=(' User-Agent ':' Mozilla/5.0(Windows NT 10.0; Win64; x64) Ap-pleWebKit /537.36 (KHTML, like Gecko) Chrome/69.0.3497.100 Safari /537.36')
4 def sogou (company):
5 url=f'https://news.sogou.com/news?mode=1& sort=08fixrank=1& query={company}&shid=djt1'
6 res=requests . get (url, headers=headers, timeout=10). text
7 # 编写正则表达式提取数据
8 p _ title=r'<a href=".* ?" id=" uigs _.* ?" target="_ blank "> (.* ?)</ a > '
9 title=re . findall (p _ title, res)
10 p _ href=r'<a href="(.* ?)" id=" uigs _.* ?" target="_ blank "> '
11 p _ date=r'<p class=" news-from "> .* ? & nbsp ;(.* ?)</ p > '
12 href=re . findall (p _ href, res)
13 date=re . findall (p _ date, res)
14 # 数据清洗及打印输出
15 for i in range (len (title)):
16 title [ i ]=re.sub('<.* ? > ', '',title [ i ])
```

```
17 title [ i ]=re.sub('&.* ?;', '', title [ i ])
18 date [ i ]=re.sub('<.* ? > ', '', date [ i ])
19 print (str(i+1)+'. '+titles[i]+'- '+dates[i])
20 print (href [ i ])
21 companys=["华能信托","阿里巴巴","万科集团","百度","腾讯","京东"]
22 for i in companys :
23 try :
24 sogou (1)
25 print (i+"搜狗新闻爬取成功")
26 except :
27 print (i+"搜狗新闻爬取失败")
```

(二) 新浪财经数据挖掘实战

新浪财经的网址为 https://finance.sina.com.cn/。新浪财经是金融新闻类数据挖掘很重要的一个数据来源,它的财经资讯可靠性一般较强。

与搜狗新闻的网址不同,如果将第一步网址中含有百分号的那一串文本直接换成"阿里巴巴",打开的会是其他网页。该问题对爬取一家公司的信息不会有影响,但是会给之后定义函数及批量爬取多家公司的信息造成不便。所以,如果需要进行批量爬取,用户最好先对网址是否支持中文进行测试。如果测试结果是不支持中文,可以尝试用下面介绍的办法解决。

这种不能自动转换中文的网址比较少见,其主要原因涉及字符串的编码。因为新浪财经网址的默认编码为 gbk 中文编码,而通常网址对 gbk 编码的中文进行识别时会出现错误。这里主要阐述解决办法,比较简单的解决办法,是在原来的网址末尾加上"&ie=utf-8",这样就算前面输入的是中文,对网址也没有影响。添加的"&ie=utf-8"用于声明该网址是基于 utf-8 编码的,而 utf-8 编码的中文内容是可以被网址认可的。添加完"&ie=utf-8"后就可以直接使用中文"阿里巴巴"了。代码如下:

```
1 url='https://search.sina.com.cn/?q=阿里巴巴 &range=all&c=news&sort=time & ie=utf-8'
```

1. 获取网页源代码

第一步,获取网页源代码。代码如下:

```
1 url='https://search.sina.com.cn/?q=E&range=all&c=news&sort=time & ie=utf-8'
2 res=requests . get (url, headers=headers, timeout=10). text
3 print (res)
```

若运行代码之后获取的网页源代码中没有出现乱码,并且能找到需要的内容,这一步就算成功了。需要注意的是,有时按上面的网址访问新浪财经时,可能会跳转到新浪微博(可能性较小但会发生),获取到的网页源代码中就不会有想要的内容,此时重新运行代码即可。

2. 编写正则表达式

第二步,编写正则表达式提取新闻网址、新闻标题和新闻日期。

使用搜狗新闻数据挖掘实战中介绍的方法观察新闻网址和标题对应的网页源代码,可以发现如下规律:

```
1 <h2> <a href="网址" target="_ blank ">标题</ a>
```

因此，提取新闻网址的正则表达式如下：

```
2 p_href=r'<h2> <a href="(.*?)" target="_blank">'
```

提取新闻标题的正则表达式如下：

```
3 p_title=r'<h2> <a href=".*?" target="_blank"> (.*?)</a>'
```

然后，观察新闻日期对应的网页源代码，可以发现如下规律：

```
4 <span class="fgray_time"> 来源和日期</span>
```

因此，提取新闻日期的正则表达式如下：

```
5 P_date=r'<span class="fgray_time"> (.*?)</span>'
```

这样提取到的内容会包含来源和日期，在后续进行数据清洗时把它们分割开即可。整体代码如下所示，此时可以通过 print()函数将提取到的内容打印输出，观察是否有不可用内容。

```
1 P_title=r'<h2> <a href=".*?" target="_blank"> (.*?)</a>'
2 p_href=r'<h2> <a href="(.*?)" target="_blank">'
3 P_date=r'<span class="fgray_time"> (.*?)</span>'
4 title=re.findall(p_title, res)
5 href=re.findall(p_href, res)
6 date=re.findall(p_date, res)
```

3. 数据清洗

第三步，数据清洗。采用与前面类似的数据清洗方法，通过如下代码处理并打印输出：

```
1 for i in range(len(title)):
2     title[i]=re.sub('<.*?>', '', title[i])
3     date[i]=date[i].split(' ')[1]  # 提取来源和日期中的第二个元素：日期
4     print(f"{i+1}.标题: {title[i]}-日期: {date[i]}")
5     print(href[i])
```

4. 定义及调用函数

第四步，定义及调用函数。这里需要定义一个名为 xinlang 的函数，并且把爬取的网址中的阿里巴巴换成变量 company，代码如下：

```
1 def xinlang(company):
2     url='https://search.sina.com.cn/?q='+company+'& range=all & c=news & sort=time & ie=utf-8'
```

定义完函数后，便可以批量调用函数，实现多家公司信息的爬取了，完整代码如下：

```
1 import requests
2 import re
3 headers={'User-Agent ':' Mozilla /5.0(Windows NT 10.0; Win64; x64) Ap-pleWebKit /537.36 (KHTML, like Gecko) Chrome /69.0.3497.100 Safari /537.36'}
```

```
4 def xinlang (company):
url='https://search.sina.com.cn/?q='+company+'& range=all & c=news & sort=time & ie=utf-8'
5 res=requests . get (url, headers=headers, timeout=10). Text
6 #  print (res)
7 p _ title=r'<h2> <a href=".* ?" target="_ blank "> (.* ?)</ a > '
8 p _ href=r'<h2> <a href="(.* ?)" target="_ blank "> '
9 p _ date=r'<span class=" fgray _ time "> (.* ?)</ span > '
10 title=re . findall (p _ title, res)
11 href=re . findall (p _ href, res)
12 date=re . findall (p _ date, res)
13 for i in range (len (title)):
14 title [ i ]=re . sub ('<.* ? > ', '', title[i])
15 date [ i ]=date [ i ]. split (' ')[1]
16 print (str (i+1)+"."+title [ i ]+"-"+date [ i ]) print (href [ i ])
17 companys=["华能信托", "阿里巴巴", "万科集团", "百度", "腾讯", "京东"]
18 for i in companys :
19 try :
20 xinlang (i)
21 print (i+"新浪新闻爬取成功")
22 except :
23 print (i+"新浪新闻爬取失败")
```

至此,我们已经可以从搜狗新闻、新浪财经爬取财经资讯数据。对于大部分上市公司来说,完成上述财经数据的采集与分析足以实现财经资讯的监控与预警。下面简单总结一下网络数据爬取的思路:

第一步:获取网页源代码。

第二步:通过正则表达式提取想要的内容。

第三步:数据清洗。

第四步:定义函数并通过循环调用函数进行批量爬取。

学习完本节,我们应该能够对大部分网站利用爬虫技术进行数据挖掘,并且能够实现24小时对多家公司财经资讯的不间断更新。当然,有些网站的数据挖掘有一定难度,如果网站内容是动态渲染出来的,如新浪财经的股票数据,就没有办法通过常规的 Requests 库进行爬取。

第二节　文本检索——财经文本检索

学习目的

了解文本检索的概念、四种常用的文本检索方式、如何使用 whoosh 和 jieba 在财务报告中进行文本检索。

一、文本检索的概念

文本检索(Text Retrieval)与图像检索、声音检索、图片检索等都是信息检索的一部分,是根据文本内容,如关键字、语义等对文本集合进行检索、分类、过滤等的检索操作。

文本检索,亦称自然语言检索,是指不对文献进行任何标引,直接通过计算机以自然语言中的语词匹配查找的系统。文本检索进行匹配的对象,可以是整个文本,包括文章、报告或是整本图书,也可以是书中部分内容,如文摘、摘录或只是文献的题名。以整个文献正文为对象进行的匹配查找,被称为全文检索。这种方式无须标引,数据库制作快,可以很快投入运行。

最早、最典型的文本检索是图书馆的图书索引,根据书名、作者、出版社、出版时间、书号等信息对馆藏图书进行索引,读者根据索引即可快速查图书的存放位置。随着计算机的出现,人们借助计算机可以更加方便地管理更多的文档,计算机硬盘甚至可以装下全世界所有图书馆藏书。为了快速查找计算机所管理的文档,出现了第一代文本检索技术,即根据关键字匹配,将包含关键字的文档挑出来作为检索结果呈现给用户。随着文档数量的增加,运用第一代文本检索技术已经很难检索出精确的检索结果,于是根据文本内容匹配的第二代文本检索技术应运而生,即根据系统对文本和检索语句的理解,计算文本和检索语句的相似度,根据相似度对检索结果排序,将相似度最高的检索结果呈现给用户。现代的文本检索技术逐渐向语义理解、特定领域等方向发展。全世界相关领域的科学家都在不遗余力地建设"本体库",如WordNet、HowNet等本体字典。通过本体库将文本转化为语义集合,提炼文本的语义,以提供语义层次的检索。此外,在生物、医学、法律、新闻,以及新出现的 Blog 等领域,都出现了专门的检索技术,并且得到了迅猛发展。

二、四种文本检索方式

(一) 基础文本检索

我们先来介绍 Python 中较为基础的文本检索方法——使用 in 关键字。我们可以使用 in 关键字来判断某个字符串是否在目标文本中出现过。

【例 10-1】 利用 in 关键字判断字符串是否在目标文本中出现。

```
1 text="Python is a great programming language."
2 if "Python" in text:
3     print("Found!")
4 else:
5     print("Not found.")
```

在[例 10-1]的代码中,我们定义了一个字符串 text,然后使用 in 关键字判断该文本中是否包含"Python"这个字符串。如果包含,就输出"Found!",否则输出"Not found."。这种方法适用于基本的文本查找任务,但是不适用于复杂的文本查找任务。

(二) 正则表达式检索

正则表达式是处理文本的强大工具,它可以用来匹配指定的文本模式。Python 中内置了 re 模块用于正则表达式的操作。

【例 10-2】 使用正则表达式进行文本检索。

```
1 import re
2 text="Python is a great programming language. It is easy to learn and use."
3 pattern=r"\b[A-Z][a-z]* \b"  # 匹配单词
4 result=re.findall(pattern, text)
5 print(result)
```

在[例10-1]中,我们通过引入 re 模块,使用 re.findall()函数来查找符合某个正则表达式模式的所有字符串。具体来说,我们定义了一个正则表达式模式,用于匹配文本中的各个单词,并把所有匹配结果存放在 result 列表中。最终,我们打印出了匹配结果。通过使用正则表达式,我们可以比简单运用 in 关键字更精细地控制检索的范围和规则。

(三) 基于 NLTK 的文本检索

NLTK(Natural Language Toolkit)是一款用于自然语言处理的 Python 库,是 Python 中最常用的自然语言处理库之一。我们可以使用 NLTK 库来进行基于自然语言处理的文本检索。

【例10-3】 使用 NLTK 进行文本检索。

```
1 import nltk
2 text="Python is a great programming language. It is easy to learn and use."
3 tokens=nltk.word_tokenize(text)  # 分词
4 tagged=nltk.pos_tag(tokens)  # 词性标注
5 result=[word for word, pos in tagged if pos=="NN"]  # 搜索名词
6 print(result)
```

在[例10-2]中,我们先使用 NLTK 库进行文本分词和词性标注,然后筛选出其中的名词,最终输出所有名词。借助于 NLTK 库,我们可以更好地利用自然语言处理技术进行文本检索,从而得到更精确的检索结果。

(四) 基于机器学习的文本检索

最后,我们来介绍一种更高级的文本检索方法——基于机器学习的文本检索。我们可以使用 Python 中的机器学习库来训练一个模型,然后使用该模型进行文本分类和检索。

【例10-4】 使用 scikit-learn 库进行文本检索。

```
1 from sklearn.feature_extraction.text import CountVectorizer
2 from sklearn.naive_bayes import MultinomialNB
3 data=[("Python is a great programming language.", "programming"),
       ("I love to read Python books.", "reading"),
       ("Python is the most popular programming language.", "programming")]
4 corpus=[row[0] for row in data]
5 labels=[row[1] for row in data]
6 vectorizer=CountVectorizer()
7 X=vectorizer.fit_transform(corpus)
8 clf=MultinomialNB()
clf.fit(X, labels)
9 test_data="Python is easy to learn and use."
10 test_vec=vectorizer.transform([test_data])
11 predicted=clf.predict(test_vec)
```

```
12 print(predicted)
13 from sklearn.feature_extraction.text import CountVectorizer
14 from sklearn.naive_bayes import MultinomialNB
```

在[例 10-4]中，首先，我们定义了一些训练用的数据，并使用 scikit-learn 库中的 CountVectorizer()函数对文本进行特征提取，得到所有单词的词频向量。其次，我们使用 MultinomialNB()函数进行训练，得到一个分类器。最后，我们用训练好的分类器来对新的文本进行分类和搜索。可以看到，在数据不断增加的前提下，这种方法可以快速高效地对文本进行分类和搜索。

三、实例：whoosh 的具体应用

本实例中，需要使用 whoosh 完成的功能如下：
（1）在创建数据模型的时候将其添加到 whoosh 中。
（2）在删除数据模型的时候将其从 whoosh 中移除。
（3）支持中文查询。
（4）支持模糊查询。

（一）建立存储目录

```
1 def get_search():
2     """建立存储目录"""
3     index_path="/Users/furuiyang/codes/microblog/index"
4     os.makedirs(index_path, exist_ok=True)
5     return index_path
```

（二）建立索引模式

```
1 class MySchema(SchemaClass):
2     """建立索引模式"""
3     path=ID(stored=True)
4     title=TEXT(stored=True)
5     content=TEXT
6     tags=KEYWORD
```

（三）写入索引内容

```
1 def write_index():
2     """写入索引内容"""
3     schema=MySchema()
4     path=get_search()
5     index.create_in(path, schema)
6     ix=index.open_dir(path)
7     writer=ix.writer()
8     # 开始写入内容
9     writer.add_document(title=u"my document", content=u"this is my document", path=u"/a",
                          tags=u"firlst short")
```

```
10     writer.add_document(title=u"my second document", content=u"this is my second
document", path=u"/b",
                         tags=u"second short")
11     writer.commit()
```

(四) 读出索引内容

```
1 def read_index():
2     """读出内容"""
3     ix=index.open_dir(get_search())
4     with ix.searcher() as searcher:
5         #  (do somthing)
6         query=QueryParser("content", ix.schema).parse("* do* ")
7         result=searcher.search(query)
8         print(result)
9         print(list(result))
```

(五) 删除索引内容

```
1 def delete_index():
2     """删除索引内容"""
3     :return:
4     schema=MySchema()
5     path=get_search()
6     index.create_in(path, schema)
7     ix=index.open_dir(path)
8     writer=ix.writer()
9     #  Delete document by its path --this field must be indexed
10    writer.delete_by_term('path', u'/a')
11    #  Save the deletion to disk
12    writer.commit()
```

(六) 完整代码测试

```
1 import os
2 from whoosh import index
3 from whoosh.fields import SchemaClass, ID, TEXT, KEYWORD
4 from whoosh.qparser import QueryParser
5 def get_search():
6     """建立存储目录"""
7     index_path="/Users/furuiyang/codes/microblog/index"
8     os.makedirs(index_path, exist_ok=True)
9     return index_path

10 class MySchema(SchemaClass):
11    """建立索引模式"""
12    path=ID(stored=True)
13    title=TEXT(stored=True)
14    content=TEXT
```

```python
15    tags=KEYWORD

16 def write_index():
17    """写入索引内容"""
18    schema=MySchema()
19    path=get_search()
20    index.create_in(path, schema)

21    ix=index.open_dir(path)
22    writer=ix.writer()
23    # 开始写入内容
24    writer.add_document(title=u"my document", content=u"this is my document", path=u"/a",
                         tags=u"firlst short")
25       writer.add_document(title=u"my second document", content=u"this is my second document", path=u"/b",
                         tags=u"second short")
26    writer.commit()

27 def delete_index():
28    """删除索引内容"""
29    :return:
30    schema=MySchema()
31    path=get_search()
32    index.create_in(path, schema)
33    ix=index.open_dir(path)
34    writer=ix.writer()
35    # Delete document by its path --this field must be indexed
36    writer.delete_by_term('path', u'/a')
37    # Save the deletion to disk
38    writer.commit()

39 def read_index():
40    """读出内容"""
41    ix=index.open_dir(get_search())
42    with ix.searcher() as searcher:
43        # (do somthing)
44        # query=QueryParser("content", ix.schema).parse("* ")
45        query=QueryParser("title", ix.schema).parse("* ")
46        result=searcher.search(query)
47        print(result)
48        print(list(result))

49 if __name__ =="__main__":
50    write_index()
51    read_index()
52    delete_index()
```

四、实例:whoosh 与 jieba 分词结合的具体应用

年度报告是指公司整个会计年度的财务报告及其他相关文件。通过年报文件检索程序,用户可以在大量年报文本信息中迅速查找到检索信息。本实例会通过 jieba 对财务报告进行中文分词,通过正则匹配的方法,查找上市公司年度报告中关于存货发出计价方法的表述,并进行结果输出。

(一) 使用 jieba 生成中文分词器

```
1 class ChineseTokenizer(Tokenizer):
2       def __call__(self, value, positions=False, chars=False, keeporiginal=False, removestops=True,
3              start_pos=0, start_char=0, mode='',* * kwargs):
4     assert isinstance(value, text_type), "% r is not unicode" % value
5     t=Token(positions, chars, removestops=removestops, mode=mode, * * kwargs)
6     # 使用jieba分析库进行分词
7     seglist=jieba.cut_for_search(value)
8     for w in seglist:
9        t.original=t.text=w
10       t.boost=1.0
11       if positions:
12           t.pos=start_pos+value.find(w)
13       if chars:
14           t.startchar=start_char+value.find(w)
15           t.endchar=start_char+value.find(w)+len(w)
16       # 通过生成器返回每个分词的结果token
17       yield t

18 def get_analyzer():
19   """获取分析器"""
20   :return:
21   return ChineseTokenizer()
```

(二) 在对应的字段上指定分析器

```
1 class MySchema(SchemaClass):
2     """建立索引模式"""
3     path=ID(stored=True)
4     title=TEXT(stored=True)
5     content=TEXT(stored=True, analyzer=ChineseAnalyzer())
6     tags=KEYWORD
```

(三) 在读出内容时可对结果进行高亮显示

```
1 def read_index():
2   """读出内容"""
3   ix=index.open_dir(get_search())
```

```
4  with ix.searcher() as searcher:
5      #  (do somthing)
6      query=QueryParser("content", ix.schema).parse("我们")
7      #  query=QueryParser("title", ix.schema).parse("* ")
8      result=searcher.search(query)
9      # 对搜索结果进行高亮显示
10     if 0! =len(result):
11         for hit in result:
12             print(hit.highlights("content"))
```

(四)完整测试代码

```
1  import os


2  import jieba
3  from jieba.analyse import ChineseAnalyzer
4  from whoosh import index
5  from whoosh.analysis import Tokenizer, Token
6  from whoosh.compat import text_type
7  from whoosh.fields import SchemaClass, ID, TEXT, KEYWORD
8  from whoosh.qparser import QueryParser


9  class ChineseTokenizer(Tokenizer):
10     def __call__(self, value, positions=False, chars=False, keeporiginal=False, removestops=True,
                   start_pos=0, start_char=0, mode='', * * kwargs):
11         assert isinstance(value, text_type), "% r is not unicode" % value
12         t=Token(positions, chars, removestops=removestops, mode=mode, * * kwargs)
13         # 使用jieba分析库进行分词
14         seglist=jieba.cut_for_search(value)
15         for w in seglist:
16             t.original=t.text=w
17             t.boost=1.0
18             if positions:
19                 t.pos=start_pos+value.find(w)
20             if chars:
21                 t.startchar=start_char+value.find(w)
22                 t.endchar=start_char+value.find(w)+len(w)
23             # 通过生成器返回每个分词的结果token
24             yield t


25 def get_analyzer():
26     """获取分析器"""
27     :return:
28     return ChineseTokenizer()
```

```
29  class MySchema(SchemaClass):
30      """建立索引模式"""
31      path=ID(stored=True)
32      title=TEXT(stored=True)
33      content=TEXT(stored=True, analyzer=ChineseAnalyzer())
34      tags=KEYWORD


35  def get_search():
36      """建立存储目录"""
37      index_path="/Users/furuiyang/codes/microblog/index"
38      os.makedirs(index_path, exist_ok=True)
39      return index_path


40  def write_index():
41      """写入索引内容"""
42      schema=MySchema()
43      path=get_search()
44      index.create_in(path, schema)


45      ix=index.open_dir(path)
46      writer=ix.writer()
47      # 开始写入内容
48      writer.add_document(title=u"my document", content=u"this is my document", path=u"/a",
                            tags=u"firlst short")
49      writer.add_document(title=u"my second document", content=u"this is my second document", path=u"/b",
                            tags=u"second short")
50      writer.add_document(title=u"First document", path=u"/c", content=u"先生说我们都是好学生")
51      writer.add_document(title=u"Second document", path=u"/d", content=u"我们要树立科学发展观")
52      writer.commit()


53  def delete_index():
54      """删除索引内容"""
55      :return:
56      schema=MySchema()
57      path=get_search()
58      index.create_in(path, schema)
59      ix=index.open_dir(path)
60      writer=ix.writer()
61      # Delete document by its path --this field must be indexed
62      writer.delete_by_term('path', u'/a')
63      # Save the deletion to disk
64      writer.commit()
```

```
65 def read_index():
66     """读出内容"""
67     ix=index.open_dir(get_search())
68     with ix.searcher() as searcher:
69         #  (do somthing)
70         query=QueryParser("content", ix.schema).parse("我们")
71         # query=QueryParser("title", ix.schema).parse("* ")
72         result=searcher.search(query)
73         # 对搜索结果进行高亮显示
74         if 0 ! =len(result):
75             for hit in result:
76                 print(hit.highlights("content"))


77 if __name__ =="__main__":
78     write_index()
79     read_index()
80     # delete_index()
```

第三节　文本分类——财经热点追踪

学习目的

了解文本分类的概念、如何使用 Python 进行文本分类、如何通过 Python 进行财经热点追踪。

一、文本分类的概念

假设有一个预定义的类集合,文本或文档分类是将文档指定到一个或多个分类或类型的过程。这里的文档就是文本文档,每个文档都包含单词组成的句子或段落。一个文本分类系统基于文档的内置属性,能够成功地将每个文档分类到正确的类别中。从数学角度,可以对文本分类作如下定义:假设 d 是文档 D 的描述或属性,$d \in D$,我们具有一组预先定义的类别或分类 $C=\{C_1, C_2, C_3, \cdots, C_n\}$,真实的文档 D 可能拥有很多内在的属性,这使得 D 成为高维空间的一个实体。使用这个空间的一个子集,其是包含一组有限的描述或特征的集合,表示为 d,可以使用文本分类系统 T 成功地将原始文档 D 划分到正确的类型 C_{X0},可以表示为 $T:D \rightarrow C_{X0}$。文本分类的示例如图 10-1 所示。

文本分类有两种方法:①基于内容的分类。②基于请求的分类。

这两种方法的差异在于文本分类方法背后的思想或理念,而不在于具体的技术算法与过程。基于内容的分类是根据文本内容主题或题目的属性或权重来进行文档分类的。例如,一本书有 30% 以上的内容是关于食物准备的,则这本书可以归为烹饪/食谱类。基于请求的分

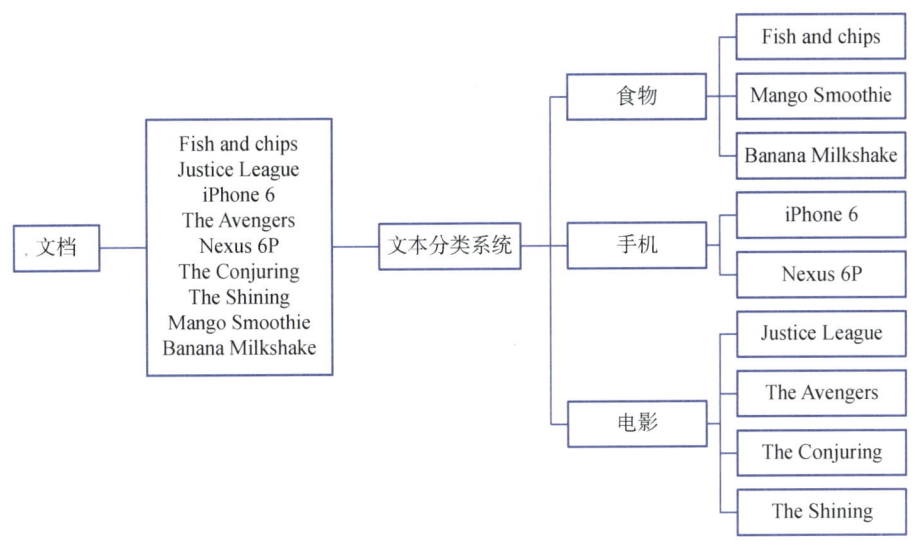

图 10-1 文本分类示例

类受到用户需求的影响,其目标是特定的用户群和读者,这种方法会受到特殊策略和思想的控制。

二、使用机器学习对文本分类的具体方法

在学习使用机器学习对文本分类的具体方法前,我们需要了解无监督学习和有监督学习的概念。

(1)无监督学习是指不需要提前标注训练数据样本来建立模型的具体的机器学习技术或算法。通常,有一个数据点集合,它可以是文本或数字类型的,这取决于要解决的具体问题。我们通过名为"特征提取"的过程从每个数据中提取特征,然后将来自每个数据的特征集合输入算法。我们尽力从这些数据中提取有意义的模式,如使用聚类或基于主题模型的文本摘要技术对相似的数据进行分组。这项技术在文本分类中非常有用的,也被称为文档聚类,即我们仅仅依靠文档的特征、相似度和属性,而不需要使用标注数据训练任何模型进行文档分组。后续将进一步讨论无监督学习,包括主题建模、文档摘要、相似性分析和聚类。

(2)有监督学习是指训练预标注数据样本(也称训练数据)的具体机器学习技术或算法。使用特征提取从数据中提取特征或属性,对于每个数据点,我们将拥有特征集和对应的类型/标签。算法从训练数据中学习每个分类的不同模式。学习完成后,我们将得到一个训练好的模型。一旦我们将未来测试数据样本的特征送入这个模型,模型就可以预测这些测试数据样本的分类。这样机器就学会了如何基于训练的数据样本预测未知的新数据样本的分类。

现在,我们已经准备好从数学角度对自动基于机器的文本分类过程进行定义。假设有一个文档集合,集合中文档带有相应的类别或分类标签。这个集合可以用 TS 表示,这是一个文档和标签对的集合,$TS = \{(d_1, c_1), (d_2, c_2), \cdots, (d_n, c_n)\}$,其中"$d_1, d_2, \cdots, d_n$"都是文本列表(document),"$c_1, c_2, \cdots, c_n$"是这些文本对应的类型(class)。这里已知 $Cx \in \{C = c_1, c_2, \cdots, c_n\}$,其中 C_x 表示文档 x 对应的类型,C 表示所有可能离散分类的集合,集合中任何元素可能是文档的一个或多个类型。假设我们已经拥有了训练数据集,可以定义一个有监

督学习算法 F。当算法在训练数据 TS 集上训练之后,我们将得到训练好的分类器 γ,可以表示为 $F(TS)=\gamma$。因此,有监督学习算法 F 使用输入集合 TS,得到训练的分类器 γ,这就是我们的模型。上述过程就是训练过程。

这个模型输入一个新的、未知的文档 ND,可以预测文档的类型 CND,使得 $CND \in C$。这一过程被称为预测过程,可以表示为 $\gamma:TD \to CND$。我们看到这样的文本分类过程有两个主要方面:训练和预测。

为了得到机器学习文本分类系统,我们需要在获取数据后进行如下操作:①准备训练和测试数据。②训练文档。③文本规范化处理。④特征提取。⑤模型特征训练与测试。⑥模型分类。⑦测试模型类型。⑧评估模型预测性能。具体操作流程如图 10-2 所示。

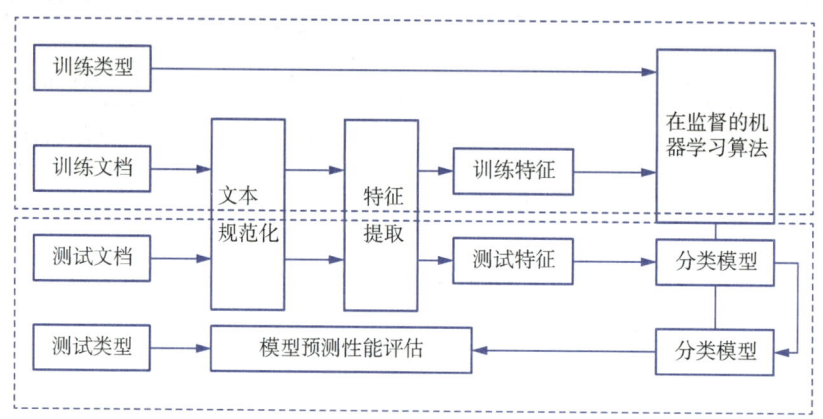

图 10-2 机器学习文本分类系统操作流程

三、文本规范化处理的方法

这里用代码的形式说明文本规范化处理的方法,具体的步骤大致可以归结为以下几个方面:①扩展停用词。②通过词形还原。③去除特殊字符和符号。④去除停用词。

【例 10-5】 文本规范化处理的方法示例。

```
1 # 引用必要的工具库
2 from contractions import CONTRACTION_MAP    # 储藏大量的扩展停用词
3 import re
4 import nltk
5 import string
6 from nltk.stem import WordNetLemmatizer    # 实现词形还原
7 stopword_list=nltk.corpus.stopwords.words('english')
8 wnl=WordNetLemmatizer()
9 # 词语分词
10 def tokenize_text(text):
11     tokens=nltk.word_tokenize(text)
12     tokens=[token.strip() for token in tokens]        # 去除分词后的多余符号
13     return tokens
14 # 定义扩展停用词的函数
15 def expand_contractions(text, contraction_mapping):
```

```
16        "
17        |:代表 or,用于匹配前一个或者后一个正则表达式
18        flags 参数:匹配的模式
19        re.IGNORECASE:忽略大小写
20        re.DOTALL:默认情况下,正则表达式中的 dot(.),表示所有除了换行的字符,加上 re.DOTALL 参数
   后,就是真正的所有字符了,包括换行符(\n)
21        "
22    contractions_pattern                                                                            =
23    re.compile('({})'.format('|'.join(contraction_mapping.keys())),flags=re.IGNORECASE|re.
   DOTALL)
24    def expand_match(contraction):
25        match=contraction.group(0)

26        group(0) :group()


27        first_char=match[0]
28                                         expand_contraction=contraction_mapping.get(match) if
   contraction_mapping.get(match) else contraction_mapping.get(match.lower())
29        expand_contraction=first_char+expand_contraction[1:]
30        return expand_contraction

31    expand_text=contractions_pattern.sub(expand_match, text)
32    expand_text=re.sub("   ","   ",expand_text)
33    return expand_text
34    # 词形还原
35    from pattern.en import tag
36    from nltk.corpus import wordnet as wn
37    # 获得文本和文本的标签
38    def pos_tag_text(text):
39        # 转换 penn treebank 到 pos 标签
40        def penn_to_wn_tags(pos_tag):
41            if pos_tag.startswith('J'):
42                return wn.ADJ
43            elif pos_tag.startswith('V'):
44                return wn.VERB
45            elif pos_tag.startswith('N'):
46                return wn.NOUN
47            elif pos_tag.startswith('R'):
48                return wn.ADV
49            else:
50                return None

51    tagged_text=tag(text)
52    tagged_lower_text=[(word.lower(),penn_to_wn_tags(pos_tag=pos_tag)) for word,pos_tag
   in tagged_text]
53    return tagged_lower_text
54    # 基于 pos 标签的词形还原
```

```
55 def lemmatize_text(text):
56     pos_tagged_text=pos_tag_text(text)
57     lemmatized_tokens=[wnl.lemmatize(word,pos_tag) if pos_tag else word for word,pos_tag in pos_tagged_text]
58     lemmatized_text=' '.join(lemmatized_tokens)
59     return lemmatized_text
60 # 特殊字符和符号的去除
61 def remove_special_characters(text):
62     tokens=tokenize_text(text)
63     pattern=re.compile(" [{}]".format(re.escape(string.punctuation)))
64     filtered_tokens=filter(None,[pattern.sub(' ',token) for token in tokens])
65     filtered_text=' '.join(filtered_tokens)
66     return filtered_text
67 # 去除停用词
68 def remove_stopwords(text):
69     tokens=tokenize_text(text)
70     filtered_tokens=[token for token in tokens if token not in stopword_list]
71     filtered_text=' '.join(filtered_tokens)
72     return filtered_text
73 # 将文本规范化函数组合形成流水线
74 def normalize_corpus(corpus,tokenize=False):
75     normalized_corpus=[]
76     for text in corpus:
77         text=expand_contractions(text,CONTRACTION_MAP)
78         text=lemmatize_text(text)
79         text=remove_special_characters(text)
80         text=remove_stopwords(text)
81         normalized_corpus.append(text)
82         if tokenize:
83             text=tokenize_text(text)
84             normalized_corpus.append(text)
85     return normalized_corpus
86 # 文档内容
87 CORPUS=[
    'the sky is blue',
    'sky is blue and sky is beautiful',
    'the beautiful sky is blue',
    'i love blue cheese'
]
88 normalize_corpus(CORPUS)
```

四、向量空间模型的概念

向量空间模型是处理文本数据非常有用的概念和模型,它在信息检索与文档排序中被广泛使用。向量空间模型也称词向量模型,它的定义是文本文档转换与表示的数学或数模型,作为形成向量维度的特定词项的数字向量。数学上对向量空间模型定义如下,假设在文档向量空间 VS 中有一个文档 D,每个文档维度和列数量将是向量空间中全部文档中不同词项或单词的总数量。因此,向量空间可以表示为:

$$VS = \{W_1, W_2, \cdots, W_n\}$$

其中，n 是全部文档中不同单词的数量。现在，可以把文档 D 在向量空间表示为：

$$D = \{W_{D1}, W_{D2}, \cdots, W_{Dn}\}$$

其中，W_{Dn} 表示文档 D 中第 n 个词的权重。这个权重是一个数量值，可以表示任何事，可以是文档中单词的频率、平均的出现频率，或者是 TF‐IDF 权重。

五、特征提取的具体方法

从文本规范化到特征提取，我们已经完成了建立分类系统的全部必要的步骤。对于此项工作，我们将使用 scikit-learn 下载的 20 个新闻组数据集。这 20 个新闻数据集包括分散在 20 个不同类别或主题的 18 000 个新闻组帖子，这就构建了 20 类分类问题。类的数量越多，尝试建立正确文本分类器就越复杂或者越困难。为防止模型因为文件头或者邮件地址而过拟合或泛化能力不强，推荐的做法是从文档中去除文件头、文件尾和引用，因此需要确保我们考虑到这一点。对于去除这三项内容后的空文档或没有内容的文档，我们也将予以去除，因为尝试从空文档中提取特征是毫无意义的。以下将用代码展示如何对这 20 个新闻组的数据集进行预处理、特征提取和准备，并最终得到可训练和评估的机器学习模型。

【例 10‐6】 建立新闻组数据集机器学习模型。

```
1 # 下载数据集
2 from sklearn.datasets import fetch_20newsgroups
3 from sklearn.model_selection import train_test_split

4 def get_data():
5     """

6     subset:选择要加载的数据集:"train"(训练集),"test"(测试集),"all"(两者),并按随机顺序排序。
7     shuffle:是否对数据进行随机化;对于假设样本是独立且均匀分布的模型(例如随机梯度下降)可能很重要。
8     remove:是否去除头部,尾部和引用
9     """

10 data = fetch_20newsgroups(subset ="all", shuffle = True, remove = ( "headers","footers","quotes"))
    return data

11 def prepare_datasets(corpus,labels,test_data_proportion=0.3):
12    train_X,test_X,train_Y,test_Y=train_test_split(corpus,labels,test_size=0.33,random_state=1)
13    return train_X,test_X,train_Y,test_Y

14 def remove_empty_docs(corpus,labels):
15    filtered_corpus=[]
16    filtered_labels=[]
17    for doc,label in zip(corpus,labels):
18        if doc.strip():
19            filtered_corpus.append(doc)
```

```
20          filtered_labels.append(label)

21    return filtered_corpus,filtered_labels
```

```
22 ## 获取数据
23 dataset=get_data()
24 print(dataset.target_names)
25 ['alt.atheism','comp.graphics','comp.os.ms-windows.misc','comp.sys.ibm.pc.hardware','comp.sys.mac.hardware','comp.windows.x','misc.forsale','rec.autos','rec.motorcycles','rec.sport.baseball','rec.sport.hockey','sci.crypt','sci.electronics','sci.med','sci.space','soc.religion.christian','talk.politics.guns','talk.politics.mideast','talk.politics.misc','talk.religion.misc']
26 ## 清除空白文档
27 corpus,labels=dataset.data,dataset.target
28 corpus,labels=remove_empty_docs(corpus,labels)
29 print("Sample document:",corpus[10])
30 print("Class label:",labels[10])
31 print("Actual class label:",dataset.target_names[labels[10]])
32 Sample document :the blood of the lamb.
```

This will be a hard task, because most cultures used most animals for blood sacrifices. It has to be something related to our current post-modernism state. Hmm, what about used computers?
Cheers,
Kent
Class label:19 Actual class label:talk.religion.misc

```
33 ## 切分训练集和测试集
34 train_corpus,test_corpus,train_labels,test_labels=
35 prepare_datasets(corpus,labels,test_data_proportion=0.3)
36 ## 语料规范化
37 norm_train_corpus=normalize_corpus(train_corpus)
38 norm_test_corpus=normalize_corpus(test_corpus)
39 # 提取特征
40 import nltk
41 import gensim
42 ### 词袋模型
43 bow_vectorizer,bow_train_features=bow_extractor(norm_train_corpus)
44 bow_test_features=bow_vectorizer.transform(norm_test_corpus)
45 ### tfidf 特征
46 tfidf_vectorizer,tfidf_train_features=tfidf_transformer(bow_train_features)
47 tfidf_test_features=tfidf_vectorizer.transform(bow_test_features)
48 ### 平均词向量模型
49 tokenized_train=[nltk.word_tokenize(text) for text in norm_train_corpus]
50 tokenized_test=[nltk.word_tokenize(text) for text in norm_test_corpus]
51 model=gensim.models.Word2Vec(tokenized_train,size=500,window=100,min_count=30,sample=1e-3)
52 avg_wv_train_features=average_word_vectorizer(corpus=tokenized_train,model=model,num_features=500)
53 avg_wv_test_features=average_word_vectorizer(corpus=tokenized_test,model=model,num_features=500)
54 ### tfidf 加权词向量模型
```

```
55 vocab=bow_vectorizer.vocabulary_
tfidf_wv_train_features=tfidf_weighted_averaged_word_vectorizer(corpus=tokenized_train,
tfidf_vectors=tfidf_train_features,tfidf_vocabulary=vocab,model=model,num_features=500)
tfidf_wv_test_features=tfidf_weighted_averaged_word_vectorizer(corpus=tokenized_test,
tfidf_vectors=tfidf_test_features,tfidf_vocabulary=vocab,model=model,num_features=500)
56 # 建立机器学习分类评价指标
57 from sklearn import metrics
58 def get_metrics(true_labels,predicted_labels):
59 print("Accuracy:",np.round(metrics.accuracy_score(true_labels,predicted_labels),2))
60 print("Precision:",np.round(metrics.precision_score(true_labels,predicted_labels,average='weighted'),2))
61 print("Recall:",np.round(metrics.recall_score(true_labels,predicted_labels,average='weighted'),2))
62 print("Accuracy:",np.round(metrics.f1_score(true_labels,predicted_labels,average='weighted'),2))
63 # 建立机器学习模型
64 def train_predict_evaluate_model(classifier,train_features,train_labels,test_features,test_labels):
    classifier.fit(train_features,train_labels)
    predictions=classifier.predict(test_features)
    get_metrics(true_labels=test_labels,predicted_labels=predictions)
    return predictions
65 #  svm 分类器
66 from sklearn.svm import SVC
67 from sklearn.pipeline import make_pipeline
68 from sklearn.preprocessing import StandardScaler
69 svc=make_pipeline(StandardScaler(), SVC(gamma='auto'))
svc_predictions=train_predict_evaluate_model(classifier=svc,train_features=tfidf_wv_train_features,train_labels=train_labels,test_features=tfidf_wv_test_features,test_labels=test_labels)
Accuracy:0.58
Precision:0.58
Recall:0.58
Accuracy:0.58
```

六、实例：财经热点追踪的具体应用

财经新闻属于新闻的一个细分类目，侧重点是采集、报道、发布财经领域的新闻。财经热点抽取工具可以在大量财经新闻中迅速提取新闻中出现的关键词。本实例将对从财经新闻中抽取的关键词，提取新闻标题和正文，实现对财经热点的追踪。

要使用 Python 进行财经热点追踪，需要以下步骤：

（1）确定要从哪些网站爬取新闻。可以选择新闻站点，如 CNBC，Bloomberg 等；也可以选择社交媒体网站，如 Twitter，来查找特定财经新闻。

（2）确定需要爬取的数据。确定要收集的信息，如新闻标题、作者、发布日期和正文。

（3）使用 Python 的网页抓取库，如 Beautiful Soup 或 Scrapy，来访问网站并提取所需的数据。Beautiful Soup 适用于小型项目，而 Scrapy 适用于大型项目。

（4）在网站上搜索相关的 HTML 标记，以找到包含所需数据的元素。可以使用浏览器开

发者工具(如 Chrome 的检查功能)来查找 HTML 标记。

(5)在 Python 中编写代码,使用选择器和正则表达式来提取所需数据。

(6)使用 Python 的文件操作库将数据存储在适当的格式(如 CSV 或 JSON)中。

【例10-7】 利用 Python 代码中的 BeautifulSoup 库从 CNBC 网站中提取新闻标题和正文。

```
1 pythonCopy code
2 import requests
3 from bs4 import BeautifulSoup

4 url="https://www.cnbc.com/finance/"
5 response=requests.get(url)

6 soup=BeautifulSoup(response.content, "html.parser")
7 articles=soup.find_all("div", {"class":"Card-titleContainer"})

8 for article in articles:
9    title=article.find("a").get_text()
10   link=article.find("a").get("href")
11   article_response=requests.get(link)
12   article_soup=BeautifulSoup(article_response.content, "html.parser")
13   body=article_soup.find("div", {"class":"group"}).get_text()
14   print("Title:", title)
15   print("Body:", body)
16   print("\n")
```

第四节　决策支持——财务决策可视化

📖 学习目的

了解常用的 Python 库和常用的几种可视化视图,并尝试用 Python 采集财经数据信息作可视化的应用。

一、可视化库的概念

现如今大数据已人尽皆知,但在这个信息大爆炸的时代里,未经整理的海量数据是无实际使用价值的,更不要说帮助管理者进行业务决策。那么数据有什么价值呢? 用什么样的手段才能把数据的价值直观而清晰地表达出来? 答案是要提供像人眼一样的直觉的、交互的和反应灵敏的可视化环境。数据可视化能将技术与艺术结合,借助图形化的手段,清晰有效地传达与沟通信息,直观、形象地显示海量的数据和信息,并进行交互处理。

数据可视化的应用十分广泛,几乎可以应用于自然科学、工程技术、金融、通信、商业等各种领域。目前有 20 种左右的可视化库,如 matplotlib、Seaborn、HoloViews、Altair、PyQtGraph 等。

Python具有数据可视化的强大能力,可用于数据分析和决策支持。财务专业人士可以使用Python库如matplotlib和Seaborn来快速生成图表和可视化数据,使数据更加易于理解和分析。下面将介绍适用于财务领域的两个实用的可视化库:matplotlib和Seaborn。

(一) matplotlib

matplotlib是一个Python二维绘图库,已经成为Python中公认的数据可视化工具。用户通过matplotlib可以很轻松地画一些简单或复杂的图形,几行代码即可生成折线图、直方图、功率谱、条形图、错误图、散点图等。

对于一些简单的绘图,特别是与Python结合使用时,我们可以使用matplotlib库中的一个模块——pyplot(简称plt),它提供了一个matlab类似的接口,可以绘制各种图形,如线图、散点图、柱状图、饼图等;它还提供了丰富的功能来调整图形的样式、添加标签、图例等,使绘图变得更加简单。matplotlib的应用示例如图10-3所示。

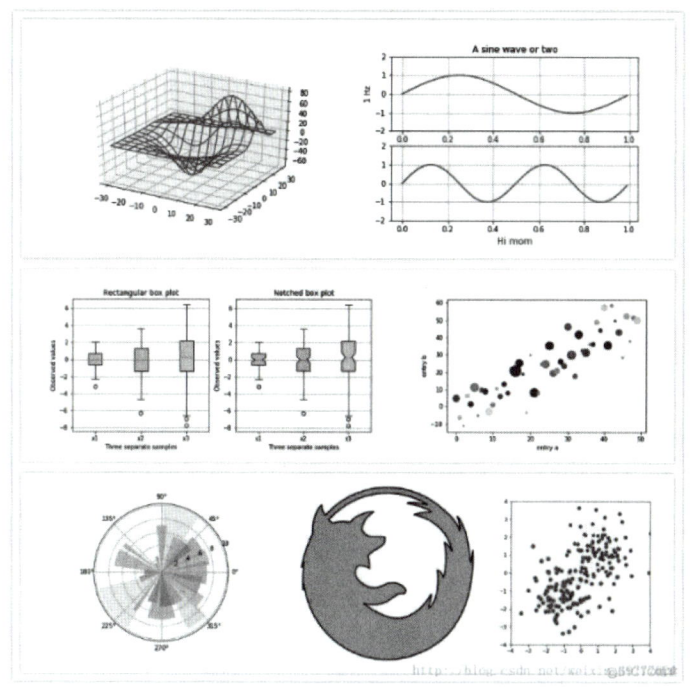

图10-3 matplotlib的应用示例

1. 安装

matplotlib库在不同操作系统下的安装方法如下。

1) linux系统

方法一:

```
1 sudo apt-get install python-dev
2 sudo apt-get install python-matplotlib
```

方法二：

```
1 pip install matplotlib
```

2）windows 系统

```
1 先下载对应的安装包 pyproj 和 matplotlib
2 打开 Anaconda Prompt,输入安装包所在路径
3 pip install pyproj 1.9.5.1 cp36 cp36m win_amd64.whl # 输入下载的 pyproj 文件名
4 pip install matplotlib_tests-2.1.0-py2.py3-none-any.whl
```

3）mac os 系统

方法一：

```
1 pip install matplotlib
```

方法二：

```
1 sudo curl -O https://bootstrap.pypa.io/get-pip.py
2 sudo python get-pip.py
```

2. 运行

安装好 matplotlib 库后,我们就能运用它绘制可视化图形。

【例 10-8】 利用 matplotlib 库生成可视化的随机分布图。

In:
```
1  import numpy as np
2  import matplotlib.mlab as mlab
3  import matplotlib.pyplot as plt
4  # 产生随机数
5  np.random.seed(19680801)
6  # 定义数据的分布特征
7  mu=100
8  sigma=15
9  x=mu+sigma*np.random.randn(437)
10 num_bins=50
11 fig, ax=plt.subplots()
12 n, bins, patches=ax.hist(x, num_bins, normed=1)
13 # 添加图表元素
14 y=mlab.normpdf(bins, mu, sigma)
15 ax.plot(bins, y, "--")
16 ax.set_xlabel('Smarts')
17 ax.set_ylabel('Probability density')
18 ax.set_title(r'Histogram of IQ:$\mu=100$, $\sigma=15$')
19 # 图片展示与保存
20 fig.tight_layout()
21 plt.savefig("Histogram.png")
22 plt.show()
```

Out:

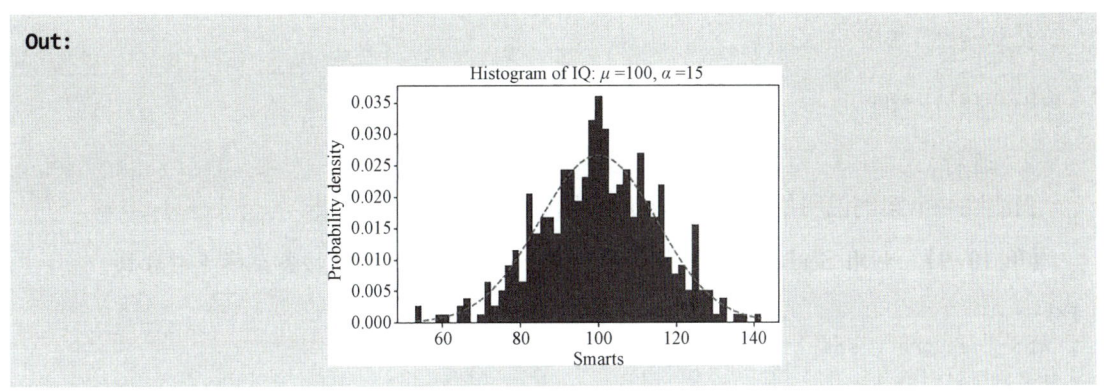

(二) Seaborn

Seaborn 是基于 matplotlib 产生的一个模块,专攻于统计可视化,可以和 Pandas 进行无缝链接,初学者更容易上手。相对于 matplotlib,Seaborn 语法更简洁,两者关系类似于 Numpy 和 Pandas 之间的关系。Seaborn 的应用示例如图 10-4 所示。

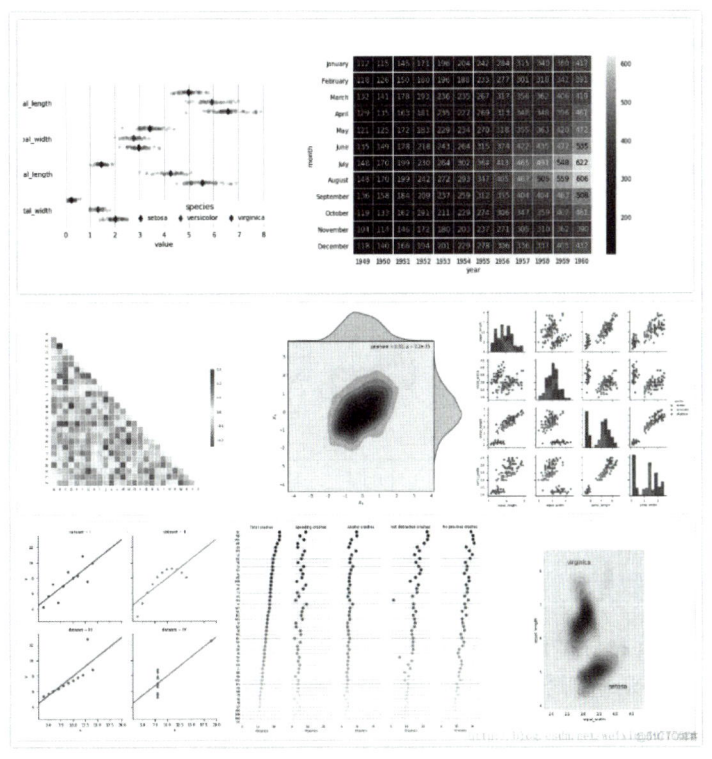

图 10-4 Seaborn 的应用示例

1. 安装

Seaborn 模块在不同操作系统下的安装方法如下。
1) linux 系统

```
1 sudo pip install seaborn
```

2) window 系统

```
1 pip install seaborn
```

2. 运行

我们以一个案例说明如何运用 Seaborn 模块进行可视化呈现。

【例 10-9】 利用 Seaborn 模块生成男性与女性在周四至周日的各自账单对比图。

In:
```
1 import seaborn as sns
2 sns.set(style="ticks")
3 from matplotlib import pyplot
4 # 加载数据集
5 tips=sns.load_dataset("tips")
6 # 绘图
7 sns.boxplot(x="day", y="total_bill", hue="sex", data=tips, palette="PRGn")
8 sns.despine(offset=10, trim=True)
9 # 图片展示与保存
10 pyplot.savefig("GroupedBoxplots.png")
11 pyplot.show()
```

Out:

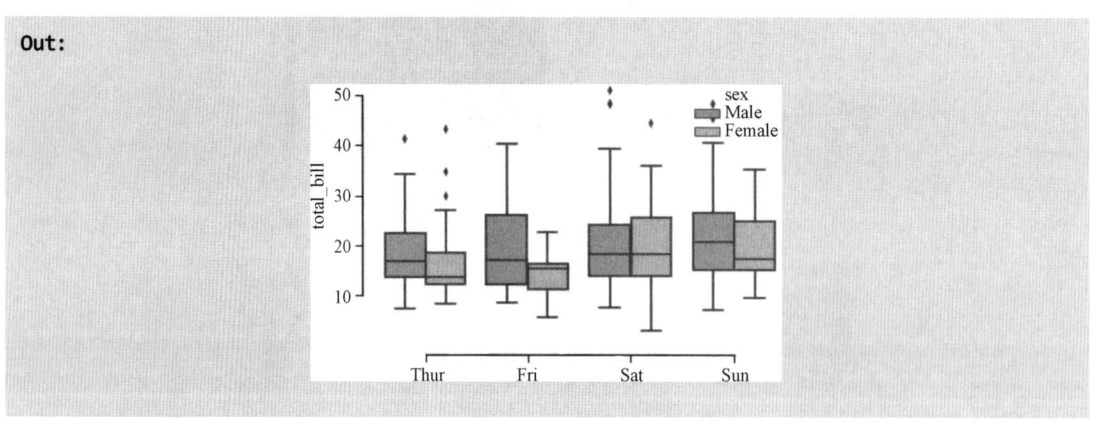

二、可视化视图

(一) 可视化视图的分类和特点

如果想要用 Python 进行数据分析，用户就需要在项目初期开始进行探索性的数据分析，这样方便用户一开始就对数据有一定的了解。其中最直观的就是采用数据可视化技术，这样，数据不仅一目了然，而且更容易被解读。同样在数据分析得到结果之后，我们还需要用到可视化技术，把最终的结果呈现出来。

1. 按照数据之间的关系分类

按照数据之间的关系，我们可以把可视化视图划分为四类，分别是比较、联系、构成和分布。

(1) 比较：比较数据间各类别的关系，或者是它们随着时间的变化趋势，如折线图。

(2) 联系：查看两个或两个以上变量之间的关系，如散点图。

(3) 构成:每个部分占整体的百分比,或者是随着时间的百分比变化,如饼图。

(4) 分布:关注单个变量,或者多个变量的分布情况,如直方图。

2. 按照变量的个数分类

按照变量的个数,我们可以把可视化视图划分为单变量分析和多变量分析。单变量分析是指一次只关注一个变量的可视化视图。例如,我们只关注"身高"这个变量,那么就仅看身高的取值分布,而暂时忽略其他变量。多变量分析可以让用户在一张图上查看两个以上变量的关系。例如,"身高"和"年龄",可以理解是同一个人的两个参数,这样在同一张图中可以看到每个人的"身高"和"年龄"的取值,从而分析这两个变量之间是否存在某种联系。

(二) 常用的五种可视化视图

1. 散点图

散点图(scatter plot)可以将两个变量的值显示在二维坐标中,非常适合展示两个变量之间的关系。当然,除了二维的散点图,我们还有三维的散点图。

在 matplotlib 中,我们经常会用到 pyplot 这个工具包,它包括了很多绘图函数,类似 Matlab 的绘图框架。在使用前我们需要进行引用,代码如下:

```
1 import matplotlib.pyplot as plt
```

在工具包引用后,可以画散点图,需要使用 plt. scatter(x,y,marker=None)函数。其中,x、y 是坐标,marker 代表了标记的符号。例如,"×"">"或者"o"。选择不同的 marker,呈现出来的符号样式也会不同。

"×"">"和"o"分别如图 10-5、图 10-6 和图 10-7 所示。

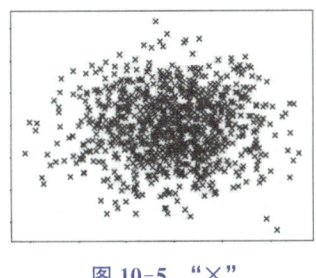 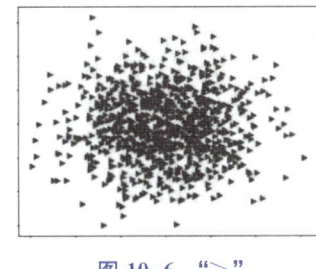 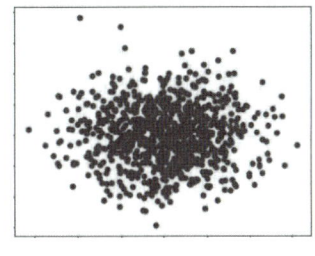

图 10-5　"×"　　　　　图 10-6　">"　　　　　图 10-7　"o"

除了 matplotlib,我们也可以使用 Seaborn 进行散点图的绘制。在使用 Seaborn 前,也需要进行引用,代码如下:

```
1 import seaborn as sns
```

在引用 seaborn 工具包之后,就可以使用 seaborn 工具包的函数了。如果想要做散点图,可以直接使用 sns. jointplot(x,y,data=None,kind='scatter')函数。其中, x、y 是 data 中的下标。data 就是我们要传入的数据,一般是 DataFrame 类型。kind 这里我们取 scatter,代表散点的意思。当然 kind 还可以取其他值,不同的 kind 代表不同的视图绘制方式。

【例 10-10】 利用 matplotlib 和 Seaborn 画 1 000 个点的散点图。

In:
```
1 # 数据准备
2 N=1000
3 x=np.random.randn(N)
4 y=np.random.randn(N)
5 # 用 matplotlib 画散点图
6 plt.scatter(x,y,marker='×')
7 plt.show()
8 # 用 Seaborn 画散点图
9 df=pd.DataFrame({'x':x,'y':y})
10 sns.jointplot(x="x",y="y",data=df,kind='scatter');
11 plt.show
```

Out:

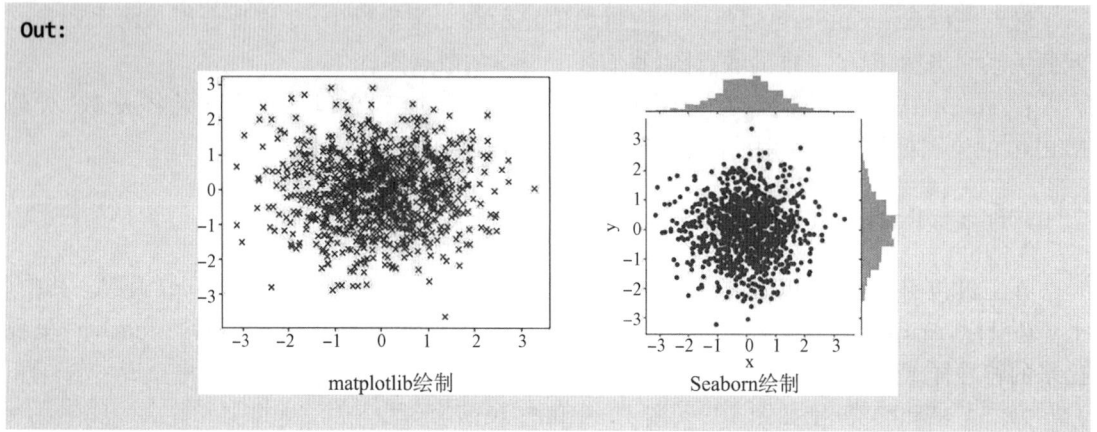

matplotlib绘制　　　　　　Seaborn绘制

从代码运行结果可以得知,matplotlib 和 Seaborn 的视图呈现还是有差别的。matplotlib 默认情况下呈现出来的是一个长方形。而 Seaborn 呈现的是一个正方形,而且不仅显示出了散点图,还给出了这两个变量的分布情况。

2. 折线图

折线图可以用来表示数据随着时间变化的趋势。

在 matplotlib 中,我们可以直接使用 plt.plot()函数,当然需要提前把数据按照 X 轴的大小进行排序,否则画出来的折线图就无法按照 X 轴递增的顺序展示。

在 Seaborn 中,我们使用 sns.lineplot(x,y,data=None)函数绘制折线图。其中,x、y 是 data 中的下标。data 就是我们要传入的数据,一般是 DataFrame 类型。

这里我们设置了 x、y 的数组。x 数组代表时间(年),y 数组我们随便设置几个取值进行举例。

【例 10-11】 利用 matplotlib 和 Seaborn 画折线图。

In:
```
1 # 数据准备
2 x=[2010,2011,2012,2013,2014,2015,2016,2017,2018,2019]
3 y=[5,3,6,20.17.16.19.30.32.35]
4 # 用 matplotlib 画折线图
5 plt.plot(x,y)
```

```
 6 plt.show()
 7 # 用Seaborn画折线图
 8 df=pd.DataFrame
 9 sns.lineplot(x="x",y="y",data=df)
10 plt.show()
```

Out:

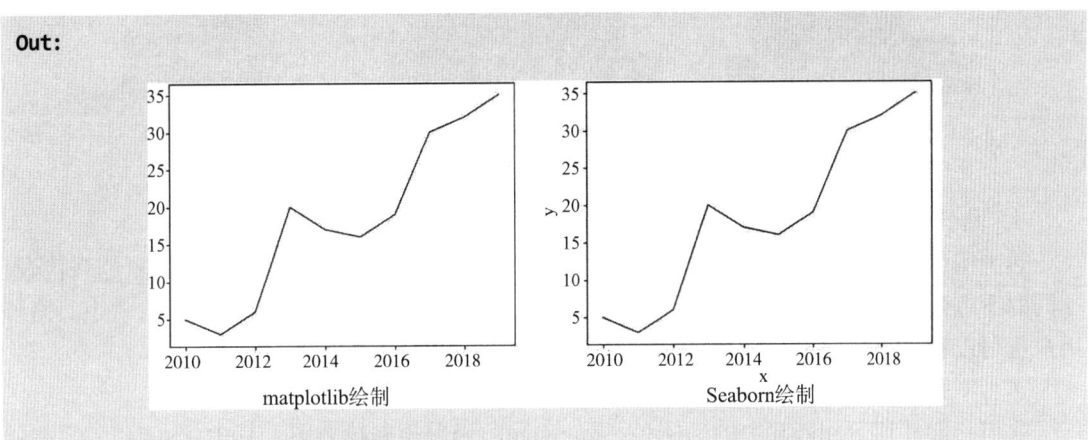

从代码运行结果可以得知,两个图示的结果是完全一样的,只是在Seaborn中标记了x轴和y轴。

3. 直方图

直方图是比较常见的视图,它是把横坐标等分成了一定数量的小区间,这个小区间被称为"箱子",然后在每个"箱子"内用矩形条(bars)展示该箱子的箱子数(也就是y值),这样就完成了对数据集的直方图分布的可视化。

在matplotlib中,我们使用plt.hist(x,bins=10)函数绘制直方图。其中,参数x是一维数组,bins代表直方图中的箱子数量,默认是10。

在Seaborn中,我们使用sns.distplot(x, bins=10, kde=True)函数绘制直方图。其中,参数x是一维数组,bins代表直方图中的箱子数量,kde代表显示核密度估计,默认是True,我们也可以把kde设置为False,不进行显示。核密度估计是通过核函数帮我们来估计概率密度的方法。

【例10-12】 利用matploblib和Seaborn画直方图。

In:
```
 1 # 数据准备
 2 a=np.random.randn(100)
 3 s=pd.Series(a)
 4 # 用matplotlib画直方图
 5 plt.hist(s)
 6 plt.show()
 7 # 用Seaborn画直方图
 8 sns.distplot(s,kde=False)
 9 plt.show()
10 sns.distplot(s,kde=True
11 plt.show()
```

Out:

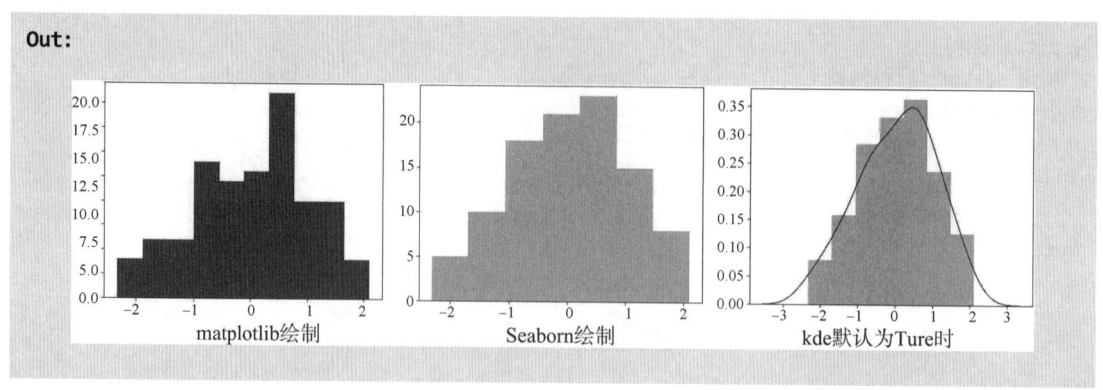

4. 热力图

热力图(heat map)，是一种矩阵进行可视化的视图，其中矩阵中的元素值用颜色来代表，不同的颜色代表不同大小的值。用户通过颜色就能直观地知道某个位置上数值的大小。另外用户也可以将这个位置上的颜色，与数据集中的其他位置颜色进行比较。

热力图是一种非常直观的多元变量分析方法。

我们一般使用 Seaborn 中的 sns.heatmap(data)函数绘制热力图。其中，data 代表需要绘制的热力图数据。这里我们使用 Seaborn 中自带的数据集 flights 举例，该数据集记录了1949—1960 年每个月的航班乘客数量。

【例 10-13】 利用 Seaborn 画热力图。

```
In:
1 # 数据准备
2 flights=sns.load_dataset("flights")
3 Data=flights.piovt('year','month','passengers')
4 # 用 Seaborn 画热力图
5 sns.heatmap(data)
6 plt.show()
```

Out:

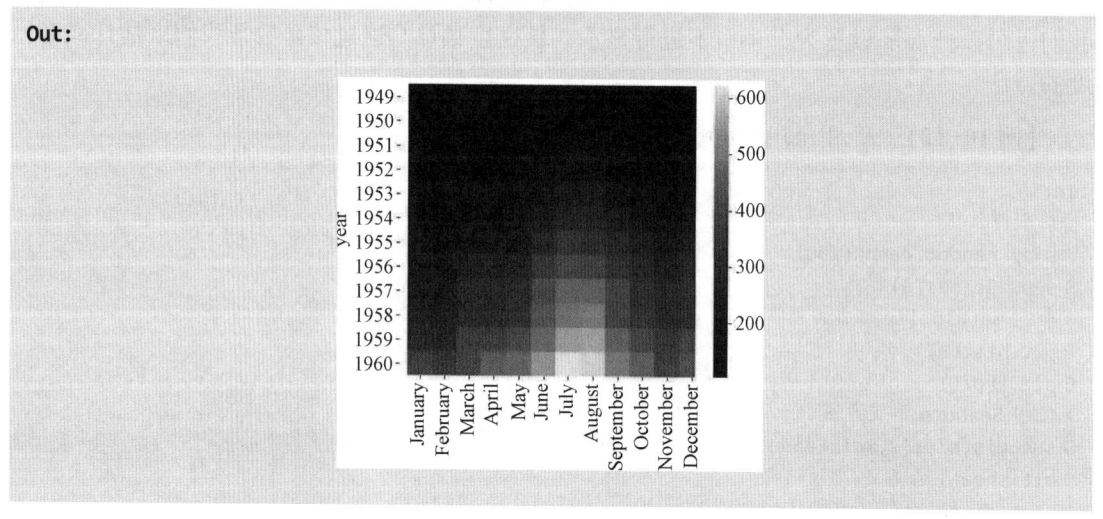

通过 Seaborn 的 heatmap()函数，我们可以观察到不同年份、不同月份的乘客数量变化情

况,其中颜色越浅的方格代表乘客数量越多。

5. 成对关系

如果想要探索数据集中的多个成对双变量的分布,可以直接采用 sns.pairplot()函数。它会同时展示出 DataFrame 中每对变量的关系,另外在对角线上,能看到每个变量自身作为单变量的分布情况。sns.pairplot()函数是探索性分析中的常用函数,可以很快帮我们理解变量对之间的关系。sns.pairplot()函数的使用,就好像我们对 DataFrame 使用 describe()函数一样方便,是数据探索中的常用函数。

这里我们使用 Seaborn 中自带的 iris 数据集举例,这个数据集也称鸢尾花数据集。鸢尾花可以分成 Setosa,Versicolour 和 Virginica 三个品种,在这个数据集中,针对每一个品种,都有 50 个数据,每个数据中包括了 4 个属性,分别是花萼长度、花萼宽度、花瓣长度和花瓣宽度。通过这些数据,可以预测鸢尾花卉属于三个品种中的哪一种。

【例 10-14】 利用 Seaborn 展示成对关系。

```
In:
1 # 数据准备
2 Iris=sns.load_dataset('iris')
3 # 用 Seaborn 画成对关系
4 sns.pairplot(iris)
5 plt.show()
```

Out:

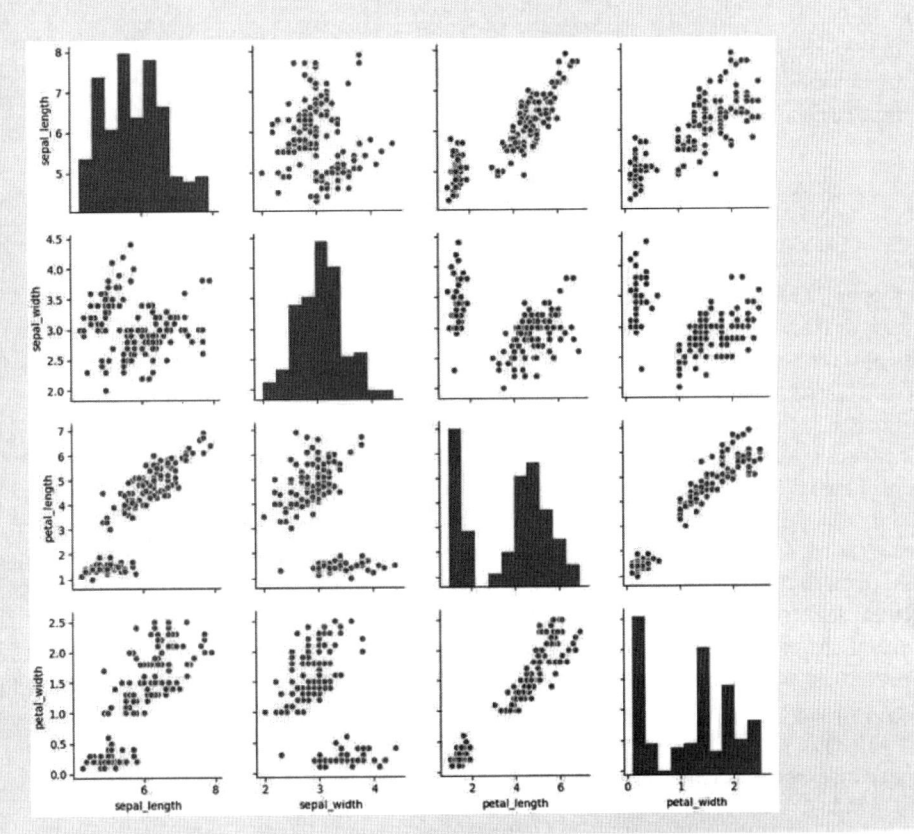

我们用 Seaborn 中的 sns.pairplot()函数来对数据集中的多个双变量的关系进行探索。由代码运行结果可知,一共有"sepal_length""sepal_width""petal_length"和"petal_width"4 个变量,它们分别是花萼长度、花萼宽度、花瓣长度和花瓣宽度。运行结果同样体现 4 个变量两两之间的关系。例如,矩阵中的第一张图(第一行第一张图)代表的就是花萼长度自身的分布图,它右侧的图(第一行第二张图)代表的是花萼长度与花萼宽度这两个变量之间的关系。

三、实例:用 Python 采集财经数据信息并作可视化的具体应用

(一)操作环境

本实例使用的是 Python 3.8 的一个版本,使用的代码编辑器是 Pycharm,使用的是 Pandas 数据分析模块。

(二)数据来源和代码

1. 确定数据的来源

(1)动态数据:在网页源代码中无法直接找到,而需要通过其他方式(如 API 请求、JavaScript 渲染等)获取的数据。

(2)静态数据:可以直接在网页源代码中找到的数据。

2. 编写实现代码

下面将导入三个 Python 模块,为后续的程序提供必要的工具和库,其中 requests 用于网络请求,csv 用于处理 CSV 文件,concurrent.futures 用于并发执行任务。

In:
```
1 import requests        # 发送请求 第三方模块
2 import csv             # 内置模块
3 import concurrent.futures
```

3. 录入代码

In:
```
1 f=open("网某经.csv", mode='a', newline=' ', encoding='utf-8')
2 csv_writer=csv.writer(f)
csv_writer.writerow(["代码","名称","价格","涨跌幅","涨跌额","5分钟涨跌额","今开","昨收","最高","最低","成交量","成交额","换手率","量比","委比","振幅","市盈率","流通市值","总市值","每股收益","净利润","主营收"])
3 headers={   # 浏览器的基本信息 'User-Agent':'Mozilla/5.0 (Windows NT 10.0; Win64; x64) AppleWebKit/537.36 (KHTML, like Gecko) Chrome/104.0.0.0 Safari/537.36'}for page in range(0,205):
url=f'http://quotes.money.163.com/hs/service/diyrank.php?host=http%3A%2F%2Fquotes.money.163.com%2Fhs%2Fservice%2Fdiyrank.php&page={page}&query=STYPE%3AEQA&fields=NO% 2CSYMBOL% 2CNAME% 2CPRICE% 2CPERCENT% 2CUPDOWN% 2CFIVE _ MINUTE% 2COPEN% 2CYESTCLOSE% 2CHIGH% 2CLOW% 2CVOLUME%2CTURNOVER%2CHS%2CLB%2CWB%2CZF%2CPE%2CMCAP%2CTCAP%2CMF SUM%2CMFRATIO. MFRATIO2% 2CMFRATIO.MFRATIO10%2CSNAME%2CCODE%2CANNOUNMT%2CUVSNEWS&sort=PERCENT&order=desc&count=24&type=query'
4 # 发送请求
5 response=requests.get(url, headers=headers)
6 # 获取数据
```

```
7 #   .text:网页源代码, xx 源代码   复杂一点
8 #   .content:当你的链接里面的数据 是属于 视频/音频/图片
9 #   .json():{}/[] 包裹起来的 Python 里面的字典类型数据   方便我们接下来解析数据
10 json_data=response.json()
11 # 解析数据
12 for i in range(0, len(json_data['list'])):
13     CODE=json_data['list'][i]['CODE']
14     NAME=json_data['list'][i]['NAME']
15     PRICE=json_data['list'][i]['PRICE']
16     PERCENT=json_data['list'][i]['PERCENT']
17     UPDOWN=json_data['list'][i]['UPDOWN']
18     FIVE_MINUTE=json_data['list'][i]['FIVE_MINUTE']
19     OPEN=json_data['list'][i]['OPEN']
20     YESTCLOSE=json_data['list'][i]['YESTCLOSE']
21     HIGH=json_data['list'][i]['HIGH']
22     LOW=json_data['list'][i]['LOW']
23     VOLUME=json_data['list'][i]['VOLUME']
24     TURNOVER=json_data['list'][i]['TURNOVER']
25     try:HS=json_data['list'][i]['HS']
26     except:HS=' '
27     try:LB=json_data['list'][i]['LB']
28     except:LB=' '
29     WB=json_data['list'][i]['WB']
30     ZF=json_data['list'][i]['ZF']
31     try:PE=json_data['list'][i]['PE']
32     except:PE=' '
33     try:MCAP=json_data['list'][i]['MCAP']
34     except:MCAP=' '
35     TCAP=json_data['list'][i]['TCAP']
36     MFSUM=json_data['list'][i]['MFSUM']
37     MFRATIO2=json_data['list'][i]['MFRATIO']['MFRATIO2']
38     MFRATIO10=json_data['list'][i]['MFRATIO']['MFRATIO10']
39     print(CODE,NAME,PRICE,PERCENT,UPDOWN,FIVE_MINUTE,OPEN,YESTCLOSE,HIGH,LOW,VOLUME,
TURNOVER,HS,LB,WB,ZF,PE,MCAP,TCAP,MFSUM,MFRATIO2,MFRATIO10)
40 # 保存数据
41 csv_writer.writerow([CODE,NAME,PRICE,PERCENT,UPDOWN,FIVE_MINUTE,OPEN,YESTCLOSE,HIGH,
LOW,VOLUME,TURNOVER,HS,LB,WB,ZF,PE,MCAP,TCAP,MFSUM,MFRATIO2,MFRATIO10])
```

4. 录入可视化代码

In:
```
1 from pyecharts.chartsimportBar
2 from pyecharts import options as opts
3 import pandas as pd
4 df=pd.read_csv("网某经.csv",engine="python",encoding='utf-8')
5 x=list(df["名称"].values)
6 y=df["成交量"].values.tolist()
7 c=(Bar().add_xaxis(x[:10]).add_yaxis("成交量情况",y[:10])
.set_global_opts(title_opts=opts.TitleOpts(title="成交量图表"),
```

```
8 datazoom_opts=opts.DataZoomOpts()))
c.render("成交量图表.html")
```

5. 生成可视化直方图

Out:

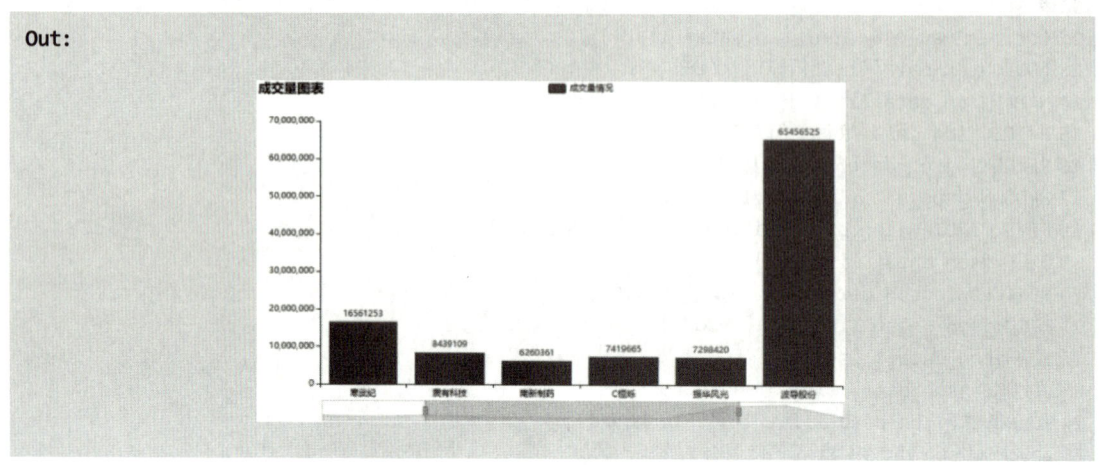

本章小结

本章在第一节介绍了数据爬取的概念、分类和步骤,以及如何利用常见的财经资讯网站进行数据爬取,需要读者掌握几种常用的数据爬取方式。在第一节中,我们应该能够利用爬虫技术对大部分网站进行数据挖掘,并且能够实现24小时对多家公司财经资讯的不间断更新。第二节介绍了四种基于 Python 的文本检索方法,包括基础的文本检索、正则表达式检索、基于 NLTK 的文本检索以及基于机器学习的文本检索。这些方法各有特点,可以针对不同的文本检索任务选择不同的方法,提高工作效率。第三节介绍了文本分类的定义和应用,其中图10-2定义描述了不同的模块和建立端到端的文本分类器包含的步骤,它可以用于在很多真实的场景和应用中,包括:新闻文章的归类、垃圾邮件的过滤、音乐或电影的分类等。第四节介绍的数据可视化是数据科学中不可缺少的一部分。在数据科学中,本节介绍的两种常用的可视化库和5种财务常用的可视化图形,有助于我们在网页中爬取关键财务数据的同时,绘制出可视化图形,并对关键数据进行分析和决策。

实践环节

为进一步加强专业综合实践教学环节中的社会实践部分,培养和提高学生综合运用所学的基本理论、基本知识和基本技能分析和解决实际问题的能力,培养学生的应用能力和创造能力,学生将通过线上实际操作巩固知识,熟悉 Python 操作。

学生应通过线上 Python 财务应用平台进行相应实践,灵活使用 Python 数据爬取、文本检索、文本分类以及决策支持的功能,巩固机器学习建模环节,根据所学内容修改代码进行练习,达到熟练掌握的目的。

多方面的实践可以增强学生的感性认知,激发学生的学习兴趣,从而实现课堂教育与财务工作的零距离对接。

 复习思考题

一、问答题

1. 什么是数据爬取？数据爬取的分类是什么？它有哪几个步骤？
2. 如何进行数据存储？
3. 文本检索匹配的对象有哪些？文本检索方式有哪些？
4. 使用 whoosh 主要完成的功能是什么？whoosh 与 jieba 分词结合的步骤是什么？
5. 请阐述基于内容的分类和基于请求的分类这两者的差异。
6. 文本分类和归类可以用于在哪些真实的场景和应用中？
7. 按照数据之间的关系，可以把可视化视图划分为几类？它们分别是什么？请举例说明。
8. 如果想要探索数据集中的多个成对双变量的分布，可以使用什么函数？
9. Seaborn 相对于 matplotlib，有什么优势？两者分别使用什么函数来画折线图？
10. 数据选择需要关注哪些方面？

二、实战作业

利用 Python 选取财经网站的某家上市公司进行数据爬取和文本检索，并对运行结果进行文本分类，最终根据数据分析对公司运营提出财务决策建议。